Monica Streit
Wohin mit dem Ego?

Widmung

Für meine Gefährtin der letzten zehn Jahre, mit der Buddhismus in meinen Alltag kam und all das, was mich herausforderte, die Sache mit dem Himmel auf der Erde genauer zu nehmen. Und Dank an alle, die halfen, dass dieses Buch gewachsen ist.

Veröffentlichungen von Monica Streit

Issi Marocco. Erzählungen über Gewalt. Berlin: Guhl Verlag 1982
Busy to be free. Gedichte. Berlin: Guhl Verlag 1983
Joschi – Eine Kindheit NachdemKrieg.
  Hamburg: Hoffmann & Campe 1984
Mitherausgeberin *Lesben Liebe Leidenschaft. Texte zur
  feministischen Psychologie.* Berlin: Orlanda 1992
Vollmondhotel. Erzählungen aus Japan.
  Berlin: Edition Lit.Europe 1994
Oh Jamaica oh Jamaica oh Berlin. Gedichte.
  Blieskastel: Gollenstein Verlag 1995

Monica Streit

Wohin mit dem Ego?

Spiritualität und Psychotherapie

Orlanda

Die Deutsche Bibliothek – CIP Einheitsaufnahme
Streit, Monica: Wohin mit dem Ego? : Spiritualität und Psychotherapie / Monica Streit – Berlin : Orlanda, 2001
ISBN 3–929823–77–2

1. Auflage
© 2001 Orlanda Frauenverlag GmbH, Berlin

Lektorat: Jani Pietsch
Umschlaggestaltung: Birgit Lukowski, Berlin
Herstellung & Satz: Anna Mandalka
Druck: Fuldaer Verlagsagentur

Inhalt

KAPITEL 5

KAPITEL 6

Vorwort

Fast bis zur Jahrtausendwende hatte sich Europa zu einer atheistischen Insel in einem Meer der Religiosität entwickelt. Bis sogar die Philosophen dieser Insel zu orakeln begannen, die Zukunft dieses Planeten werde religiös – oder es gäbe sie nicht. Nimmt es da Wunder, dass Europa von spirituellen Lehrern aus allen Weltgegenden aufgesucht wird?

Uns individualistischen Westmenschen, die wir keine Betreuung durch spirituelle Meister hatten und meist auch nicht haben wollen, brachten sie viele neue Sätze mit. Auch Regeln zur Veränderung unseres sinnentleerten Lebens. Mit ihnen versuchen wir, unsere eigenen Meister zu werden. Denn für uns aufgeklärte Westler, die ihre Wissensmacht nicht mehr an die Kirchen abgeben wollen, drückt sich Religion selten als Erfahrung des Transzendenten in unserem gelebten Leben aus, sondern in religiösen Sätzen und Regeln. Die christlichen Gebote haben uns nicht mehr viel zu sagen, scheinen sie uns doch häufig zu irrational und zu eng mit dem Machtanspruch der Kirchen verbunden. Der fast vollkommene Zerfall unseres religiösen Selbstverständnisses hat uns aber nahezu widerstandslos aufnahmebereit für die Regeln uns unbekannter Religionen gemacht. Eine der Regeln, die aus dem alten Indien zu uns gekommen ist, fordert scharf und klar: »Das Ich muss abgeschafft werden«. Mit deutlichen Worten werden wir also aufgefordert, etwas zu zerstören, was uns Westlern lieb und teuer ist: Das Ich. Gerade erfolgreiche Persönlichkeiten halten viel von willensgesteuertem Handeln. Den Willen rechnen wir zu unserem Ich. Wir finden es selbstverständlich, Mit-SchöpferIn zu sein – und glauben gerne, das Leben im Griff zu haben. Bis dieser Glaube durch Krankheit, Unfall, Tod und Sterben und andere Ohnmachtserfahrungen verunsichert wird. Dann allerdings brechen plötz-

lich jene Sinn-Fragen auf, für die sich in unserer Kultur niemand
so recht zuständig fühlt. Niemand außer den christlichen Seel-
sorgern und den PsychotherapeutInnen. Zu letzteren kommt
aber nur, wer sich aus der Bahn geworfen fühlt. Die Grenzen
des eigenen Willens zu spüren, wirft in unserer Kultur so manche und so manchen aus der Bahn. Der Ausdruck unseres Willens ist für uns eng verbunden mit dem Gefühl von Würde.
Und einer Empfindung von Glück. Besonders auch für Frauen,
deren Wille sich jahrtausendelang dem Willen von anderen un-
terzuordnen hatte. Nun kommt eine Religion des fernen
Ostens bei uns an und meint, der Wille sei auch unser größtes
Hindernis, die Welt so zu erfahren wie sie ist. Sich selbst zu vergessen, darin liege das allergrößte Glück. Als ob wir Frauen das
nicht schon lange genug mit diesem Glück versucht hätten. Aus
unserer Ich-Illusion entstünden alle Probleme. Wo wir endlich
zu sagen gelernt haben: ICH. Fast alle östlichen Meister sagen,
das Ego müsse weg. Fast keiner sagt, wohin.

Solches Denken könnte doch einfach an uns vorüberziehen.
Doch das tut es nicht. Viele Frauen hören gerade buddhistischen Lehrern sehr aufmerksam zu. Von deren Dhamma*-Vor-
trägen nehmen wir uns ein paar Sätze in unser Leben mit und
benutzen sie dort als Stützen eines Glaubens, der unser Hier
und Jetzt regeln soll. Die »neuen Religionen« aus dem Osten
werden buchstäblich beim Wort genommen. Das ist ein Prozess,
der eine naive Religiosität entstehen lässt. In unserem Denken
können Aufklärung und fremde Religion koexistieren. Da können sie sich gar nicht streiten, dazu kennen sie sich nicht gut genug. Doch in unserer Psyche entsteht ob solcher Koexistenz
leicht eine Konfusion. Diese neureligiösen Regeln in ein Alltags-
leben zu integrieren – das kann psychische Störungen verstärken
oder körperliche Probleme schaffen. Warum das so ist – und was
bei psychischen Problemen geschieht, wenn das Ich noch weiter geschwächt wird, das will ich am Beispiel von Burnout, sexuellem Missbrauch, Depression und Narzißssmus darstellen.

---

* Alle mit * gekennzeichneten Begriffe sind im Glossar am Ende des Buches
erklärt.

Ich habe Psychologie und Politologie studiert und arbeite seit 1978 als Psychotherapeutin von Frauen in Berlin. Zuerst sieben Jahre in einem von mir mitbegründeten Frauentherapieprojekt und seit 1985 in eigener psychotherapeutischer Praxis. Seit den 80er Jahren bin ich auf dem spirituellen Pfad. Ich lernte die von mir vorgestellten MeisterInnen selbst kennen. An mir selbst und als Psychotherapeutin habe ich so manche Konfusion erlebt, die entsteht, wenn das Ich abgeschafft werden soll und das neu ermächtigte Über-Ich das Zepter erhebt. Das fordert auf, dem Täter zu verzeihen, bevor die Schmerzen der Tat jemals bearbeitet und anerkannt worden sind. Oder es fordert zu noch größerer Selbstaufopferung heraus und wirft dann die entstehende Depression auch noch dem Ich als Versagen vor. Manchmal wird die Meinung und der Rat des Lehrers zu einer Waffe – für das sadistische Über-Ich. Ich sehe eine Vielzahl von Gefahren, wenn sich Spiritualität und Psychotherapie nicht besser verbinden (lassen). Und noch verbinden sie sich wenig – um nicht zu sagen: gar nicht. Es ist vielen nicht klar, dass spirituelles Wachstum und psychisches Wachstum nicht gleich verlaufen. Zu wenige wissen, dass eine gesunde Ich-Identität nicht unbedingt viel von einer Ich-Illusion hat.

Wohin mit dem Ego? will die interessierte Suchende bei der Orientierung unterstützen. Mir geht es in diesem Buch um Sätze, die zu Regeln gemacht werden. So: Bei sexuellem Missbrauch hilft aus dem Verhaftetsein mit der Tat heraus, wenn frau dem Täter verzeiht. Oder: Allumfassendes Mitgefühl kuriert fast alles, also auch Depression. Und: Narzissten sollen sich doch einfach weniger lieben.

Wir nehmen solche Regeln in den Alltag mit, weil wir den mit mehr Transzendenz und auch in größerer Gegenwärtigkeit leben wollen. Doch solche Regeln können uns auch unversehens in Sackgassen führen. Dann erst wacht unser Ich auf und begreift: Irgendetwas lief falsch. Und manch weibliches Ich zweifelt dann nur an sich. Dass sowohl Gegenwärtigkeit wie Transzendenz in diesem »Himmel« erlebbar sind, lasse ich Wislawa Szymborska schon einmal sagen.

Himmel

So hätte man anfangen sollen: Himmel.
Ein Fenster ohne Brett, ohne Rahmen, ohne Glas.
Eine Öffnung und sonst nichts,
doch weit offen.
Ich muß nicht auf die klare Nacht warten,
auch nicht den Kopf heben,
um den Himmel zu betrachten.
Himmel hab ich im Rücken, zur Hand und auf den Lidern.
Himmel umhüllt mich
und hebt mich vom Boden.
Selbst höchste Berge
sind dem Himmel nicht näher
als tiefste Täler.
Nirgendwo gibt es mehr von ihm
als anderswo.

Himmel erdrückt die Wolke
so schonungslos wie das Grab.
Der Maulwurf ist genauso himmelfahrend
wie die Flügel schlagende Eule.
Was in den Abgrund fällt,
fällt von Himmel zu Himmel.
(...)
Die Aufteilung in Himmel und Erde
ist nicht die richtige Art,
das Ganze zu begreifen.
Sie ermöglicht lediglich zu überleben,
unter genauerer Anschrift
schneller gefunden zu werden,
falls ich gesucht werden sollte.
Meine besonderen Kennzeichen sind:
Ich begeistere mich und ich verzweifle.[1]

Im Gedicht der polnischen Nobelpreisträgerin zeigt sich ein
weibliches und westliches Ich in der vollen Verfügungskraft
seines Ich-Denkens und seiner Ich-Sinne. Im Hier und Jetzt.
Nein – der Osten trifft den Westen nicht nur im Nirwana an.
Aber manchmal in einem weisen und liebenden Ich.

Wenn also dieses Ich das Wissen um den Himmel auf der
Erde in sich zu bergen vermag, in einem einfachen und doch
großen Erfahren und Erfassen – wenn das also zu soviel Liebe
fähig ist, warum will das überhaupt irgend jemand abschaffen?

In den Jahren meiner Wanderschaft auf dem spirituellen Pfad
wurde das mehr und mehr zu einer mich treibenden Frage. Es
ist die Frage, die mich *Wohin mit dem Ego?* schreiben ließ.

Mein Wunsch: Wer auf dem Weg ins Nirwana in einer Sack-
gasse steckengeblieben ist, findet mit diesem Buch vielleicht
leichter heraus. Ich hoffe, es hilft auch verwirrende, schmerzliche, vielleicht gefährliche Irrwege zu vermeiden.

Um das Leben hier wieder oder endlich mit Freude zu leben, dazu ist Psychotherapie oft gut. Um den Geist zu erkennen und zu verehren, der sich in diesem Leben und damit auch
in uns ausdrückt, dazu ist Spiritualität oft gut. Psychotherapie
und Spiritualität gehören zusammen. Es wäre gut, wenn sie sich
besser erkennen würden.

Anmerkungen:

---

[1] Szymborska, Wislawa: *Auf Wiedersehen. Bis morgen.* Gedichte.
Frankfurt am Main 1995, S.7f.

KAPITEL 1

Die »neuen« Religionen
und das weibliche Ich

Um unter den mannigfachen Religionen des »Ostens« so auszuwählen, dass tragende Säulen entstehen, will ich mich auf einige Ausschnitte des Buddhismus und des Sufismus beschränken. Die Prinzipien Klarheit und Tragfähigkeit spiegeln sich in zwei Meisterinnen wieder: Ayya Khema und Irina Tweedie sind für mich wie zwei tragende Säulen. Beide sind in Westeuropa aufgewachsen, beide erfuhren ihre spirituelle Schulung im fernen Osten. Und beide trugen die Lehre von dort zu ihren vielen SchülerInnen in den Westen zurück. Sie hielten Vorträge, unterrichteten, legten ihre Erinnerungen schriftlich nieder – sie machten ihr Wissen zugänglich. Beide Frauen waren schon im hohen Alter und besaßen bei uns Frauen einen Vorschuss an Glaubwürdigkeit. Dieser Vorschuss galt auch – wenn auch eher unbewusst – ihren Schulen.

Im dann folgenden Abschnitt über christlich-feministische Theologie werde ich darstellen, ob solch ein Vorschussvertrauen auch den Feministinnen unter den christlichen Theologinnen gilt.

AYYA KHEMA UND DER BUDDHISMUS

Meine kurze Vorstellung beginne ich mit dem Buddhismus. Er ist inzwischen bei uns die bekannteste Lehre aus dem fernen Osten und beginnt sich auch in Deutschland zu etablieren. Manchmal wird Buddhismus zu den »neuen« Religionen

gezählt. Doch Buddhas Lehre ist alt. Dem Judentum vergleich-
bar alt. Älter als das Christentum. Der Theravada-Buddhismus*, wie Ayya Khema ihn lehrte, beruft sich auf Buddhas
»reine Lehre«. Das heißt, die Theravada-Tradition hat unter
Buddhisten einen sehr guten Ruf. Der Theravada-Buddhismus
wird heute in Indien und fast überall in Südostasien praktiziert.
Für viele in Deutschland ist Ayya Khema schlichtweg die
»Buddhismus-Lehrerin«. Mittlerweile ist »Buddhismus« bei
uns ein so geläufiger Begriff, dass leicht übersehen wird, aus
welch großem Abstand wir ihm begegnen. Und oft wird Buddhismus auch bei uns weniger als Religion, sondern als die Ver-
mittlung »des Pfads« begriffen, bzw. »des Wegs«, der alle Menschen zu ihrer letztendlichen Bestimmung führt. Laienzuhörer-
Innen kümmert es meist wenig, dass in den Ländern Asiens
heute sehr unterschiedliche buddhistische Richtungen neben-
einander bestehen; oder dass es in der jeweiligen kulturellen
Tradition nicht nur einen Diskurs gibt. Für die meisten von uns
ist das alles »Buddhismus«. Schon die bildhafte und selten in-
stitutionell-steife Sprache macht es »dem Buddhismus« leicht,
bei uns Zuhörende zu gewinnen. Buddhistische Rituale sind
selten pompös. Die buddhistischen Regeln und Wahrheiten fordern vom Laien selten so viel Unterwerfung, wie wir das vom
alten Christentum kennen, wo die Seelsorger noch der Aufforderung folgen wollen, »Hütet meine Lämmer!« (Johannes-
Evangelium) – aber immer weniger zu hüten haben. Was den
Unterschied zwischen Lehrenden und Lernenden angeht, wirkt
der Buddhismus auf uns eher egalitär als das Christentum. Geht
man doch insgesamt von »der Buddhanatur in uns allen« aus –
also von wesensmäßiger Gleichheit.

Und doch bietet »der Buddhismus« uns so manches Schwer-
verdauliche an, z.B. mit seinen ethischen Regeln der folgenden
Art: Geben ist wichtiger als Nehmen. Bescheidenheit wichtiger
als ein Triumph der Besonderheit. Das Glück liegt überhaupt in
Bescheidenheit. Dein Weg gehe weg vom Egoismus hin zu einer moderaten Zufriedenheit. Es gilt zu teilen – zu Gunsten
derjenigen, die weniger haben, sei es Zeit, Aufmerksamkeit,

Talent oder Kapital. Wichtiger ist Mitgefühl als eine Maximie-
rung deiner Erfolgsbilanz.

So lässt sich also Buddhismus zur Umformung unseres üblichen westlichen Ethiksystems nutzen. Vor allem, wenn gesagt
wird: Du sollst nicht nur ein wenig, nein, du sollst allumfassendes Mitgefühl praktizieren. Es ist wichtig, sich täglich in Selbstlosigkeit zu üben. Es gilt täglich, dem eigenen Tod im Gebet
ins Auge zu sehen. Und es empfiehlt sich, an allen Ecken und
Enden des Lebens nicht den Kampf zu wählen, sondern sich im
Loslassen zu üben.

Unser Gewinn: Wir bereiten uns so tagtäglich auf das Sterben unseres Körpers vor. Zur Erheiterung wird gesagt: Warum
soviel anhäufen? Kein Möbelwagen folgt einem Leichenwagen.
Wozu also unseren Geist mit soviel Besitz und dessen Verwal-
ten beschweren? Innere Freiheit gewinnen wir über das Loslassen unseres unbedingten Wollens.

»Loslassen« – der Begriff könnte bei uns schon fast synonym
für »Buddhismus« stehen. Wie fremd und schwer für uns, die
wir das Haben-Wollen und Festhalten-Können schon in der
Kinderstube übten. Also Loslassen statt Haben. Mit dem Ziel
eines neuen, tragfähigeren Selbstwertempfindens.

Das ist hard stuff für unser Denken. Doch mehr und mehr
Menschen in der sogenannten westlichen Welt üben sich darin.
Dieses Praktizieren von Mitgefühl und Loslassen hat unter aufgeklärten, vom spirituellen Leben angezogenen EuropäerInnen
vor allem die buddhistische Lehrerin Ayya Khema populär gemacht. »Sei dir selbst eine Insel«, mit diesem Satz Buddhas ist
eins ihrer Bücher betitelt. Darin mahnt sie, wir sollten uns von
den eigenen Emotionen und Gefühlen nicht permanent umher-
wirbeln lassen. Uns nicht zu sehr von Ereignissen der Außenwelt in unserem Innenleben bestimmen lassen, so dass die Erfahrung des Eigentlichen untergehe. Und so übten sich viele
nach Ayya Khemas Rat.

Diese buddhistische Nonne machte es ihren SchülerInnen
und Zuhörenden in dem einen Jahrzehnt ihres Wirkens in
Deutschland oft nicht leicht, was – genau genommen – unaus-

weichlich war bei der von ihr vertretenen Lehre. Als ihre Vorträge in Deutschland populär wurden, interessierte es kaum jemand, dass sie Lehrerin der strengsten Form des Buddhismus, des Theravada-Buddhismus war. Es war zwar bekannt, dass ihr meist humorvoller Vortrag auch fast immer von einer anspruchsvollen Strenge durchwirkt war. Doch wer rechnete dies schon dem Theravada-Buddhismus zu? Der Lehre vom »Kleinen Fahrzeug*«, das nicht sehr viele Menschen zur letztendlichen Befreiung mitnehmen muss – als Mönchs- und Nonnenreligion? Auffällig war eher, dass Ayya Khema sich auf die »unverfälschte« Lehre Buddhas berief. Das imponierte. Das schien eine verlässliche Aussage über Qualität.

Meist war es auch eine Abgrenzung gegen andere buddhistische Richtungen. Wer unter deutschen ZuhörerInnen weiß denn schon, dass sich andere buddhistische Richtungen den Zeitläuften und unterschiedlichen Kulturen mehr adaptiert haben? Wenn Ayya Khema betonte, ihre Lehre sei noch so, wie Buddha lehrte, wer denkt da schon: Buddha hat aber vor zweieinhalbtausend Jahren gelebt – und niemand hat seine Reden direkt mitgeschrieben. Punktum: Ayya Khema berief sich auf den Originalton von Buddhas Rede. Und sie selbst sprach stets mit großer Autorität. So wie es Kalu Rinpoche mit seinen Worten sagt: »Abendländer leiden ganz besonders unter den emotionalen Konflikten und Verwirrungen, die alle Menschen erfahren, weil hier kaum daran gedacht wird, auf wirklich geschickte Weise mit Emotionen umzugehen. Da wir die wesenhafte Leerheit des Geistes und der Emotionen nicht verstehen, sind wir unseren emotionalen Konflikten weitgehend ausgeliefert.«[1]

Für Menschen im Abendland sind Kalu Rinpoche und Ayya Khema einfach Buddhisten; dies meint nicht so sehr »Religionsträger«, sondern Vermittler von Wissen und Weisheit. Und als solche stellen sie sich ihren ZuhörerInnen ja auch oft vor. Und ihre zeitgemäße und so bildhafte Sprache macht es uns leicht, ihnen zuzuhören. Meist fassen wir es für uns so zusammen: »Buddhismus« will mich vor allem lehren, wie ich (die ich im Lenken meiner Emotionen – laut den Lehrern – so unerfahren

bin) meine Instinkte und Impulse besser beherrschen kann.
Dieses Ziel gefällt uns. Und wir meinen, dies vollziehe sich am
besten durch eine Umlenkung unseres Denkens. Und meinen,
daran könne ja nichts problematisch sein. Oder doch?
Mich selbst brachte das Hören von Ayya Khemas Vorträgen in
einen lange Zeit mir nicht begreifbaren und somit stillen Widerspruch mit meinem eigenen psychotherapeutischen Wissen und
vor allem meiner Erfahrung als Frauentherapeutin. Ich geriet in
eine Konfliktspannung, die mich nicht mehr losließ. Und ich
begann mich zu bewegen.Und da ich ihr auch eine Weile
persönlich nachfolgte, führte mich mein Weg auch an einige
Abgründe meiner eigenen Psyche. Gerade meine Erfahrung mit
der Anwendung von Ayya Khemas Lehre warf so manche Frage in mir auf, der ich in diesem Buch auf den Grund gehen will.
Ayya Khema brachte mir das Wissen um manchmal schmerzvolle Irrwege, die auch eine erfahrene Psychotherapeutin geht,
wenn sie auf unbekanntem Gebiet einfach folgt. Warum ich ihr
einfach folgte? Ayya Khema war eine beeindruckende weibliche Persönlichkeit und eine kraftvolle Lehrerin.

Und ihre Lebensgeschichte machte mir das von ihr Gesagte
so glaubwürdig.

EIN BEWEGTES FRAUENLEBEN

Ayya Khema wurde am 25. August 1923 als Ilse Kussel in eine
wohlhabende assimilierte jüdische Berliner Familie geboren.
Die Nationalsozialisten vertreiben die Jugendliche 1937 aus
Deutschland. Erste Station ihrer Flucht ist England, wohin sie
mit einem Kindertransport aus Deutschland gelangt. Von dort
fährt sie ganz auf sich gestellt mit einem Frachter nach Shanghai, wo sie ihre Eltern wieder trifft. Shanghai war ab 1938 der
einzige Ort der Welt, wo Juden ohne Visum Zuflucht finden
konnten. Ihr Vater schafft es, sich dort erneut eine Existenz aufzubauen, aber er stirbt, als die mit Hitler verbündete japanische

Armee 1943 Shanghai besetzt und die Flüchtlinge erneut bedroht
sind. 1946 heiratet Ilse Kussel einen deutschen Flüchtling, den sie
im Internierungslager in Shanghai kennenlernte und geht mit
ihm in die USA. Nach der Scheidung von ihrem Mann heiratet
sie wieder und reist mit der Familie jahrelang durch die halbe
Welt. 1964 siedelt sie sich in Australien an und führt dort ein
autonomes Landleben. In Australien kommt sie 1973 erstmals
mit der Lehre des Theravada-Buddhismus in Berührung, 1978
gründet sie in Australien das Waldkloster »Wat Buddha
Dhamma«, ein Jahr später wird sie in Sri Lanka als Ayya (ehrwürdige Dame) Khema (Sicherheit) ordiniert. In der Nähe von
Colombo gründet die Nonne Ayya Khema das »International
Buddhist Women's Centre« und lässt 1984 auf der kleinen Insel
Parappuduwa Nuns Island ein Frauenkloster einrichten, dem
sie fortan vorsteht. Im Februar 1987 organisiert sie im indischen
Bodhgaya, dem Ort, an dem der Buddha Erleuchtung erlangte,
die erste Internationale Konferenz buddhistischer Nonnen.
Von 1989 bis 1997 leitet Ayya Khema ihr »Buddha-Haus« im
Allgäu.

Sie hat also die Dualität des Lebens erfahren. So kann sie uns
ganz glaubhaft sagen: »Alles befindet sich in immerwährender
Veränderung. Nichts bleibt, wie es ist.« Und wenn sie dann von
der Heilsamkeit des Versöhnens und Verzeihens sprach, wieder
und wieder, zeigte sie selbst, dass Vergeben und Verzeihen innere Harmonie bewirken können. Mit ihrer Rückkehr nach
Deutschland hat sie bewiesen, dass dies über die Begegnung mit
dem Buddhismus möglich ist. Denn in den Jahren ihrer Wanderschaft, während sie Europa auf der Reise nach Asien durch-
querte, hatte sie um Deutschland einen großen Bogen gemacht.
Jetzt schloss sie selbst den Kreis ihres Lebens. Sie kommt als
bald geachtete und geliebte Lehrerin in das Land zurück, in dem
sie verachtet und aufgrund ihrer Herkunft verfolgt wurde. Als
sie am 2. November 1997 in dem von ihr aufgebauten Buddha-
Haus im Allgäu stirbt, erfüllt sich ihr Wunsch, ihrem Körper
dort eine letzte Ruhestätte zu geben. Der Gewinn und die Notwendigkeit einer Kultivierung von Gefühlen – das hatte sie

demonstriert. Und sie selbst hatte die Wendung praktiziert, hatte Verachtung mit Achtung beantwortet. Hass mit Liebe. Jeder SchülerIn war nachvollziehbar, ohne Disziplin und Gefühlskultivierung wäre ihr dies niemals möglich gewesen.

Wer sie nicht persönlich kennenlernen konnte, aber ihre Lebensgeschichte in ihrer Autobiographie nachliest, wird sicher begreifen, warum sich in dieser Stimme Liebe stets mit Strenge verband. Ayya Khema hatte also nach einem wirklich wagemutigen und abenteuerlichen Frauenleben zum Theravada-Buddhismus gefunden, dessen zentrale Lehre das Loslassen von allem Anhaften ist. Wie Buddha konnte sie »das Leben loslassen« – wie er hatte sie viel davon gehabt. Lösen und Versöhnen: Wie sollte ihr das gelungen sein, ohne Gefühlstransformation? Ayya Khema schreibt, Theravada-Buddhismus weise den Weg, »wie wir unsere eigenen Instinkte und Impulse einmal so beherrschen können, dass Glück und Frieden in uns einzieht. Der Buddha hat Selbstkontrolle, Selbstdisziplin als die wichtigsten Eigenschaften bezeichnet, die wir in uns entwickeln können, um alle anderen guten Eigenschaften in uns hervorzubringen.«[2]

Als gegen Ende ihres Lebens bekannt wurde, dass Ayya Khema sehr krank war – und bald ihren Körper verlassen würde, schien auch dies wie gelebte Lehre. Krankheit und Tod sind für Buddhisten gewöhnlich, besprechbar, alltäglich. Buddhisten nehmen beides an, dramatisieren nicht; sie versuchen sich täglich klarzumachen: »Mein Körper ist der Krankheit und dem Tod unterworfen. Weil das so ist, gewinnt der gegenwärtige Moment an Bedeutung. Wer weiß, ob es für den Körper morgen eine Zukunft noch gibt? Keiner von uns weiß, ob er den heutigen Abend erlebt. Lebe deshalb einfach in diesem Atemzug und damit im Jetztmoment.« So oder so ähnlich hat Ayya Khema oftmals gesprochen. Und ebenso lehren es Buddhisten, ob sie nun Theravada oder Mahayana* oder Zen* lehren, überall. Auch raten sie, wie Ayya Khema es oft tat, sich zu heilsamen Gedanken anzuhalten. Das heißt, nicht »das Meer der Negativität« mit den eigenen ablehnenden, verachtenden oder aburteilenden Gedanken zu vergrößern. Buddhisten betonen immer wieder, wie wichtig es ist, unseren Geist so zu schulen, dass er positiv funktioniert. So werde unser Geist allmählich zum Produzenten von Freude und Glück.

Und indem wir akzeptieren, dass wir vergänglich sind, dass wir sterben werden, erschaffen wir nicht, wie wir oft befürchten, noch mehr Schrecken, sondern Gelassenheit und letztlich inneres Glück. Eins dürfte hier klar werden: Im hedonistisch orientierten Westeuropa bringen solche Sätze nicht die ganz große Anhängerschaft. Auch nicht mit der Regel: Du sollst nicht um das Glück kämpfen, etwa um es mit äußerem Erfolg zu erringen und dabei andere zu besiegen. Zufriedenheit erwächst, indem du jede Erfahrung als deine Lernsituation ansiehst.

Denn: Du kannst die Welt nicht ändern, du kannst deine Reaktion auf sie aber immer ändern. Solche Lehrsätze flechten sich für KennerInnen glaubhaft in Ayya Khemas Lebenserfahrung ein. Ayya Khemas Wortkraft hat für Eingeweihte mit einem tiefen Durchdringen ihrer eigenen Lebenserfahrungen zu tun (sie selbst sprach oder berichtete selten direkt aus ihrem Leben). Wer häufiger mit ihr zu tun hatte, bemerkte aber: Ihr ging das Verständnis für die »vielen Probleme«, die wir Westmenschen mit uns und unserem Leben haben, ab. Sie verstand das einfach nicht, wieso all diese Menschen mit ihren vielen psychischen Problemen zu ihr kamen und darüber reden wollten. Sogar meinten, zu ihr darüber reden zu müssen. Ich vermute, aufgrund ihrer eigenen gravierenden, aber immer wieder gemeisterten Existenzprobleme, waren für sie diese psychischen Probleme »Luxusprobleme«. Produkt eines bezüglich des »Eigentlichen« verwirrten westlichen Geists. Besonders deutlich wurde mir dies, wenn sie regelmäßig empfahl, bei der Herz-Meditation gleich zu Beginn »die eigenen Eltern vor sich hinzusetzen, und (gerade) über sie alle Herzensgüte auszugießen«.[3]

So, als sei dies das Einfachste für den Anfang.

Nicht nur Menschen mit schweren psychischen Problemen können schlecht den Strom von Herzensgüte als allererstes den eigenen Eltern übergießen ...

Und für Menschen, die in der Kindheit gravierende Verletzungen erleiden und verkraften mussten, ist ein solcher Vorschlag der blanke Vorstoß in das (vorerst) eigene Unmögliche. Wer jahrelang vom Vater sexuell missbraucht wurde, wer als Kind über Jahre von der Mutter emotional missbraucht wurde, kann auch beim allerbesten Willen (selbst wenn eine glaubhafte Meisterin die Meditation anleitet) nicht einfach »den Strom der Liebe« über die so Erfahrenen ausgießen.

Kann die Eltern wahrscheinlich nicht einmal in der Phantasie so vor sich hin platzieren. Ayya Khema hätte in dieser Situation wahrscheinlich gesagt, »Ach nehmen Sie sich selbst und Ihre Probleme doch nicht so wichtig!«. Sie war keine Psychologin. Und konstatierte auch einmal, sie sei von ihren Schülerinnen zwar oft als Psychotherapeutin gefragt, jedoch überfragt gewesen.[4]

Ayya Khemas Ziel war, wie es auch das Ziel des Theravada–Buddhismus ist: die Auflösung des Ich. Vor diesem Ziel sind aber die meisten ihrer zuhörenden SchülerInnen noch längst nicht gewesen. Oft waren sie noch am Hadern mit ihren ungelösten Kindheitsgefühlen. Da half ihnen nicht, dass Ayya Khema am grundsätzlich wohl richtigen Ort recht hatte.

ICH-AUFLÖSUNG UND DAS BUDDHISTISCHE FRAUENBILD

Leichter ist es da schon, sich gegen sich selbst und seine überflüssigen Probleme zu wenden. Gegen den Hang, festzuhalten, statt sich zu versöhnen. So kommentiert es das eigene strenge Über-Ich. Das nicht erkennen will, dass ich in ziemlich düstere Abgründe geraten kann, wenn ich dem Vorschlag so einfach folge. Das muss schon ein Meister sagen, wie Kalu Rinpoche*: »Je tiefer der Dharma*, desto tiefer die Negativität, auf die wir in unserer Praxis treffen. Bei entschlossener und intensiver Praxis können sich innen und außen sehr große Hindernisse bilden.«[5]

Wer auf dem »Pfad« bis an den Punkt der Ich-Auflösung

gelangn will, für den wäre im Westen oft fachgerechte psychotherapeutische Hilfe angebracht. Schon deshalb, weil es bei uns
selten eine dieser intensiven östlichen Meister-SchülerInnen-Be-
ziehungen gibt. Und weil es viele Möglichkeiten für Missverständnisse gibt. Allen voran dann, wenn der östliche buddhistische Lehrer sagt: »Das Ich muss aufgegeben werden«. Das
Ich der buddhistischen Nicht-Ich-Lehre ist offenbar ein anderes
Konstrukt als das, welches der Westen mit dem »Ich« meint.
Aber wenn die Lehrenden uns diesen Kernsatz ihrer Lehre nicht
weiter erklären, glauben wir, der Lehrer meine unser Ich. Doch
seine Art, dies so zu sagen, ist u.a. das Ergebnis einer sozio-
kulturellen Prägung, in der die Erziehung zum »Ich« nicht so
dominant ist wie bei uns. Wenn sie diese Regel so sagen, erneu-
ern die Meister wohl auch immer ihre zentrale Lernaussage.
Denn wenn sie Theravada-Buddhisten sind, wollen sie das Ich
aufgeben und sich im Nirwana auflösen. Dabei stört das störri-
sche Ich, das sich nicht hingeben kann und sich den Verlockun-
gen der Welt verschrieben hat. Diesem Ich muss wirklich ein
Veränderungskampf gelten, weshalb eben Hingabe - Loslassen -
Lösen alles Kernaufforderungen der strengeren der buddhistischen Lehren sind. Doch gerade bei der Auflösung des Ichs
zeigt sich die besondere Strenge der Lehre vom »kleinen Fahrzeug«; auf diese Strenge ist wohl auch zurückzuführen, dass
außer Nonnen und Mönchen nur wenige diesen Weg nehmen.
Das eigene Ich aufzulösen, das war Ziel des historischen Buddha. Wer Ayya Khema zur Meisterin wollte, nahm gleichzeitig
den Theravada-Buddhismus mit und stellte sich vielleicht gar
nicht die Frage: Passt eine Lehre zu mir, die vor 2500 Jahren entstand? Die Reden und Predigten des historischen Buddha hat
niemand direkt mitgeschrieben. Sie wurden mündlich weiter-
überliefert, bis sie sehr lange nach seinem Tod in Pali, einer indischen Sprache niedergeschrieben wurden. Deshalb bleibt die
Frage, ob er folgendes vielleicht (hoffentlich) gar nicht so gesagt haben mag:
    »Was ist wohl, oh Herr, die Ursache, was der Grund, dass
das Weib weder zu Gericht sitzt, noch einem Berufe nachgeht,

noch in die Fremde zieht?« fragte der ehrwürdige Anada den Erhabenen. »Leicht reizbar, Anada, ist das Weib; unverständig ist das Weib. Das, Anada, ist die Ursache, das ist der Grund, dass das Weib weder zu Gericht sitzt, noch einem Beruf nachgeht, noch in die Fremde zieht.«[6]
Falls er es aber doch so gesagt hat, ist diese Sicht auf die Frau eine uns aus den Jahrhunderten der Herrschaft des Patriarchats leider sehr bekannte – und dürfte viele westliche Anhängerinnen des Buddhismus nicht eben erfreuen.

Allerdings passt sie zu der Information, die Kalu Rinpoche uns in o.g. Buch, *Den Pfad des Buddha gehen* gibt, ohne irgendeine Kritik an dieser Tatsache zu äußern.

Im Buddhismus habe ein voll zu ordinierender Mönch[7] 253 Gelübde abzulegen, eine voll zu ordinierende Nonne aber noch genau 227 mehr, nämlich 480.[8] Dieser Zug des Buddhismus kommt bei westlichen Zuhörerinnen natürlich nicht so gut an. Wird er aus diesem Grund lieber nicht erwähnt? Der westliche Geist ist, wenn er auch nicht mehr der reine Geist der Aufklärung ist, doch noch immer ein kritischer.

Und Buddhisten werden sich hiermit in Zukunft auseinander setzen müssen, wollen sie ihre bei uns errungene Glaubwürdigkeit wahren. Buddhismus mit kleinem »b« zu verkünden und nicht mit seiner gesamten Tradition, das wird sicher nicht ausreichen für eine Zukunft im Westen. Die Schulen des Buddhismus werden sich zu Fragen der Achtung und des Respekts, den die Lehre dem weiblichen Geschlecht entgegenbringt – oder nicht –, in Zukunft mehr befragen lassen und auch festlegen müssen. Ayya Khemas Sache war das nicht unbedingt.

Für sie war solch eine Infragestellung »buddhistischer Grundsätze« kein Thema, ihr ging es darum, Buddhas »reine Lehre« zu vermitteln. Viele ihrer weiblichen Zuhörerinnen – eingeweiht in das soeben kurz erhellte Frauenbild des klassischen Buddhismus – hätte sicher brennend interessiert, warum das Über-Ich einer buddhistischen Nonne so viel mehr Regeln brauche? Und ob dies auch heute noch Gültigkeit habe. Und wann es reformiert werde. Doch so weit kam frau mit Ayya

Khema nicht, die sich oft in humorvoller Distanz den Gegebenheiten »des Geistes« widmete und mit ihrer eingängigen
Sprache eine Vielzahl von Solls und Müsste vermittelte. Auch
wenn sie sagte: »Ihr seid in allem frei.«

Um ein größeres Panorama aufleuchten zu lassen: Dass auch
der Buddhismus ein Sohn des Patriarchats ist, das sagen jünge-
re, im Westen aufgewachsene Lehrerinnen des Buddhismus heute schon gelegentlich; etwa auf dem Kongress »Frauen und
Buddhismus« im März/April 2000 in Köln. Mit Antworten aus
dem vielleicht damals im alten Indien bewährten buddhistischen Rezeptbuch kommt »der Buddhismus« bei den aufgeklärten Frauen im Westen über eine Anfangsbegeisterung nicht
hinaus. Genau das wissen diese Lehrerinnen. Und das wissen
auch andere, die erfahren haben, wie gut so vieles tut, was Buddhismus lehrt. Sie alle sind an einer Reform im Sinne einer
zeitgemässen Adaption interessiert. Denn absehbar ist, dass die
SchülerInnen aus ihrer allesglaubenden Trance einmal erwacht
sein werden und sehen: Auch der Buddhismus trägt aus seiner
Geschichte seltsame Schatten mit sich. Er ist eben auch nur
Menschenwerk. Eine etablierte Religion. Und jede institutio-
nalisierte Religion hat auch etwas mit Macht zu tun. Vor allem
etabliert sie Hierarchien. In dieser ist der Gläubige immer »un-
ten« und der Priester und Würdenträger oben. Auch indem der
Gläubige einfach glaubt, gibt er dem geistlichen Würdenträger
Macht ab. Der Priester oder Meister aber bewegt sich somit im
Gefahrenbereich zwischen den Polen von Liebe und Macht.
Dass sie ihre Gläubigen allzu lange an allzu viel Falsches glauben hieß, hat ja besonders die römisch-christliche Kirche im individualistischen Westen so sehr ins Abseits gebracht.

DIE BEGEGNUNG DES BUDDHISMUS
MIT DER PSYCHOLOGIE UND DEM FEMINISMUS

Für die Aufnahme des Buddhismus bei uns gilt nun zudem
noch eine, ihm offenbar weitgehend unvertraute Besonderheit:
Der Buddhismus trifft nach eigener Aussage bei uns auf viel

Laientum, aber er trifft auch noch auf etwas anderes: eine starke Psychologisierung der Gesellschaft und damit eine regelrechte Schar von »Experten« in Sachen Bewusstseinsprozesse. Viele Intellektuelle und zu den Geschehnissen des Geistes Forschende interessieren sich für Buddhismus. Die aus der Psychoanalyse kommende Theorie der Dominanz unbewusster Strebungen hat ebenso großen Widerhall bei uns gefunden. Nicht wenige von uns kennen den Satz: Will ich mich lenken, muss ich mein Unbewusstes kennen.

Also studiere ich mein Handeln, schreibe meine Träume auf und deute sie, und ich schließe aus meinen Fehlhandlungen auf Verdrängtes. Das Bewusste und das Unbewusste sind vielen Studienobjekt. Solche »ExpertInnen« stellen sich natürlich die Frage (und nehmen es nicht so einfach hin): Bedeuten 227 Regeln mehr für Frauen, dass das weibliche Über-Ich nach Meinung der Buddhisten an sich zu wenig gerüstet ist für den Erleuchtungsweg? Oder bezieht sich diese Forderung nur auf den Nonnen-Weg? Oder ist es Ausdruck der Meinung, dass das weibliche Es viel ungezügelter und wilder ist als das männliche? Gilt dies etwa nur auf dem Pfad? Oder bedeutet es einfach, Buddhismus ist auch wieder nur eine dieser patriarchalen Religionen, die – summa summarum – die Verachtung der Frau normal finden? Eine dieser Religionen, die die Wertschätzung des Weiblichen noch lernen muss? Könnte der Buddhismus dies vielleicht sogar von aufgeklärten westlichen Frauen lernen? An solchen Diskussionen werden buddhistische Lehrer bei uns bald nicht mehr vorbeikommen. Der Feminismus hat uns den Blick dafür geschärft, dass die Nichtachtung des Weiblichen Teil einer männlichen und zunehmend überkommenen Wahrnehmung der Welt ist. Zu deren Symptomen gehören eben doppelt so viele Regeln für Nonnen. Für mich ist wirklich »überkommen«, wie hier die weibliche Psyche in ihrer Regulationsfähigkeit gesehen wird. Das Misstrauen gegenüber dem weiblichen Ich wird hier offenkundig. Bei vielen Buddhismus-Veranstaltungen, die ich bisher besuchte, herrschte ein großes Bedürfnis nach Wertschätzung des Weiblichen in der Zuhörerschaft.

Von allen mir bekannten östlichen buddhistischen Meistern kommt dem der Vietnamese Thich Nhat Hanh am meisten nach. So benutzt er in seinen Dharma-Vorträgen oft die Bezeichnung »sie« statt »er«. Seine Vorträge richten sich nicht – wie bei buddhistischen Lehrern häufig – hauptsächlich an die Vernunft. Er kreiert einen Raum, manchmal vor tausenden von ZuhörerInnen, in dem zu fühlen ist, dass in dem, was er sagt, auch tatsächlich Friede und Leichtigkeit ist. Er fordert nicht dazu auf, nur heilsame Gefühle zu produzieren. z.B. betitelte er eins seiner Bücher »Den Ärger umarmen«. Da lädt er die vielen Buddhisten ominöse Wut ein, ins Wohnzimmer des Bewusstseins zu kommen.

Wie ein Psychotherapeut empfiehlt er manchmal, »den eigenen Schmerz zu berühren«, mit Achtsamkeit und ihn mit Zuwendung und Liebe letztlich zu transformieren. Als Lehrer des »Großen Fahrzeugs*«[9] lädt er ein zum Finden der eigenen Buddhanatur. Er sagt auch schon mal »der eigenen Christusnatur«. Wenn er empfiehlt, das Leben im gegenwärtigen Moment wirklich werden zu lassen, meint er damit, sich mutig unbekannten Tiefen des eigenen Erlebens zu stellen. Er beschönigt es nicht, dass wir auf dem Pfad in Zonen geraten, in denen Turbulenzen vorherrschen. Erklärtermaßen stört auch ihn das Ich. Auch hier wird in vielen Variationen gesagt: Das Ich muss schwächer werden. Es hindert euch an so vielem. Wirklich, es ist besser, ihr schafft es ab. So gut wie alle Buddhisten sagen: Es ist das Ich, welches das Leiden schafft, denn das Ich fixiert sich auf diese Welt. Das Ich kann nicht loslassen. Das Ich haftet an allem. Das Ich klammert sich an seine Illusionen. Zusammengefasst: Das Ich erschafft sich immerfort seine Leiden selbst. Das Ich ist stur, es übersieht eine Grundtatsache des Lebens: Alles ist im Fluss. Der Wechsel ist Gesetz.

Mit unserem Ich richten wir unsere Aufmerksamkeit permanent auf das Gestern oder Morgen aus. Wir übersehen, dass nur eins für uns wirklich existiert: Das immerwährende Jetzt.

Nur mittels einer Schulung unserer Achtsamkeit kann es uns

eines Tages vielleicht gelingen, im Jetzt-Erleben zu Hause zu
sein. Um dann die letztendliche Dimension zu berühren, so
sagt Thich Nhat Hanh es (wieder und wieder).

Um dorthin zu gelangen empfiehlt er (was auch Therapeut-
Innen ihren KlientInnen zu üben empfehlen): Nimm dir Zeit,
hinzusehen; nimm dir Zeit, hineinzufühlen, gib dir Gelegenheit, tiefer zu leben, Schicht für Schicht.

Wie eine PsychotherapeutIn weist er uns darauf hin, dass wir
beim achtsamen Selbstwahrnehmen in unserem tiefen Innern
manches Erlebte finden werden, das wir zuerst schwer annehmen können. Es ist meist »historisches Material« – und zwar aus
der ureigenen Geschichte. Seine Bedrohlichkeit ist auch Ergebnis von Verdrängung. Wer allein für sich meditiert, wird aus
Angst vor dem Verdrängten irgendwann wohl Schwierigkeiten
haben, weiter zu gehen. Ein zugewandter Meister oder eine
Therapeutin kann helfen, z.B. beim Einordnen, in welche Dimension der Zeit das Gefundene gehört. Wichtig ist vor allem,
es richtig einzuordnen auf der Zeitachse der eigenen Erfahrung.
In den Zen-Geschichten treffen wir häufig auf Meister, die intensiv mit ihren SchülerInnen arbeiten. Bei uns sind solche Meister äußerst selten anzutreffen. Östliche Meister haben für ihre
SchülerInnen im Westen wenig Zeit. Und sie erklären eher, als
dass sie konkrete Hilfestellung leisten.

EINSWERDEN, LOSLASSEN UND ACHTSAM SEIN

Thich Nhat Hanh wählt zur Erklärung »der Zeitachse« gerne
das Meer: Die »historische Dimension« – ist die Welle; die
»letztendliche Dimension« – ist der Ozean.

In diesem vielgebrauchten östlich-spirituellen Bild ist das Ziel
buddhistischen Bemühens erfasst: im Ozean mit allem eins zu
werden. Wie ein Tautropfen im Meer. Sich auflösen in allem, was
ist. Für die meisten Menschen des Westens ist dies wohl eher ein

abschreckendes Bild. So viel Arbeit haben wir investiert, etwas
Eigenes zu werden. Oder doch zumindest als etwas ganz Eigenes zu erscheinen. Nun soll ich das einfach so aufgeben? Das
also soll unser Ziel sein?

Dass das Ich bei der Verschmelzung mit etwas viel Größerem nicht weiter es selbst bleiben kann, ist uns zumindest in
diesem Bild verständlich. Doch warum soll ich das denn wollen? fragt sich der westliche Mensch schockiert. Weil »die
Heimkehr« unser aller Ziel ist – lautet wahrscheinlich die mei-
sterliche Antwort.

Weil dies unserem innersten seelischen Instinkt entspricht,
und genau in dieser Auflösung die Erfahrung eines unermess-
lichen Glücks liegt, sagen die buddhistischen Schriften. Da
trifft sich Ost und West – doch der Westmensch möchte nicht
in dieses Nirwana. Westler wollen hier und jetzt glücklich oder
noch glücklicher werden. Westmenschen lernen zu wollen. Der
Buddhismus lehrt loszulassen. Die buddhistischen Lehrer sagen
uns, wir würden viel gewinnen, wenn wir loslassen. Dann werde ich also glücklicher? fragen wir.

Manche Buddhisten enttäuschen noch zusätzlich, wenn sie
antworten, Erleuchtung habe nichts mit Glücklichsein zu tun.
Auch das gelte es loszulassen.

Westliche Adepten des östlichen Wegs mischen sich hier
manchmal vermittelnd ein, indem sie sagen: Dieses Nach-Hau-
se-Kommen ist eben ein langer Weg. Auf dem Weg wird es aber
bald nach dem Aufbruch zu größerer Klarheit kommen. Klarheit entsteht durch konsequentes Meditieren. Klarheit entsteht,
wenn du ein Leben in Achtsamkeit führst. Überall bei buddhistischen Meditationsübungen ist zu hören: »Bleibe in deiner
Aufmerksamkeit einfach achtsam auf deinen eigenen Atem. Sei
achtsam gegenüber den Mustern deines Denkens. Übe Achtsamkeit gegenüber deiner eigenen höchstpersönlichen Dramen-
Inszenierung. Übe auch Achtsamkeit gegenüber dem Einfluß
von anderen.« Viele Buddhisten beenden ihre tägliche Meditation mit dem Satz: »Möge es mir gelingen, mein eigenes Glück
zu bewahren.« Und: »Mögen alle Wesen glücklich sein.« Prak-

tizierende Buddhisten arbeiten an ihrem Denken so, dass eine stärkere Innenwendung beginnt. So wird langsam ein neues inneres Regulierungssystem aufgebaut. Und peu à peu wird das westliche Über-Ich in ein buddhistisches Über-Ich transformiert.

Nach dem Ritual der »Zufluchtnahme« werden die sogenannten »fünf wunderbaren Richtlinien« im Alltag täglich erneuert, denn sie sollen der Laienbekennerin auch ohne Meisterbetreuung helfen. Einmal zu unterscheiden; dann sehr genau zu sein; und dann auch noch klar zu bleiben.

Die erste Richtlinie befasst sich mit der Achtung vor dem Leben.

Die zweite mit dem Bemühen um Großzügigkeit.

Die dritte spricht über sexuelle Verantwortlichkeit.

Die vierte von aufmerksamem Zuhören und wahrheitsgetreuem Reden.

Die fünfte über den achtsamen Umgang mit Konsumgütern.

Es gibt, da es viele buddhistische Richtungen und Schulen gibt, auch viele Varianten dieser buddhistischen Regeln. Die von Thich Nhat Hanh mit seinen Büchern und Kursen bei uns eingeführten Regeln sind eine an unsere westliche Welt bereits adaptierte Version.

Der Buddhismus will nicht nur das ethische Verhalten, sondern auch unser Denken neu formen. Der vietnamesische Meister spricht es aus: »Denken kann sehr wirkungsvoll sein«. Und setzt dabei voraus, dass dies auf der Basis der Achtsamkeit geschieht. Bewusstes Denken geht nicht unter, wenn es sich in die eigene »Hölle« begibt. Die Achtsamkeit werde dann zu einem hellen Lichtstrahl, der uns die »Bösen Geister« erkennen lässt und uns des Gruselns entledigt. Von wem wohl, frage ich hier, wird solch präzise Achtsamkeit wohl geleistet?

Doch wohl von unserem Ich.

Jenes Ich also, das die östlichen Meister so verfemen und zur Abschaffung verurteilt haben.

DIE ROLLE DES ICH IN DER WESTLICHEN PSYCHOLOGIE

Klar wird, dass der Buddhismus mit seiner Beurteilung des Ich bei uns Widerspruch hervorruft.

Oder – gehen wir anders heran – ich stelle erst einmal eine Frage: Wer ist denn dieses Ich – von dem die westliche Psychologie so oft und meist auch positiv spricht?

Sigmund Freud kennzeichnet das Ich als jene innerpsychische Instanz, die sich bemüht, »den Einfluss der Außenwelt auf das Es und seine Absichten zur Geltung zu bringen«. Das Ich ist »bestrebt, das Realitätsprinzip an die Stelle des Lustprinzips zu setzen, welches im Es uneingeschränkt regiert. Die Wahrnehmung spielt für das Ich die Rolle, welche im Es dem Trieb zufällt. Das Ich repräsentiert, was man Vernunft und Besonnenheit nennen kann, im Gegensatz zum Es, welches die Leidenschaften enthält.«[10]

Fällt auf, dass Freud bei den Aufgaben des Ich Bemühungen nennt, die zur Erschaffung eines achtsamen Lebens im Hier und Jetzt gehören? Und dass die innerhalb der »historischen« Dimension des Lebens ausgeführt werden? Über die »letztendliche« Dimension würde die westliche Psychologie ungern etwas aussagen. Lieber würde sie darauf hinweisen, dass es schon hier genügend Aufgaben für das Ich gibt. Bleiben wir doch nur bei jener Aufgabe, das Unerlöste aus den Schattenräumen ins Licht zu bringen. Das ist etwas, was ein übliches Ich gar nicht gerne – und meist nur aus Not heraus macht. Ohne solche Not setzt es das Heer seiner Abwehrmaßnahmen gegenüber Aufhellungsversuchen in Gang. Und hat dabei ein klares Ziel: unserem »Schatten« die Teilnahme am Bewusstseinsstrom zu versperren. Diese nicht zu verleugnende Ich-Macht hat das Ziel, Widerstand gegen die Erinnerung an Leiden zu leisten. Ein Geschehen allerdings, das uns manchmal dazu veranlasst, Hilfe in der Psychotherapie zu suchen. Mittels unserer Abwehrmaßnahmen gegen alte Konflikte sind wir uns selbst heute unverständlich geworden. Und können unser eigenes Leben nicht (mehr) meistern. Menschen kommen zu uns PsychotherapeutInnen mit

der Hoffnung, ihre Ohnmacht mittels Verständnis für sich
selbst zu überwinden. Vielleicht begründen es nicht alle so.
Vielleicht sagt manche: Ich will mein Leiden beenden.

Das Leiden beenden

Menschen, die an ihren Verdrängungen leiden, wenden sich
heutzutage häufig an spirituelle Lehrer. Das »Leiden beenden«
wird mehr und mehr zum Ziel des spirituellen Pfads: Und viele
Lehrende bieten ihre Dienste bei uns so an.

Die Zielvorgaben der anderen, der einfachen Wahrheits-
suchenden heißen Zufriedenheit und Glück. Sie suchen inneren
Frieden, weniger Anspannung. Und bemühen sich auf vielfältig Weise. Von einer bewussteren Art des Atmens bis hin zu einer neuen Art des Denkens üben »Wellness«-Wünschende in
Kursen und Kliniken.

Leider geht mit dieser Orientierung manchmal einher, das Spüren von unglücklich machenden Empfindungen zu vermeiden.
Der westliche Mensch auf der Suche nach dem Glück baut dann
seine Abwehr gegen »störende Gefühle« noch besser aus. Die
dem Bewusstsein verborgenen Düsterkeiten versucht er, mittels
eines »Neuen Denkens« noch besser auszuschalten. Doch sie
sind nicht völlig zu verbannen, sie tauchen immer wieder auf...
Viele von uns erfahren aber auf diesem Weg, dass eins auf jeden
Fall überzeugt: Meditation.

Der eigene Geist wird friedlicher, es kehrt mehr innere Ruhe
ein. Und noch eins: Viele Suchende erfahren über Meditation
oder Kontemplation Liebesgefühle in sich, die niemand bisher
in ihnen »erweckt« hat. Sie erkennen: Ich bin bereits alles. Ich
brauche nirgendwo suchen. Ich habe Liebe nicht nur für andere
in mir – ich habe Liebe auch für mich.

Manch Überraschendes ist auf dem spirituellen Pfad zu erfahren. Das ist auch ein Grund, warum dieser Pfad so viele

anzieht. Wenn auch manche nur für eine kurze Zeit. Denn es
gilt dort die Notwendigkeit, täglich zu üben. Achtsam zu bleiben. Und es gibt trotzdem »Abstürze«. Und positives Denken
allein trägt nicht ...

Wer »in der Welt« lebt (und nicht im Schutz des Klosters,
nach klaren Ritualen und Versorgungsregeln), wird z.B. immer
wieder zu realisieren haben, dass »die anderen« sich (trotz noch
so fleißigen Übens, in z.B. allumfassendem Mitgefühl) als Her-
ausfordernde und Störende auch weiterhin zeigen. In einer Gesellschaft wie der unseren wirst du, wenn deine Selbstbehauptung nur schwach ausgeprägt ist, leicht ausgenutzt. Davon sprechen östliche Lehrer des Buddhismus äußerst wenig. Sie erzählen uns lieber, wie gut es tut, nicht mehr zu hassen, oder nicht
mehr so umherzurennen, um »alles« zu wollen. Wie gut es tut,
bescheidener zu werden. Sie reden viel gegen die westliche
Mehr-Haben-Wollen-Mentalität an, die Ayya Khema als »eine
politische Richtung« bezeichnete, in welcher der Glaube tradiert wird: »man müsse seinen Vorstellungen, Wünschen und
Abneigungen Ausdruck geben.«[11] Ayya Khema wollte das
nicht. PsychotherapeutInnen wollen genau das.

Viele meiner PatientInnen sagten, bevor sie von der Psychotherapie Abschied nahmen: »Nun möchte ich vom Leben noch
dieses und jenes haben. Und ich glaube daran, dass ich es erreichen kann. Und ich glaube auch daran, dass es mir zusteht.
Anders als früher, als ich meinte, ich kann nicht/Es geht für
mich nicht/Ich darf nicht/Ich bin es nicht wert zu haben oder
zu erfahren«.

Sie sagten schließlich oft Ich – und dieses ICH schrieb sich
tatsächlich in Großbuchstaben. Und sie sagten nun seltener:
»Mir steht das nicht zu«. Vielleicht hatten sie außerdem in der
Therapie gelernt, ihre selbstverleugnenden Glaubenssätze als
Teil ihrer Neurose und damit auch als änderbare Grundüber-
zeugungen anzusehen. Solche Glaubenssätze sind typisch für
Opfer. Sie sind ein Resultat der kindlichen Erfahrungen von
Versagungen und Nicht-Bekommen. Und nicht der Tatsache,
dass ihnen schon genügend gelungen ist, weshalb sie nun gut

auch anderes probieren können. Ihr Verzicht basiert nicht auf der Erfahrung von Siegen, sondern auf Niederlagen. Sie erkennen nun, dass viele ihrer Opfer-Überzeugungen mit Machtlosigkeit und Unterwerfung zu tun haben. Und besonders Frauen sehen dann oft, dass es die typischen Glaubensmuster von Frauen im Patriarchat sind, die sie ihr Leben haben lenken lassen. Dass diese nicht der Realitätswahrnehmung dienen, sondern sie in der Erfahrung des Mangels halten. Und: Sie erkennen, dass diese für ihre eigenen Lebensumstände gar nicht sinnvoll sind.

Aus meiner therapeutischen Sicht will ich hinzufügen, dass Nicht-Haben-Wollen oft Ausdruck einer Neurose ist. Der Wille ist bei vielen psychischen Störungen lahmgelegt. Nicht-Haben-Wollen ist oftmals das Symptom einer Blockierung der Lebenskraft – auf der Basis alter Erfahrung. Viele PatientInnen beobachten an sich auch noch nach einer Psychotherapie, wie sich ihnen unrealistische und sture alte Muster aufdrängen, ihr Leben weiterhin im Nicht-Haben-Können zu gestalten. Doch ohne Therapie können wir manchmal noch so viel wollen – wir finden nicht den Schlüssel, um es uns zu holen. Hier bietet sich der spirituelle Pfad als Hilfe an.

Dort hören Leidende dann: »Unser Unbedingt-Wollen ist das Tor zum Land des Leidens. Denn alles, was wir bekommen, kann uns nicht wirklich erfüllen. Denn es geht so mit dem Erfülltwerden nicht. Bei allem, was wir bekommen, bleibt letztlich immer ein Gefühl des Mangels. Da es kein dauerhaftes Haben-Können gibt.«[12] An diesem Punkt ergeben sich aus psychotherapeutischer Sicht deutliche Widersprüche zur östlichen Leidenslehre. In Kapitel vier werde ich auf diese Widersprüche näher eingehen. Hier aber stelle ich erst einmal nur Fragen, die die Begegnung der östlichen Lehre vom Leiden mit meinem psychotherapeutischen Wissen für mich aufgeworfen hat: Wird eine depressive Hemmung wirklich durch mehr Loslassen »aufgehoben«? Wird eine schizoide Abspaltung, die sich u.a. in der Maske von Nettigkeit zeigt, mittels vermehrter Demonstration von Mitgefühl und Freundlichkeit geheilt? Erfordert ein wirklicher Heilungsweg das Entdecken der Ursache der

Abspaltung? »Loslassen, was nicht glücklich macht« – ist diese aus der spirituellen Welt zu uns gekommene Devise nicht viel zu einfach? Oder: Funktioniert die Heilung der Psyche von gravierenden Verletzungen nicht auch einfacher? Müssen die abgespaltenen Seins-Anteile unbedingt gefunden werden? Muss ich in einen Dialog mit den abgespaltenen Seins-Anteilen treten? Muss ich sie unbedingt und mühsam ankoppeln und an meinen heutigen Reifegrad heranführen? Oder geht das alles nicht auch viel simpler? Mittels eines neuen Denkens, einer anderen Atmung, und dem Bemühen, sich täglich im Vergeben und Verzeihen zu üben? Werden wir Menschen nicht auch so das Leiden los?

Als Psychotherapeutin sage ich: Manch einfacher Ratschlag, der auf dem spirituellen Pfad für die Beendigung von Leiden gegeben wird, kann auch gefährlich werden. In der Tiefe, die wir in der Meditation irgendwann berühren, wohnt meist eine Menge »Unansehnliches«; deshalb ist das Bewusstsein lieber und gern bereit, heilsame Gedanken zu produzieren, statt in das unangenehme Dunkel der eigenen Emotionen hinabzusteigen. Da schafft es doch lieber Gutes und Heiliges mit Hilfe eines neuen Denkens. Das Bewusstsein kann doch z.B. mehr Mitgefühl mobilisieren, um seine Wut und seine Rachegelüste erst gar nicht spüren zu müssen. Wie schon erwähnt, ist in Indien, Tibet oder Sri Lanka ein Suchender, der sich einem Meister anschließt, meist in einem intensiven »Betreuungsverhältnis«, wenn Verdrängtes »hochkommt«. Doch hier? Welcher der hier sprechenden Meister kann sich seiner SchülerInnen denn so intensiv annehmen? Viele Ratschläge auf dem spirituellen Pfad hören sich nach »Do-it-Yourself« an. Wage dich in den Keller, öffne die Tür, lade die im Untergeschoß hausenden Geister ins Wohnzimmer zum Aussprechen ein. Höre ihnen zu und umarme sie sodann. Mit Liebe und in Freundlichkeit und voller Besonnenheit. Dann werden sie freundlicher werden. Wie einfach. Wenn sich die Geister doch so einfach umarmen ließen. Bei gravierenden psychischen Problemen haben Abwehr und Widerstand grandiose Festungen gebaut.

»Wir alle haben Samen der Gewaltsamkeit, des Zorns, der Verzweiflung, der Wut und Hoffnungslosigkeit« in uns, sagt der
vietnamesische Meister Thich Nhat Hanh. Doch manche haben
im Kellergeschoss Gruselkammern. Da genügt es nicht, die dort
hausenden Gespenster ins Wohnzimmer einzuladen. Und sie –
wie empfohlen – mit Achtsamkeit zu behandeln. Sie dürften zu
rabiat, zu groß, zu mächtig sein. Da geht bei einer Teestunde
im Wohnzimmer mehr als Porzellan zu Bruch.
Und trotzdem finde ich, inmitten manch anderer östlicher Meister ist Thich Nhat Hanh erfreulich realistisch. Er nimmt die
Tatsache tiefer Beschädigungen der Psyche für gegeben. Es ist
auch beruhigend, ihn sagen zu hören: »Meditation bedeutet
nicht, dass du dich selbst in ein Schlachtfeld verwandelst, wo
die guten Seiten die schlechten Seiten bekämpfen«.[13] Du kannst
auf Lehrer treffen, die dich im Grunde lehren, genau das zu tun.
Sie lehren das Praktizieren von Dualität.
Nach Thich Nhat Hanh jedoch lehrt der Buddhismus die Non-
Dualität. Das bedeutet, langsam sehen und sagen lernen: »dies
ist ..., das ist ...«, ohne beurteilen, ohne verändern zu wollen –
was in sich die Energie der Verwandlung besitzt. »Einatmend
bemerke ich, dass ich ärgerlich bin; ausatmend bemerke ich,
dass ich immer noch ärgerlich bin«.[14]
Das zu tun, wird bei manchem Alltagsärger sicher gut tun.
Gesetzt den Fall aber – der für uns TherapeutInnen alltäglich
ist –, dass der Ärger wie ein kurzes Mitbeben einer verborgenen
Traumatisierung ist, wird es besser sein, den seismographischen
Meldungen zu vertrauen. Und es tut dann gut, sich bald der
Prophylaxe eines größeren Zusammenbruchs zu widmen.
Manchmal ist vor allem eins gut: Professionelle Hilfe.
    Da es bei uns den Meister, der seine SchülerIn intensiv kennt
und betreut, so gut wie nie gibt, sucht die SchülerIn die bei gra-
vierendem Leiden notwendige Hilfe bei einer Psychotherapeut-
In; die wiederum kennt sich aber vielleicht mit Meditation gar
nicht aus. Andererseits kennen sich viele Meditierende mit den
Gefahren der eigenen Psyche nicht aus. Es wird über Meditation manches angerührt, was abgespalten, abgewehrt, verdrängt

ist. Ja, es ist sogar sehr wahrscheinlich, dass kontinuierliches
Meditieren dies zur Folge haben wird.

Wer als Kind sexuellen Missbrauch erfahren hat (und unter
den PatientInnen einer Frauentherapeutin sind das nicht wenige), wer als Kind gewalttätig behandelt wurde, deren Grenzen
des (für die kindliche Psyche) Erträglichen wurden überstrapa-
ziert. Die kindliche Psyche musste viel abspalten und viel verdrängen, um zu überleben. Sie hat viel Schrecken im Unbewussten abgelagert. Und sehr vieles wurde auf noch sehr kindliche Weise verarbeitet und dann »eingefroren«. Vieles, was dem
Kind damals geschah, konnte nie begriffen werden – und mani-
festiert sich heute in Form von Misstrauen, Angst und Hass.
Oder verbirgt sich unter einer dünnen Decke von Freundlichkeit und Großzügigkeit, um nur nicht wieder den Halt unter
Menschen zu verlieren.

Das sitzt nicht im Wohnzimmer und hält Anklage.

Aber im Keller brodelt es, da ist sehr viel Spannung aufgebaut. Die Spannung drückt sich in der Herrschaft der Ambiva-
lenzen aus. Oft hat die Abwehr zwischen »Wohnbereich« und
»Keller« eine recht dicke Decke eingezogen. Psychotherapeut-
Innen wissen, welche Gefahren drohen, wenn diese Decke ein-
bricht.

Auch spirituelle Lehrer dürften wohl wissen, was geschieht,
wenn diese Decke langsam, Stück für Stück, abgetragen wird.
Oft hat es den Anschein, als breche das Abwehrsystem ganz
plötzlich zusammen. Und der betreffende Mensch sei aus uner-
findlichen Gründen zum Aus/halten des Hereinflutenden zu
schwach. Dass das gefährlich ist, ist einsichtig. Doch wer spricht
schon davon, dass Meditation zum Einsturz der schützenden
Zwischendecke führen kann?

ENGAGIERTE GRENZWÄCHTER

Östliche Meister gehen offenbar bei ihren Vorträgen bei uns (lieber) von einer großen Anzahl gesund-gestörter ZuhörerInnen aus. ZuhörerInnen mit ein bisschen zu viel Hass. Mit ein bisschen zu viel Rachegelüsten. ZuhörerInnen mit ein bisschen zu viel Eigenliebe. Und zu wenig Mitgefühl.

Gilt deshalb ihr allesheilender Ratschlag: »Praktiziere allumfassendes Mitgefühl – und alles wird gut!«?

Wenn du bei naiven Ratschlägen Ärger empfindest, darfst du deinen Ärger einen engagierten Grenzwächter nennen. Sieh den Ärger nicht unbedingt als die Antwort deines Egos, das sich bekanntermaßen gegen den Erleuchtungsweg sträubt. Ihn torpediert, wo es nur kann. Dein Ärger leistet dir hier gute Dienste. Gerade Ärger, Wut und Zorn sind oft gute Signalgeber für dich, wenn du aufgrund von Kindheitsprägungen nur schwache Grenzsensoren ausgebildet hast. Deinen Ärger anhören und für voll nehmen, kann sehr, sehr wichtig sein. Besonders dann, wenn Instinktverletzungen ein früheres Sich-Schützen nicht möglich machten. Mittels des Ärgers kommt frau oft einem sinnvollem Abgrenzungsbedürfnis auf die Spur. Aber eben nur, wenn sie ihren Ärger oder ihre Wut oder ihren Zorn aufrichtig befragt: Was willst du mir mitteilen? Erinnert dich das, was da gerade geschieht, an etwas früheres? Was konnte ich damals nicht sagen/tun/erleben? Und was soll ich gegen das Außen jetzt tun?

Tun! Und nicht nur sich beobachten und sich selbst etwas erklären. Bei einer zurückliegenden Verletzungsgeschichte ist es oft so wichtig, handelnd dir auch selbst zu beweisen, dass du dich jetzt wehren kannst. So, wie es einer Erwachsenen zu handeln entspricht.

Denn vielleicht war dir früher eine instinkt-gesunde Reaktion aufgrund von Lebensgefahr (und um Lebensgefahr handelt es sich oft bei Missbrauch und Misshandlung) nicht möglich. Doch auch heute noch behauptet das Unbewusste, es sei nicht möglich. Obwohl Körper wie persönliche Kraft und Wissen

längst gewachsen, erwachsen sind. Heute erkennst du bei
Grenzverletzungen oft nur noch eine ungewisse Angst und
vielleicht etwas Ärger wieder.

Die Angst sagt: Wieder so mit mir.

Und der Ärger sagt: So nicht mehr mit mir!

Angst und Ärger sind also beide hier sehr hilfreich. Doch
nur dann, wenn sie richtig gehört und richtig interpretiert werden. Wie unsinnig ist es da, sie als »unheilsame« Gefühle abzu-
qualifizieren. Und sie dann auch noch ganz schnell durch »heilsame« Gefühle zu ersetzen.

Im Widerspruch zu manchen östlichen Lehrern behaupte ich
hiermit: Ärger und Wut können sehr wichtige kreative Hilfs-
mittel für ein meisterlicheres Leben sein. Sie können beim
Nachreifen der Psyche helfen.[*]

Humanistische Psychotherapie hat aufgezeigt, welch faszi-
nierendes System die menschliche Psyche ist. Aus Bewusstem
und Unbewusstem heraus erlebend und handelnd. Welches Be-
harrungsvermögen sie aber auch besitzt. Wie stur sie im allgemeinen auf dem besteht, was sie »einmal gespeichert« hat, zeigt
sich oft in einer Psychotherapie. Deshalb ist es so eminent
wichtig, sozusagen an den Ort des früheren Geschehens zu-
rückzukehren – um dort den alten Verletzungsvorgängen wieder zu begegnen. Mit dem Ziel, dass die Wunden wenigstens
einigermaßen heilen mögen.

Gerade die Grenzfälle der Psychotherapie, Überlebende
schwerer Traumatisierungen, zeigen, wie hilfreich unsere Abwehr zu funktionieren vermag. Die Abwehr kann (über)lebens-
wichtig sein. Aber sie kann auch Menschen (lange Zeit später)
an der Teilnahme am Leben hindern. Unsere frühe menschliche
Verdrängungs-Antwort auf schier unaushaltbare Zustände
zeigt, wie sehr unsere Psyche dem Überleben verpflichtet ist.
Wie stark sie ist, oft auch »das Schlimmste« noch zu verkraften!
Doch dank der Psychologie wissen wir auch, dass die Psyche

---

[*] Leider empfehlen gerade traditionelle östliche buddhistische Lehrer gerne,
diese Emotionen und Gefühle lieber abzuschaffen. Sind sie doch ihrer Meinung nach gravierend involviert in die Ursachen des Leidens. Sie gehörten zu

von sich aus die Adaption an bessere Umstände oft nicht mehr –
und vor allem auch nicht ohne Hilfe schafft. Deshalb ist bei
dieser Hilfe das Auffinden der alten »schlechten« Gefühle von
zentraler Bedeutung, zentral, weil dort »das Trauma« sitzt.
Eben deshalb gehören die »unheilsamen« Gefühle nicht auf die
»Müllhalde« – sondern auf die Bühne – sind sie doch die Helferinnen der Heilenden. Sie sind unentbehrliche Teile eines krea-
tiven, intelligenten Prinzips. Dessen Kenntnis und Beachtung
auch bei schwierigen Störungen hilft.

WIESO DAS ICH ZUR GESUNDUNG GEBRUACHT WIRD

»Alles Leben ist Leiden« – das allein sich wie eine Regel zu sagen, verhilft selten zu einem Leben ohne allzu viel Leiden.
Manchmal gelingt die Rückkehr in den Lebensfluss nur mit der
Hilfe von erfahrenen HelferInnen. Sie verfügen über das Wissen, wie Stockungen mit Engagement und manchmal mit ganz
und gar paradoxen Interventionen aufgelöst werden können.
Therapie ist manches Mal ein Kunstwerk.

Der westliche Meister C.G. Jung nennt unsere Psyche ein
kreatives Werk. In ihr wirke auf ganz faszinierende Weise etwas
zusammen, was einsichtig und uneinsichtig ist, bewusste und
unbewusste Elemente besitzt, zwischen denen ständig ein
Energieaustausch und Energiefluss herrscht. Wird dieses »System« aber überlastet, dann stockt der »Fluss«. Stockung, das
bedeutet auch Unglücklichsein.

Buddhisten sprechen viel von der Reduzierung des Leidens.
Damit ziehen sie natürlich auch Menschen an, die mehr als andere am Leben leiden. Vielen dieser Leidenden gilt Therapie leider noch immer als etwas Obskures. Manchmal sehen sie es wie
ein Gebrandmarktsein nach außen.

In diesem Licht betrachtet, wirkt der Weg der Kontemplation und Meditation einfach und oft. Für manche kann er jedoch
irgendwann gefährlich werden.

Eine Lehre, die vor zweitausend Jahren in Indien begründet
wurde und sich der Funktion der menschlichen Psyche
annimmt, deren heutige Verkünder aber manchmal die
Forschungsergebnisse und das Wissenspotenzial der modernen
Psychologie offenbar gar nicht sehen wollen, (vielleicht weil sie
sich ihr aufgrund der eigenen Tradition überlegen wähnen),
kann bei Neurosen und einer Disposition zur Psychose und bei
schwer traumatisierten Menschen (ohne notwendige Beglei-
tung) etwas »anstoßen«, das kein Meister dann auffängt. Dass
es auf »dem Pfad« zu großen Krisen kommen kann, leugnet
niemand.

Das Thema der Meister sind eher die kleinen Krisen: Lebenslust und Lebensfrust. Der alte strenge Buddhismus der
Theravada-Schule sagt: Keine sinnlichen Verstrickungen mehr,
also kein neues Karma*. »Vernichtung der Lebenslust bewirkt
die Vernichtung der Geburt!«[15]

Vielen von uns erscheint dieser Teil des Buddhismus recht
befremdlich. Und gerade wir PsychotherapeutInnen empfinden solche Vorschläge für unsere Arbeit eher als kontraproduk-
tiv. Wir versuchen, zum Wollen hinzuführen. Wir arbeiten daran, ein Lebensziel wieder erkennbar zu machen. Wir helfen dabei, sich den eigenen Wünschen wirklich zu verpflichten. Wir
geben zu bedenken, dass es unsinnig ist, sich selbst mit Hem-
mungen und Bedenklichkeiten allzu viel im Wege zu stehen.

Wollen. Können. Tun. Erreichen. Loslassen, Nicht-mehr-
Wollen, Aufgabe des Ich-Willens.

So unterschiedliche Wege zum Zufrieden-Sein.

Wo trifft sich da der Buddhismus mit der Psychotherapie?

Auch bei der Bewertung des Ich gehen sie in entgegengesetz-
te Richtungen.

Die Psychotherapie sagt: Das Ich wird zur Gesundung gebraucht.

In der Regel muss es gekräftigt werden, denn es soll die Kraft
haben, als Zentrum zu wirken. Muss es doch Vermittler sein,
sowohl im Binnenraum der Psyche, wie auch und vor allem
zwischen dem Individuum und der Welt.

Das Ich muss die Orientierung finden. Dazu braucht es Wissen um innere und äußere Realitätsbestandteile. Es braucht Entscheidungskraft und es braucht Verfügung über den eigenen Willen. Ein wirklich starkes Ich kennt sich aus mit den Koordinaten und Hauptdeterminanten der eigenen Psyche. Es kennt (günstigenfalls) sich sogar mit seinen eigenen bevorzugten Abwehrmaßnahmen aus. Das Ich weiß also über sich: Ich »greife« bei inneren und äußeren Konflikten zum Mittel der Verleugnung, Verdrängung oder Abspaltung. Ich tue dies, um die Konfliktspannung zu verringern. Das Ich stellt sich selbst die Frage: Welches Mittel wandte ich in diesem Konfliktfall an? Selbstkritisch und zugleich selbstbewusst, erwirbt ein starkes Ich im Laufe des Lebens mehr und mehr Meisterschaft. Es will zunehmend Wissen um die zu lenkenden Energien besitzen. Es kennt sich auch bei seinen speziellen Gefährdungen aus. Da vermag es zu unterscheiden zwischen persönlich-individuellen und sozialen wie kollektiven Gefährdungen. Und übertrifft es sich, prüft es sich sogar kulturkritisch. Natürlich handelt es sich hier um das Ideal des aufgeklärten Ich. Zumindest aber weiß es, dass es Mühe hat, die Gegensätze zwischen Gefühl und Verstand zu überbrücken; dass es in dieser Kultur nachlernen muss, mit den Emotionen so umzugehen, dass Selbstausdruck möglich wird, aber auch Selbstschutz und der Schutz vor destruktiven Einflüssen anderer. Das Ich hat also viel zu tun.

Die fünf Pfeiler der Weisheit

Ayya Khemas Vorträge hatten oft »den geschickteren Umgang mit eigenen Emotionen« zum Thema. Gerade hier zeigte sie nicht nur buddhistische, sondern ganz persönliche Überzeugungskraft. Nachdem sie buddhistische Nonne geworden war, gründete sie, wie oben beschrieben, ein Frauenkloster auf Sri Lanka. Dorthin kamen zu ihrer Verwunderung viele Europäerinnen und Amerikanerinnen mit gravierenden psychischen Problemen.

Wieso konnten sie sich nicht einfach an dem wunderschönen Platz, an den Pflanzen, dem Wasser freuen? Warum konnten sie sich nicht einfach den Vorschlägen des Buddha zur Befreiung von Leiden hingeben? Warum beschäftigten sie sich so ausdauernd und umfangreich mit ihren psychischen Problemen? Warum machten sie es nicht so wie sie, die doch in ihrem Leben reichlich Gelegenheit gehabt hatte, die Unkultur der Emotionen zu erleben und die Kultivierung der Emotionen zu bevorzugen? Es war doch leicht einzusehen, dass »unheilsame Emotionen« wie Hass reiner Wahnsinn sind. Bewies sie nicht selbst beispielhaft, dass nicht Rachegelüste das Verhalten bestimmen sollten, sondern Liebe und Vergebung? Ihr Auftreten bewies es, geschenkte Liebe kommt vielfach zurück. War sie nicht gerade für die deutsche Nachkriegsgeneration ein glaubhaftes Beispiel für Loslösung?

Für ihre SchülerInnen war und ist sie ein lebendiges und persönliches Zeugnis auch für die persönliche Kraft und Strenge, die auf einem schweren Weg entsteht. Und für einen treffenden Humor, der sich nicht von Entschuldigungen aufhalten lässt. Wer ihr zuhörte, verstand, dass es auch ihre eigene, die von ihr gefundene Lehre gewesen ist.

»Wie wir unsere eigenen Instinkte und Impulse einmal so beherrschen können, dass Glück und Frieden in uns einzieht. Der Buddha hat Selbstkontrolle, Selbstdisziplin als die wichtigsten Eigenschaften bezeichnet, die wir in uns entwickeln können, um alle anderen guten Eigenschaften in uns hervorzubringen.«[16] Warum uns diese Praxis, für sich genommen, nicht allein zum Beenden des Leidens verhilft, werde ich im Kapitel »Ein schwaches Ich und die möglichen Irrwege spiritueller Erlösung« ausführlicher zeigen. Hier geht es mir darum, was wohl geschieht, wenn das naiv-religiöse Ich diese Regeln und Ratschlage mit sich nimmt – und sich damit selbst therapiert. Wird es sich zu einem »besseren Menschen« machen wollen? Mithilfe jener buddhistischen Regeln, die Thich Nhat Hanh auch »Die Fünf Pfeiler der Weisheit« nennt? Warum auch nicht, sollen sie doch *nur* helfen, ein kritisches Selbst-Bewusstsein täglich aufzubauen und moralischer zu handeln.

»Im Bewusstsein des Leides, das durch die Zerstörung von Leben entsteht, gelobe ich, Mitgefühl zu entwickeln und Wege zu lernen, das Leben von Menschen, Tieren, Pflanzen und Mineralien zu schützen. Im Bewusstsein des Leidens, das durch Ausbeutung, soziale Ungerechtigkeit, Diebstahl und Unterdrükkung entsteht, gelobe ich liebevolle Güte zu entwickeln und Wege zu lernen, die dem Wohlergehen der Menschen, Tiere, Pflanzen und Mineralien dienen. Ich gelobe Großzügigkeit zu üben, indem ich meine Zeit, Energie und materielle Mittel mit denen teile, die sie wirklich brauchen. Ich bin entschlossen, nicht zu stehlen und mir nichts anzueignen, was anderen zusteht. Ich will das Eigentum anderer achten, aber auch andere davon abhalten, sich durch menschliches Leid oder durch das Leiden anderer Lebensformen auf der Erde zu bereichern. Im Bewusstsein des Leides, das durch sexuelles Fehlverhalten entsteht, gelobe ich, Verantwortungsbewusstsein zu entwickeln und Wege zu lernen, die Sicherheit und Integrität von Individuen, Paaren, Familien und der Gesellschaft zu schützen. Ich bin entschlossen, keine sexuelle Beziehung aufzunehmen, ohne Liebe und die Absicht einer dauerhaften Bindung. Um mein eigenes Glück zu achten und das der anderen zu bewahren, will ich die von mir und anderen eingegangenen Bindungen achten. Ich will alles mir Mögliche tun, um Kinder vor sexuellem Missbrauch zu schützen und um zu verhindern, dass Paare und Familien infolge sexuellen Fehlverhaltens auseinanderbrechen. Im Bewusstsein des Leides, das durch unachtsame Rede und durch die Unfähigkeit, anderen zuzuhören, entsteht, gelobe ich, liebevolles Sprechen und aufmerksames, mitfühlendes Zuhören zu entwickeln, um meinen Mitmenschen Freude und Glück zu bereiten und ihre Sorgen lindern zu helfen. In dem Wissen, dass Worte sowohl Glück als auch Schmerz hervorrufen können, gelobe ich, wahrhaftig und einfühlsam reden zu lernen und Worte zu gebrauchen, die Selbstvertrauen, Freude und Hoffnung

fördern. Ich bin entschlossen, keine Information weiterzuge-
ben, ohne ganz sicher zu sein, dass sie der Wahrheit entspricht,
und nichts zu kritisieren oder zu verurteilen, worüber ich nichts
Genaues weiß. Ich will keine Worte gebrauchen, die Hass oder
Zwietracht säen oder zum Zerbrechen von Familien und Ge-
meinschaften führen können. Ich will mich stets um Versöhnung und um die Lösung von Konflikten bemühen – so klein
diese auch sein mögen.«[17]

Wir, von einer der abendländischen Religionen Geprägte »lesen« solche Regeln natürlich vor dem Hintergrund, dass es in
unserem Kulturkreis bei Nichtbefolgen solcher Regeln immer
um Sünde und Schuld ging.
    Buddhismus aber betont bezüglich unseres Befolgens unsere
Freiheit – und setzt sich damit zu unserer üblichen Rezeption
in Widerspruch. Verena Reichle sagt zu diesem Punkt: »Ein
Buddhist muss aber sein Tun vor sich selbst verantworten können, nicht vor einem Gesetz, einem Dogma, einer Obrigkeit.
Gehorchen tut man aus Angst vor Strafe, denn sobald man etwas aus innerer Überzeugung tut, ist es kein Gehorsam mehr,
sondern man tut es freiwillig aus der Einsicht und Erkenntnis
heraus, dass es richtig ist.«[18]
»Das Gegensatzpaar Gut-Böse kommt denn auch im Buddhismus selten vor; viel eher wird der Begriff ›heilsam‹ verwendet,
was den anders gelagerten Schwerpunkt andeutet: Alles, was
Friede, Ruhe, Harmonie erzeugt, was geistig gewinnbringend
ist, d.h. zur Erkenntnis, Weisheit und Wohlbefinden für sich
und andere führt, ist heilsam.«[19]
Ich gebe zu bedenken: Unser Über-Ich, das sich dieser Regeln
nun annehmen wird, um sie gegenüber dem ES und dem Ich
anzuwenden, dürfte so einsichtsvoll, wie Verena Reichle es hier
ist, nicht oft gestimmt sein. Meist ist es rabiat, nicht selten sadistisch gestimmt. Dieses Über-Ich, dass »seine Herrschaft auch
über das reife Ich« (Freud) noch sehr gerne fortsetzt, fühlt sich
vielleicht vom großen Meister erst so richtig ermächtigt. Und
möglicherweise, »wie das Kind unter dem Zwang stand, seinen

Eltern zu gehorchen, so unterwirft sich das Ich dem kategorischen Imperativ seines Über-Ichs«.[20]

Das Über-Ich, in seiner Macht bei uns sonst ziemlich gemindert, bläst sich nun vielleicht erst richtig auf. Immerhin wird es nun »vom Buddhismus« gespeist. Es findet zu einer neuen Größe, im Anschluss an eine der ältesten und bei uns nicht diskreditierten Religion. Und wenn es streng wird, hört es dann nicht nur auf diesen großen und glaubhaften Meister? Und führt dessen eigentliche Arbeit aus? Ganz autonom – natürlich. Nun besitzt es endlich wieder respektable Macht.

Deshalb darf es dem Ich nun auch sagen, denn so sagen es die buddhistischen Meister: »Das Ich muss abgeschafft werden!« Und unversehens sitzt dann das Über-Ich auf dem Thron...

IRINA TWEEDIE UND DER SUFISMUS*: DEN SCHLEIER DER ILLUSIONEN LÜFTEN

Als zweite aus dem Osten zu uns gekommene Religionslehre stelle ich den Sufismus vor. Dass Feministinnen in den 80er Jahren sich dieser islamischen Religionsrichtung zuwandten, hatte viel mit einer Frau zu tun, die den Sufismus mit dem Tagebuchbericht ihrer Schulung bekannt machte. Doch auch schon zuvor hatten Sufis im 20. Jahrhundert unter Intellektuellen des Westens Schüler gefunden. Gurdjieff und Ouspensky sind die ersten uns bekannten Meister. Dann kamen Pir Inhaht Khan und Irina Tweedie. Dass unter ihren SchülerInnen mehr und mehr Frauen waren, sehe ich auch als eine Frucht des Feminismus an. Intuition und Stärke – sie werden vom Feminismus und auf dem sufischen Pfad geschätzt. Und eine Lehrerin voll Kraft und Stärke – das suchen und schätzen befreite Frauen. Auch dann, wenn der Weg bei einer solchen Lehrerin über steiniges Gelände führt.

»Der Weg des Herzens«, der sich mit Härte paart, hätte ohne die Frauenbewegung sicher viele SchülerInnen mehr abgestoßen als angezogen. Erst als Frauen gelernt hatten, dass es darum geht, sich selbst »zu erschaffen« (wir werden nicht als Frauen geboren, wir werden dazu gemacht) konnten sie auch eine Lehrerin annehmen, die eine entschiedene, friedliche Kriegerin war. Gegen wen? Gegen die Illusionen des Egos. Dieses Ego müsse von seinem Thron gestürzt werden, das funktioniere aber nur, wenn man sich dieser Aufgabe mit klarer Entschlossenheit stelle, so Irina Tweedie. In Unausweichlichkeit. Während der Erfahrungen in der Frauenbewegung hatte so manche Feministin erkennen müssen, dass sich auch in ihrem Herzen nicht nur reine Liebe befand. Vermutlich hatte sie nolens volens eingesehen, dass die Konditionierung zur netten Weiblichkeit nur ein halbherziges Leben möglich macht.

So kam der sufische Ruf im feministischen Raum gar nicht so schlecht an: Ein starkes Herz gilt es zu haben, kein schwaches halbes! Und dann vermute ich, Sufismus zieht so manche suchende Frau an, weil es in ihm immer um eine kraftvolle Liebe geht. Allerdings wird in Sufi-Erzählungen meist eine Liebe zelebriert, die über die bisherige Erfahrung der meisten Frauen hinausführt. Sie berührt das weibliche Idealbild. Unsere westliche individuelle romantische Liebe, die Liebe der ganz besonderen Beziehung, das meinen Sufis aber nicht. Für Sufis gehört diese Liebe zum Reich des westlichen Individualismus, auf den sie gerne ein wenig herabsehen. Ist doch dieser Individualismus ihrer Einschätzung nach einer der stärksten Schleier, der unsere Wahrnehmung von der Wirklichkeit behindert. Von dem Schleier der Illusionen wollen sich Sufis auch bei der nun größeren Verbreitung des Sufismus im Abendland auf keinen Fall einwickeln lassen. Allein die Sprache des Sufismus – in ihr ist schon angedeutet, was von uns als Schwäche des Sufismus bemängelt wird: »zu altmodisch«. Doch genau das halten Sufis für »in Wirklichkeit seine Stärke – die Standhaftigkeit, die sich nicht auf den Irrweg der Manifestationen des Individualismus locken lässt«.

Auch in der Sprache biedern sie sich nicht an, auch dort nicht, wo »das Neue mehr gilt als das Wahre.«[21]

Das Neue gilt bei uns aber mehr als das Wahre. Besonders in unserer weitgehend vom Narzissmus geprägten Kultur. Der Schein ist häufig wichtiger als das Sein. Und das Sein an sich scheint oft vernachlässigbar. Weshalb eine Religion wie der Sufismus aber auch wieder einen starken Magnetismus in eben dieser Gesellschaft besitzt. Die Lüge verdeckt die Wahrheit – so ruft sie die Wahrheitslehrer herbei.

Gerade die Ausbreitung narzisstischer Scheinwelten im Westen ruft doch vermehrt Schleierentferner auf die Bühne. Und von ihnen ist so manches zu hören, was unser Verständnis von der Welt angreifen will. Sufis wollen sich durch nichts in dieser Welt darüber täuschen lassen, dass sie gesehen haben, »dass die zwei Welten eins sind«, wie Rumi es sagte. Er spricht also wie ein christlicher Mystiker. Im Morgenland sind Sufis ja die Mystiker. Und wie alle Mystiker üben sie die völlige Hingabe an das Göttliche. Sufis bezeichnen sich in ihren Schriften gegenseitig als »die Reisenden«, da sie auf der Reise zum Ursprung sind. Zur Quelle, zum Unaussprechlichen zurück, mit dem sie wieder verschmelzen wollen.

DIE SUFISCHE DIALEKTIK

Mit diesem Vorhaben ihren normalen Alltag lebend, sehen Sufis sich selbst mitten unter Menschen als Fremde.

Wer denn sonst auf diesem Planeten glaubt sich gleichzeitig in zwei Welten existierend? Ver/rückte. Sufis treten meist jedoch als ziemlich unauffällige Zeitgenossen in Erscheinung. Oft sprechen sie von weltlichen Dingen – nur unterschwellig spürbar sprechen sie dabei auch von etwas anderem. So nutzen sie unsere Alltagswelt mit ihren Begriffen, Vorkommnissen, Gefühlen für ihre eigenen Parabeln. Ohne direkt und viel zu erklären. Wie Lyriker ... Sufi-Lehrer sind meist prägnante Lehrer – gerade durch eine blutvolle Sprache. Und manchmal auch durch die Situationen, die sie zur Belehrung schaffen. Meister

sagen zu ihren SchülerInnen: »Sei auf dem Marktplatz, aber gehöre nicht zum Markt. Blicke unentwegt in die beiden Welten
hinein. Sieh stets hinter die Schleier der hiesigen Wirklichkeit.
Und lebe dennoch mit den anderen deinen Alltag«. In dieser
Unauffälligkeit und in ihrer Bescheidenheit liegt die Verbrei-
tungschance des Sufismus. So können um Sufis herum oft faszinierende Dinge geschehen, die Altes, vollkommen Vertrautes,
plötzlich in einem neuen Licht auszuleuchten vermögen. Das
fasziniert uns, die wir das Neue so sehr mögen. Und so wird
manchmal über das plötzlich Neu-Erfahren etwas möglich, was
wir eigentlich nicht so sehr suchen: Die Erfahrung des Wahren.
Über Lektionen aus dem Alltag, von denen auch heutige
Sufigeschichten voll sind, erkennen SchülerInnen dann in unserer fast ganz in der diesseitigen Welt eingerichteten Gesellschaft,
was so alles hinter den Schleiern der Illusionen existiert. Und
wir hatten uns doch kollektiv darauf verständigt, dahinter existiere nichts. Solch gravierende Irrtümer uns aufzuzeigen, erlauben wir am ehesten Fremden.

Der Akzeptanz des Sufismus bei uns steht etwas Wichtiges
entgegen: Sufismus ist eine Traditionsbewegung des Islam. Und
mit Islam verbinden wir meist »Schleier für die Frauen« und
»dem Manne untertan«. Diese Distanznahme gilt auch dann,
wenn wir wissen, dass Sufis es in islamischen Ländern oft
schwer hatten, sie dort verfolgt und zu Märtyrern wurden.

Sufis sehen sich universaler: Anders als die Menschen, die meinen, nur mit Krücken gehen zu können, sagen Sufis, sie könnten auch ohne Gehhilfe gehen. Von den Inselbewohnern, die
die Kunst des Segelns vergessen haben und die die Kenntnisse
des Segelns mit Hohn und Spott verunglimpfen, unterscheiden
Sufis sich darin, dass sie einfach lossegeln. Sie bleiben nicht aus
der Not des Nichtwissens ewig am gleichen Ort. Bei allem Wissen – es ist nicht einfach, dieses Nach-Hause-Zurückkehren.
Auch für einen ernsthaften Schüler nicht. Jedem Sufi-Lehrer ist
klar, dass seine Adepten wieder und wieder der hiesigen Welt
und ihrer Magie anheimfallen, und dass auch sie über lange

Zeitstrecken nicht ganz den Illusionen der Materie entkommen
können.

Doch wenn sie eine Weile zu den Illusionisten gehört haben,
dann bereuen sie das Vergessen der Verbindung mit dem Ursprung. Und ihrer »absoluten« Zielsetzung: der Heimkehr. Sie
ist das Wichtigste und gibt ihrem Leben Sinn und Zweck. Ein
Derwisch sieht sich deshalb immer als ein Reisender. Und für
einen Reisenden ist es eins der wichtigsten Dinge, sich immer
gut zu orten.

Wichtig ist auch, nie zu glauben, in der diesseitigen Welt sei
endgültiges Ankommen möglich. Ziel allen Lebens ist es, die
dichten Schleier zu heben, die zwischen dort und hier unsere
Illusionen über unsere wahre Bestimmung schützen. Wenn
»Normalmenschen« überhaupt einmal das Jenseitige spüren,
dann können sie es nur wie einen leichten Nebel fühlen. Sie
vermögen es nicht als das Eigentliche zu erkennen. Schon gar
nicht als den Ursprung von Allem. Hat jemand aber das Licht
hinter dem Schleier gesehen, so kann er das Leben fortan nur
noch wie auf einer Brücke stehend erleben. Da es nicht einfach
ist, seine Aufmerksamkeit auf das Erleben *beider* Welten zu
fixieren, gibt es Schulungen, Rituale und Gebete. Und viele
Geschichten, die vom entschlossenen Bemühen um die Wahrheit berichten.

All dies dient dem Ziel, nie mehr die »wahre Liebe« zu vergessen. Selbst in der Geschäftigkeit des Alltags nicht. Um diese
Ausrichtung zu erreichen, entwickeln Sufis eine Vielzahl von
Methoden, sich zurückziehen. Ein Sufi versucht, sein Herz
»rein zu halten« – und sich nur noch »der Geliebten« oder
»dem Geliebten« zuzuwenden. Den Suchenden steht es frei,
das Geschlecht des ersehnten Geliebten zu benennen. Das sehn-
süchtige Flehen, das »dem göttlichen Geliebten« gilt, das nennen Christen das Gebet. Doch nur Mystiker unter den Christen verbinden es mit soviel Leidenschaft, Sehnsucht und Ekstase. Gerade diese Leidenschaftlichkeit wirkt in der Gefühls-
kühle unserer modernen Gesellschaft auf viele abstoßend. Manche finden es jedoch besonders faszinierend. Und für solche

Menschen sind auch die geistigen Übungen, die der Sufismus anzubieten hat, anziehend.

Obwohl oft sehr fremd, tragen diese Übungen der Vielseitigkeit und der Komplexität auch unserer westlich geprägten Psyche Rechnung. Sufismus wirkt auf mich oft wie eine kraftvolle und recht strenge Verbindung von Spiritualität und Psychotherapie. Und attraktiv ist für mich auch die sufische Sicht, dass eben *alles* der Ausdruck des Göttlichen ist. Dass das Göttliche auch *vor* den Schleiern erlebt werden kann. Es ist nicht nötig, auf die Erfahrung des Hier und Jetzt zu verzichten, um zur Erfahrung des Jenseits zu gelangen. Im Sufismus wird einiges bejaht, was für unser heutiges Leben und unsere enormen Chancen, die Materie in Vielheit zu erfahren, normal ist. So gehört es zur sufischen Lehre, die Erfahrung von Polaritäten in der Schulung herbeizuführen. Sufi-Meister schockieren ihre SchülerInnen mit widersprüchlichem Verhalten. So müssen sie etwa fertig werden mit: Askese und Ausgelassenheit; Trunkenheit und Trauer; Seligkeit und Elend. Die sufische Metaphorik ist voller Bilder gelebter Sinnlichkeit. So expliziert sich die Wirklichkeit in großer Selbstverständlichkeit als nicht-dualistisch. Und überall deutet sich an: Herz und Härte gehören im Sufismus zusammen.

Das Herz? Gut, sagen wir. Aber die Härte? Wozu?

Sie gilt den Schachzügen und Festungen des Egos.

Da wir Menschen uns nun einmal so ausschließlich auf die Materie eingelassen haben, ist es notwendig, die Schlacken unseres Egos zu verbrennen. Nur so wird unser Herz wieder zu einem verlässlichen Zentrum, das Verbindung mit dem Ursprung hält.

Solch ein sufischer Weg der Reinigung ist hart. Sufis meinen, dass es ohne Härte niemals – nein, wirklich niemals – »zum Herzen der Herzen« geht.

Obwohl viele Frauen sicher einen weichen Weg zum Herzen bevorzugen würden, strahlt der Sufismus mit Inaht Khan und Irina Tweedie eine starke Faszination aus. Ich bin überzeugt, dass dies viel mit diesen beeindruckenden LehrerInnen zu tun hat. Gerade bei Mrs. Tweedie hat es auch mit ihrer persönlichen Erfahrung zu tun, die sie in ihrem Tagebuch *Der Weg durchs Feuer* niederlegte. Viele Leserinnen erfuhren hier, dass Sufismus auch für eine Frau *der Weg* sein kann, sich mit dem göttlichen Ursprung zu vereinen. Beeindruckend an ihren Aufzeichnungen ist, dass sich in ihnen eine uns ganz und gar weiblich scheinende Intensität des Fühlens und Wollens ausdrückt. Und eine Leidenschaftlichkeit des Liebens – die in dieser philosophischen Schule also *auch* Männer haben. Solch eine Intensität des Wollens und Erlebens, solch ein Konzentriertsein auf das Lieben, das schien uns westlichen Frauen zuvor allein weiblich zu sein: Und die ganz und gar »richtige Art des Liebens«. Eine, die vom Patriarchat geformte Männer bedauerlicherweise nicht »können«.

Von einer, die auszog, das Lieben zu lernen

Irina Tweedie wurde 1907 in Russland geboren. Sie wuchs in Wien und Paris auf und lebte anschließend in England. In einer Lebenskrise nach dem plötzlichen Tod ihres Mannes reiste sie nach Indien. Dort begegnete sie ihrem Sufi-Meister. Zu diesem Zeitpunkt war sie 54 Jahre alt. Nach ihrer fünf Jahre währenden spirituellen Schulung auf der Basis alter Yoga-Traditionen durch ihn unterrichtete sie in ihrer Londoner Wohnung Suchende aus aller Welt. Sie hielt in England, Deutschland, in der Schweiz und in den USA zahlreiche Vorträge und Seminare, sogar noch als Achtzigjährige. Meist in großen Sälen. Und dort benahm sie sich nicht immer freundlich. Nicht wie viele der damals zu uns kommenden indischen Meister, die heilig zu sein schienen. Sie konnte so streng und unwirsch sein. Mein Vertrauen in sie hinderte dies nicht. Auch für andere »befreite Frauen« war Mrs. Tweedie eine Lehrerin mit einem Persönlichkeitsprofil, das uns imponierte. Sie war stark. Kraftvoll. Wissend. Weise. Kompromisslos. Und trotzdem von Liebe beseelt. Wenn sie die Peitsche der Wahrheit schwang, wenn sie es für nötig befand, harsch zu sein, dann war es für uns eben eine Lehrerin

der ganz besonders starken Art. Eine Kriegerin des Pfads zum
»Herzen der Herzen«, die sich mit Härte einen Weg dorthin
bahnte. In dem Augenblick, als sich für viele aus den äußeren
und inneren Kämpfen der Frauenbewegung heraus eine neue
Entwicklungsnotwendigkeit ergab, als Frauenbefreiung und
Spiritualität sich eben zu kreuzen begannen, da tauchte Mrs.
Tweedie wie eine amazonische Vorkämpferin auf einem neuen
Weg auf: »Dem Weg durchs Feuer«. Als aufgeklärte Frauen be-
sprachen wir, aufgewühlt wie wir waren, miteinander die Belehr-
rungen und Härteprüfungen, die diese Frau seitens ihres indischen Meisters erfuhr. Manchmal waren wir statt ihrer aufge-
bracht, wütend und räsonierend. Dann wieder besänftigten wir
uns gegenseitig mit unseren Einsichten. Wir waren bereit, das
erstaunliche Geschehen hinzunehmen, dass da einer Frau durch
einen Mann widerfuhr.

Denn es musste ja einiges aufgeräumt werden – die unfriedliche Kriegermentalität des Patriarchats hatte ja auch uns Frau-
en in gewisser Weise geprägt.
Friedliche Krieger? Beherrschen sich. Unfriedliche Krieger? Beherrschen andere.

Am unerträglichsten an ihrem Tagebuchbericht war für
mich, dass hier eine Frau von über 50 Jahren von einem Mann
so schlecht behandelt wird – und ich sollte das angesichts des
Ziels auch noch gut finden. Sie selbst fand es gut. Nicht Respekt
für sie – sondern für ihn schien angesagt.

Einmal beanstandete sie, dass er sich sehr unhöflich ausgedrückt habe, auf eine Weise, wie man nicht über eine Frau sprechen dürfe. Auch er sei eben nicht frei von Fehlern. Sie gerieten
in einen Disput – und sie gab nicht nach. »Ich habe keine Lust,
mir das von Ihnen anzuhören«, fuhr er mich an. »Sie wissen
nicht, wie man Leute wie mich respektiert. Sie haben nie begriffen, was Achtung und Ehrerbietung heißt! Sie haben keine
Ahnung, wie man sich in Gegenwart von solchen Menschen be-
nimmt. Sie sind nichts weiter als eine dumme, bornierte, be-
schränkte Frau, und dann wollen Sie mir noch Moral predigen.«[22]

Und das sollte nun der neue Weg sein?

Über Jahre hatten wir an uns (miteinander und gegeneinander) gearbeitet, um Kraft und Klarheit und Selbstbewusstheit zu entwickeln. Starke Frauen wollten wir sein. Wollten uns und andere so haben. Machtvolle Frauen – keinem Mann mehr untertan. Nie mehr.

Und dann lesen wir, wie eine reife Frau wie Irina Tweedie, in unseren Augen einem Mann untertan, sich regelrecht masochistischsten Übungen unterwirft. Und das obendrein mit einem obskuren Ziel: Das Ego aufzugeben. Das war hard stuff.

Gerade wir hatten darum gekämpft, ein starkes Ego haben zu dürfen. Mit Aufsätzen und Büchern hatten wir es wieder und wieder belegt: Das Patriarchat liebt Frauen nur ohne Ego. Es konditioniert das weibliche Wesen zur Egolosigkeit. Wie oft muss ein Mädchen in seiner Frau-Werdungs-Laufbahn sich anhören: »Sei nicht so egoistisch.« Und wie oft wird der Junge gelobt: »Bravo, du trittst gut für dich ein.«? Befreiten Frauen war klar: Das Ego ist wichtig.

Außerdem tauchte in diesem Buch eins wieder und wieder auf: Das Ich störe, es solle abgeschafft werden. Meint der Meister, so fragten wir uns, das Ego sei das Gleiche wie das weibliche Ich? Irritation über Irritation. Wie sehr hatten wir geübt, endlich Ich zu sagen. Endlich zu unserem Wünschen und Wollen zu stehen, um endlich eine eigene Ich-sage-es-Sprache zu haben, wir hatten das in Selbstbehauptungskursen trainiert. Keine von uns wollte wieder in die erlernte Bescheidenheit zurück. Und etwa wieder sagen: »Mich gibt es ja gar nicht« – »Ich bin ja nur dein Anhängsel«. Gerade unser Ich sollte endlich seine Kraft zeigen dürfen. Überall in der aufgeklärten Welt zeigte das weibliche Ich seine neue Kontur. Natürlich musste das Ich auch eine neue Ethik erwerben. Das war uns deutlich geworden. Bloß mehr Egoismus – das war fragwürdig. Das hatten wir sogar untereinander leidvoll genug feststellen müssen. Zeitweise tobte sich auch unter uns so viel weiblicher (oft sehr gut versteckter) Machtwille aus, dass wir einander weder sehen noch hören wollten. Die weiblichen Listen der Ohnmacht – wir hatten sie zur Genüge gezeigt. Wir hatten sie aneinander entlarvt. Deshalb hieß unsere Schlußfolgerung: Mit klar erkennbarem Egoismus auftreten – dann aber mittels Verhandlungen nachgeben.

Und nun sollte Ohnmacht pur der Weg zur Weiterentwicklung sein?

Hingabe! Was für ein seltsames Wort. Was für ein obskurer Vorgang.

Doch weil wir Herrschaft (untereinander zumindest) bereits gelebt hatten, ahnten wir, dass freiwillige Hingabe etwas mit Liebe zu tun haben könnte. Miteinander waren wir von der Liebe zum Hass gekommen (und meist sehr verstört darüber gewesen). So aber konnten wir auch ahnen, dass der Weg zum Herzen durch die Härte führen könnte. Hass-Liebe-Alchemie. Doch im Herzen einer Frau bewirkt durch einen Mann? Und noch dazu einer, der sich wiederholt äußerst grob zeigt? Sie über Monate hinweg hart und kalt und abweisend behandelt? Irina Tweedies Buch war eine enorme Herausforderung an unsere Überzeugungssysteme.

All diese Widersprüche gaben uns viel Gesprächsstoff untereinander. »Der Weg durchs Feuer« forderte uns zu einem äußeren und inneren Dialog.

Und wer Mrs. Tweedie (so wollte sie genannt werden, da der Sufi-Lehrer »kein Gesicht hat und keinen Namen«) mit ihren wachen blauen Augen, der vollklingenden, immer noch russisch-englischen Zunge, ihrer oft liebreizenden Tonart, unterbrochen von überraschend schneidenden Ausbrüchen, zuhören konnte, war schier berührt. Aufgewühlt. Nicht selten aus der Bahn geworfen. Konnte sich nun nicht mehr einfach der Vorstellung überlassen, spirituelle Entwicklung bedeute vor allem Sanftmut, Zärtlichkeit, fürsorgliche Liebe, all das, was wir zu Beginn der spirituellen Frauenbewegung für »das Weibliche« im Kosmos gehalten hatten. Noch früher hatten wir dies für »Liebe« gehalten.

In dieser alten Frau war Liebe unübersehbar »größer« demonstriert.

Seltsame Fragen ergaben sich: Müssten wir »den Weg« mit männlicher Härte gehen? War hier eine neue Verbindung mit dem Patriarchat angesagt?

Die Forderung nach radikalem Vertrauen und Hingabe, sollte der Preis wirklich so hoch sein? Zu hoch für viele. Zu Mrs. Tweedie kamen viele. Die wenigsten blieben. Wer auf diesem Pfad bleibt, fühlt sich nun mal nicht hauptsächlich durch soft stimmende Rituale – auch nicht wesentlich vom Ersetzen unerfreulicher Gedanken durch erfreuliche – zum hiesigen Nirwana-Erleben hingezogen. Auch wer Mrs. Tweedies Buch heute in die Hand nimmt, wird sich öfter mal in recht missbehaglicher Stimmung befinden. Etwa, wenn sie berichtet, was ihr geliebter Guruji Atemberaubendes über den »männlichen« und den »weiblichen« Weg zur Erleuchtung zu sagen hat. Oder wenn seine eigene frühere Behandlung durch seinen Meister uns staunen lässt.

»Mein verehrter Guru Maharaj schalt mich die ganze Zeit und sprach jahrelang nur mit mir, wenn er mir etwas befahl. Die Leute dachten, er hasse mich. Ich glaubte es selbst eine Zeitlang. Erst Jahre später, genau fünf Jahre vor seinem Tod, erfuhr ich, wie sehr er mich liebte. Dabei hat er niemand so gescholten wie mich, nur zu mir war er so.«[23] Seinem Vater sei es mit seinem Meister ebenso ergangen, er wurde immer wieder gefragt: »Bist du noch immer so voll vom Ich?«[24] Dabei sei sein Vater der Allerbescheidenste gewesen und habe nicht einmal gewagt, Ich zu sagen, nie.

Wer Mrs. Tweedie bei ihren Vorträgen zuhörte, hörte sie selten »Ich« sagen. Offenbar hatte sie das Wesentliche gelernt. Das wirkte sehr glaubwürdig. Viele indische Meister hingegen, die zu uns kommen, scheinen schon bei der Vorstellung ihrer selbst in einem Meister-Wettbewerb tätig zu sein. Und ihre hiesigen SchülerInnen machen zusätzlich Wind um den allergrößten der hier weilenden und allergrößten der östlichen Meister. Je wichtiger – umso glaubwürdiger? Mrs. Tweedie dagegen stellte sich als

»Schülerin« vor. Sie komme, um den Bericht ihrer Schulung wiederzugeben. Einmal hörte ich sie sagen, sie hoffe doch, am Ende ihres Lebens in das All-Eine aufgehen zu dürfen. Sie wisse es nicht, aber sie hoffe einfach, dass sie es erreiche. Sie gab sich nicht als »erleuchtet« aus. Und für mich macht ihre Bescheidenheit so manche ihrer Zumutungen annehmbarer.

»Wenn Sie zu einem Heiligen kommen und der Heilige ist zufrieden mit Ihnen, wird er Ihren Raum säubern. Was ist Ihr Raum? Ihr Herz. Und das Säubern bedeutet, dass die Samskaras*. hinausgefegt werden. (...) Die Leute sagen dann: Er bestraft sie. Aber in Wirklichkeit ist das nicht so.«[25]

Nein, die Schleier der Illusion werden hier nicht von einer weichen Hand gehoben, auch wenn es eine weibliche Hand ist. Und die Stimme des männlichen Begleiters hat manchmal einen recht erschreckenden Ton: »Wie können Sie es wagen, auf solch eine Weise mit meinem Sohn zu sprechen«, fuhr er mich an. Er ist ein Mann und Sie sind nur eine Frau.«[26] Und als ob das nicht schon genug wäre: »Sie närrische alte Frau! Ich bin froh, dass Sie endlich fortgehen! Sie haben keinen Respekt vor meinen Kindern. Sie taugen zu nichts, sind nur alt und dumm!« Als sie darauf ins Weinen geriet, blieb er unerbittlich. »Gehen Sie! Ich will Ihr häßliches Gesicht nicht mehr sehen! Gehen Sie fort!«[27] Beruhigt es da, sich zu sagen, dass es dem barschen Lehrer doch nur um die Schulung seiner Nachfolgerin geht? Viele beruhigt das wohl nicht. Sufismus muss Mensch hinnehmen können. Muss es nicht mögen, aber ertragen können, dass diese besondere Methode der Zerstörung des Widerstands vor der Verschmelzung praktiziert wird. Jede große Leidenschaft, (besonders wohl die, mit der das Herz des Herzens befreit werden soll) hat ihren Preis. So eine Liebe verzehrt. So eine Liebe ist ganz und gar uncool.

»Kein Liebhaber fürwahr sucht Vereinigung, ohne dass sein Geliebter ihn sucht. Wenn der Blitz der Liebe den Geliebten ins Herz getroffen hat, so dass auch Liebe in ihm verdoppelt worden ist, empfindet Gott zweifellos auch Liebe zu dir. Kein Ton des Beifallklatschens rührt nur von einer deiner Hände. Der durstige Mensch stöhnt: »Oh durstiges Wasser!« Auch das Wasser stöhnt und sagt: »Wo ist der Wassertrinker?« Dieser Durst in unserer Seele ist die Anziehungskraft, die vom Wasser ausgeht. Wir sind die seinen, und es ist unser.«[28]

So spricht Rumi, der Dichter der sufischen Liebe. Inbrünstig – voller Beweise für männlichen Hingabewillen.

Ein so leidenschaftliches Lieben ist eigentlich ein Frauenideal.

Womit ich vom eher Abstoßenden wieder zur Anziehungskraft des Sufismus komme. Magneten wie Irina Tweedie und Inaht Khan gewannen trotz aller erwähnten widrigen »Dinge« so viele zuvor gradlinig auf der Frauenbefreiungsstraße wandernde Frauen für den spirituellen Pfad, weil im Sufismus an der Integration der »männlichen« und der »weiblichen« Seiten der Persönlichkeit regelrecht gearbeitet wird. »Männliche Härte« hat hier ihren Platz. Aber die »weibliche Intuition« hat ihren besonderen Platz. Sie wird bewusst und gezielt geschult. Wo im Westen wird »die Intuition« geschult? Dabei wäre genau dies eine wichtige Ergänzung zu unserer üblichen »Mensch-Ausbildung«. Sufische Schulung zeigt, wie unverzichtbar gerade Intuition für die Verbindung mit etwas viel Größerem (als dem Verstand) ist. Der Intuition nicht zu vertrauen, gilt als gefährlicher Mangel an Vernunft. Eher als Logik oder Faktenwissen wird intuitives Wissen befragt. Nicht mathematisch exakte Beweise oder eine logische Beweisführung sind die Hauptbausteine der sufischen Lehre. Gerne bedient sie sich der Lyriker für ihre Belehrungen, denn deren Sprache fördert die Intuition. »Sprache mit Körpertemperatur« – nicht aus dem Kühlschrank der Wissenschaften. Sufi-Sprache ist kraftvoll. Und sie bewegt. Sie will uns aus unserem Wachtraum herausreißen. Will uns anhalten, uns oft zu befragen, ob das, was wir tun und für richtig halten, nicht »träumen« ist. Wir »träumen«, wenn wir uns im Alltag nach unseren Prägungen verhalten. Nach Regeln. Im Sinne einer gegenseitigen Verläßlichkeit. Löst du mich aus, dann löse ich dich auch aus. Ärgerst du mich, dann ärgere ich dich. Verhalten – vorhersehbar wie Reflexbahnen. Nur wer aus

diesem Wachtraum erwacht, erkennt die beiden gleichzeitig be-
stehenden Welten. Doch zu solch doppelter Wahrnehmung
wird ein aufgeklärter westlicher Mensch in seiner Kultur von
fast niemandem mehr hingeleitet. »Wir sind nur Gast auf Erden
und wandern ohne Ruh, mit mancherlei Beschwerden der ewigen Heimat zu«. So wird gesungen, doch fast niemand hört zu.

DIE BOTSCHAFT DES SUFISMUS AN DIE
WESTLICHE GESELLSCHAFT

Nun wird der aufgeklärte westliche Mensch von den in den
Westen gekommenen östlichen Meistern dorthin geführt:
»Hört auf zu glauben, dass dieses Leben hier das einzige Leben
ist.« Aus dem uns der Tod ungerechterweise herausreißen wird;
weshalb es so nötig und wichtig und einzig wesentlich für uns
ist, vor diesem Tod so viel als möglich zu erleben (dies geben
auch manche westliche Psychotherapien über den Sinn des Lebens zum Besten). Plötzlich aber heißt es: »Das Leben ist vor
allem dazu da, aufzuwachen.«
      Und wenn du aus dem Wachtraum aufwachst, in deine grö-
ßere Wirklichkeit hinein, erkennst du: Ich bin. Ich bin und ich
bleibe. Nur mein Körper stirbt.
      Für den »normalen« aufgeklärten Westmensch sind solche
Sätze so unvernünftig, dass er sich damit meist nicht beschäftigen mag. Für ihn zählt nur die Vernunft.
      Möglichst viel Freude durch Vergnügungen haben – das
zählt auch. Und Schnelligkeit zählt. Ruhe dagegen zählt wenig
für ihn. Kontemplation so gut wie gar nicht. Alleinsein auch
nicht. Vielleicht hat er damit schlechte Erfahrung gemacht.
Denn bei einem Leben in Hast ist das Alleinsein ohne ein zwi-
schenzeitlich unangenehmes Empfinden von Leere nicht erreichbar und wirkt deshalb wie Einsamkeit. Und wie »verpass-
tes Leben«. Innerlichkeit und Tiefe gehören auch nicht zu den
»gewöhnlichen« Eckpfeilern eines aufgeklärten westlichen Lebens. Doch nur mit dem Wille zur Tiefe ist jene innere Leere
erreichbar, die unerwartete Freiheit und Fülle mit sich bringt.

Jedoch bedarf es intensiven Bemühens, um dorthin zu gelangen. Doch in den meisten westlichen Gesellschaften gilt anderes als wichtig und im sozialen Kontext vorzeigbar. Entspannung durch Vergnügungen wird zusehends wichtiger. Weil solche Zielfestlegungen unsere Kultur dominieren, verspüren Sensible, Empfindsame und Suchende vielfach und vermehrt Entfremdungsgefühle.

Aus eben diesem Grund sind die östlichen spirituellen Lehrer mit ihren so ganz anderen Ansichten für einige von uns so aussagekräftig und vor allem persönlich sehr wichtig. Lehrer, die Anleitungen geben können, den Reichtum der Intuition zu erkennen und zu erproben, sind für die Suchenden besonders kostbar. Immer mehr Menschen, die »schon alles probiert haben«, erkennen, dass sie mit dem System der Vernunftdominanz und der Ideologie des Schneller-höher-weiter nicht zufrieden sind. Andere geben als Grund für ihre Affinität an, dass sie »ganz« werden wollen. Das sei ihre nächste »Station«. Das ist die Aussage ihrer Intuition. Und hier zeigt Sufismus einen gangbaren Weg. Natürlich auch, weil Sufismus das sinnliche Leben nicht verurteilt. Im Sufismus werden Glück und Freude und Schmerz und Leiden bejaht. Der Sufismus stellt sich auch nicht, wie manche esoterische Richtung es tut, als der Highway zur Glückseligkeit dar. Sufis sagen: Es geht durch eine Menge dunkler Täler.

Durch welche Täler es konkret geht, das passt sich den Bedingungen des Pfades, aber auch der jeweiligen Kultur an. Es gibt kein Patentrezept und auch keine alleinseligmachende Methode. Sufis berufen sich nicht, wie andere Religionen es teilweise tun, auf einen Religionslehrer, dessen Lehre – am besten vollkommen rein – über alle Zeitläufe hinweg zu lehren sei. Sie versuchen, »entsprechend den Bedürfnissen der jeweiligen Kultur, der jeweiligen Periode und der jeweiligen Person zu lehren. Wegen dieser Erfordernisse werden kein festes Dogma und keine feste Technik als Maßstab benutzt: Die Form ist nur ein Vehikel und verändert sich ständig.«[29]

Für eine Psychotherapeutin lässt sich zum Beispiel bei

Mrs. Tweedie ein Wissen um die Jung'sche Psychologie erkennen. Besonders dort, wo es um die Provokation des Schattens
geht. Auch im Leben geht dies mit Leiden einher. In *Der Weg
durchs Feuer* berichtet sie ausführlich von diesem Leiden: »So
groß war die Einsamkeit heute morgen, dass ich losweinte.
Meine Situation schien mir derart schwierig zu sein, derart aus-
sichtslos ... Wie kann ich weitermachen? Mein Verstand geriet
in Aufruhr und die Gedanken wirbelten nur so herum. Guruji
kam in finsterer Laune heraus. Oh wie hart und abweisend war
sein Gesicht. Mir wurde das Herz schwerer und schwerer. Ich
hatte nicht vorgehabt, es ihm zu sagen, nicht wirklich, aber irgendwie drängte es mich auf einmal, es doch zu tun. Und so
erzählte ich ihm, wie entmutigt ich sei, weil ich mich so allein-
gelassen fühlte. Er reagierte sehr hart und brachte mich dazu,
dass ich bitterlich weinte.«[30]

Wie die Provokation der Weißen-Wand-Geister in einer psychoanalytischen Behandlung wirkt das auf mich. Doch um den
Schatten noch mehr herauszulocken, würde wohl eine Psycho-
analytikerIn nicht so antworten, wie es der Meister tut: »Sie
wissen nicht, wie man liebt. Das ist keine Liebe. Haben Sie sich
bemüht, mir nützlich zu sein, als ich krank war? Haben Sie die
ganze Nacht aufgesessen?«[31]

Statt Empathie erfährt sie Anklagen, noch dazu ganz unge-
recht.

Sie hatte ihm doch helfen wollen, durfte es aber nicht. Seine
eigene Familie verhinderte es.

Was hilft es? Es geht eben nicht um »Logik« und Fakten.
»Das geschieht um der Schulung willen. Ich bin niemals wirklich hart, aber mit Liebenden wird eine harte Haltung geübt.
Denn wie sonst kann ich einen Schlag versetzen, wenn der nie-
dere Geist Schwierigkeiten bereitet? Es wird so gehandhabt; das
ist das System. Wenn der Verstand rebelliert, muss ein Schlag
verabreicht werden.«[32]

Nimmt dies auch der Vermutung, hier habe ein weiblicher
Masochismus bei einem indischen Meister mal wieder eine Bahn
gefunden, zwar einigen Wind aus den Segeln, drängt sich

dennoch der Gedanke auf, dass Hingabe doch sehr nahe an Unterwerfung ist. Doch Mrs. Tweedie reflektiert dies in ihrem Tagebuch nie. Sie unterwirft sich letztlich der Sicht des Meisters.

»Oh, ich habe heute Nachmittag gedacht, dass Sie doch recht haben. Ich bin noch voller Ego.« »Warum sagen Sie nicht, dass ich IMMER recht habe?« Er lachte auf seine jungenhafte, fröhliche Art, als sei nichts vorgefallen. »Ja«, meinte ich artig und nickte. Ich hätte in diesem Augenblick alles gesagt, um ihm zu gefallen, so froh war ich darüber, dass er nicht mehr böse mit mir war.«[33]

Vertrauen und Mut – bei sufischen Belehrungen sind dies die Qualitäten, die eine SchülerIn zur Verfügung stellen muss. Sonst verliert die gesamte Unternehmung ihren Sinn. So viel Vertrauen kann nicht jede Frau einem Mann entgegenbringen, selbst wenn sie ihn für eine »weitentwickelte« Seele hält. Für einen besonders großen der ohnehin meist großen Meister. Die Geschichte des Patriarchats malt den weiblichen Unterwerfungsakt gerne als liebevolle Hingabe. Die Kenntnis dessen lässt sich auch in einem aufgeklärten Bewusstsein nicht so leicht auslöschen. Und weil das so ist, suchen Frauen auf dem Pfad gerne Meisterinnen auf – so sie welche finden können. Aus diesem Grund waren (und sind) Mrs. Tweedie und Ayya Khema vielen Frauen so wichtig. Ihnen konnte frau nach dem Vortrag so manche Frauen-Bewusstseinsfrage stellen. Mrs. Tweedie, die für solche Fragen ein offeneres Ohr hatte als Ayya Khema, hat ihren Meister selbst manchmal zu Äußerungen über die Geschlechtsdifferenz auf dem Pfad herausgefordert: »Für Frauen ist Ausdauer schwer. Auch für Männer ist es schwer. Nur wenige erreichen das. Frauen haben Bhakti (liebende Hingabe), und wenn es ihnen gelingt, dann geschieht es im Nu. Ansonsten braucht es lange. Sie werden die höchsten Ebenen erreichen. Es gibt jedoch so etwas wie ein Charakter-Register. In ihm ist der Charakter vermerkt, und alle Zweifel und mangelndes Vertrauen sind dort aufgezeichnet. In unserem System machen wir keinen Unterschied – Herzen sind Herzen. Aber in unserem System war keine Frau interessiert genug, zur höchsten Ebene zu gehen.«[34]

Mrs. Tweedie war interessiert genug.

Dass dieser Weg zum Herzen der Herzen nicht viele Frauen zum allergrößten Einsatz motiviert, ist verständlich. Deshalb ist es ein so großes Geschenk, dass eine Frau diesen Weg durchs Feuer genommen hat, konnte sie so doch zu einer überzeugenden Lehrerin für viele werden. Eine, die vortrug, was sie selbst erfahren hatte.

Wie Ayya Khema auch, die ebenfalls mit (trotz?) gelegentlicher großer Strenge für manche eine unwiderstehliche Anziehungskraft besaß. Diese älteren Frauen konnten jüngeren Frauen eine Härte zumuten, die kein »System« über einen männlichen »Sprecher« ihnen hätte zumuten dürfen. Jedenfalls nicht, ohne auf massiven Widerspruch zu stoßen.

Wer zu Mrs. Tweedie ging, konnte und musste damit rechnen, dass sie einem irgendwann einen Schwerthieb versetzen, einen langwirkenden Schock verursachen würde, der alle Glaubenssysteme durcheinanderwirbeln ließe. Weil er das persönliche Ego wirksam kränkte. Dies mochte vielleicht die Lehrerin-SchülerInnen-Beziehung über Jahre hin verstimmen.

Aber so geht es auf dem Weg der Härte zu, direkt vor dem Eingang zum Herzen. Ihr Bericht über ihre eigene Schulung lässt da keine Illusionen aufkommen.

Doch wenn »der Schlag sitzt« und »angenommen« und nicht einfach als Zumutung abgewiesen wird, löst sich gleichzeitig einer der Schleier vor der Erfahrung der Wirklichkeit in nichts auf. Und eine Illusion verblasst. Meist im Tausch für eine Wahrheit. Eine, die jenseits unserer üblichen Wahrheiten liegt. Es ist ein ungewöhnlicher Weg, den Mrs. Tweedie zeigt. Einer, den bei uns nur wenige kannten. Besonders beliebt war er schon gar nicht. Einem anderen Menschen so viel Macht einzuräumen, das ist uns meist nur aus der Kindheit vertraut. Dies war jedoch von uns nicht gewollt, auch hatte man uns nicht gefragt. Und unter so manchem frühen Machtmissbrauch leiden wir lebenslang. Auch deshalb misstrauen wir »freiwilliger Hingabe«. PsychotherapeutInnen, die Schleier entfernen, besitzen ebenfalls viel Macht in bezug auf ihre PatientInnen. In der Regel sind sie bei ihrer Entdeckungs-Arbeit und in ihren Mitteilungen jedoch vorsichtig. Und meist werben sie lange um »Wahrheiten«. Manchmal aber provozieren sie die Wahrheit auch, herauszukommen. Manche TherapeutInnen locken zu neuen Erkenntnissen, andere drängen. Mit sufischer Härte arbeitet selten jemand.

Doch wir PsychotherapeutInnen zerreißen auch nicht so starke Schleier wie jene, die die diesseitige und die jenseitige Welt voneinander getrennt halten sollen. Es geht ja nur um die individuelle Leugnung der jeweils eigenen Wahrheit. Das würden Sufis sagen, die eine Mithilfe der PsychotherapeutInnen beim Zerreißen der Schleier im allgemeinen begrüßen. Nicht jedoch, ohne zu sagen: »Diese Arbeit ist nicht genug.«

Der Weg zum Herzen über die Härte, der sufische Weg, beachtet die unbewussten Faktoren unserer Psyche. Er misst »weiblichen« und »männlichen« Qualitäten in der Schulung großen Wert bei. Weibliche Suchende hören dort von der Großen Liebe – das ist etwas, was dem weiblichen Ich viel verspricht.

Dass das Ich gleichzeitig abzuschaffen sei, das nehmen Frauen eben so hin. Wie eine Regel, die nicht so wichtig ist?

In Mrs. Tweedie erlebten wir eine Frau – mit einem beeindruckenden Ich.

So wie Ayya Khema ebenfalls eine Frau mit beeindruckender Ich-Stärke war.

Da sagt sich das Ich: Wenn frau so stark wie Ayya Khema oder Mrs. Tweedie wird, nachdem das Ich abgeschafft worden ist – warum nicht?

Doch das Über-Ich behält seinen Plan.

CHRISTLICH-FEMINISTISCHE THEOLOGIE: EIN NEUER VERSUCH MIT DEM CHRISTENTUM?

Diese Frage stellten sich feministische Christinnen, die in den beiden letzten Jahrzehnten im aufgeklärten Westen auf der Suche nach spiritueller Heimat waren.

Feministisch-christliche Theologie kann auch als ein Versuch
angesehen werden, neues Bewusstsein und alte Quellen des
Christentums zu verbinden, um dem Strom der Zeit entgegen-
zuschwimmen. Eine der bekanntesten feministischen Christinnen ist Mary Daly. Ihre Werke brachten Feministinnen über
viele Jahre religiöses Denken näher. Auch eine Verbindung mit
den »Mythen« des Urchristentums. Doch einfach ist auch dieser Versuch nicht.

    »Wenn ich schwach bin, bin ich stark« – diesen so christli-
chen Satz nehmen westliche Frauen nicht mehr so leicht als
Leitmotiv an. Ob Jesus, der sich als Symbol der Einswerdung
mit dem menschlichen Leiden am Kreuz aufopferte, dann als
Christus auferstand, das interessiert viele bewusste Frauen nicht
wirklich. Sie sind der Meinung, ihr Wissen um das Leiden sei
notgedrungen schon überreichlich. Die christliche Mythologie
wolle ihnen das Leiden nur sympathischer machen. Zu viele
Leidensbotschaften kreisen um Christentum und Patriarchat.
Und viel zu oft geht in christlich-religiösen Verlautbarungen
der Freude- und Lustfaktor verloren. Zu lange war Religiosität
für unsere Mütter das Lichtlein am Ausgang des ewigen Jam-
mertals. Bewusste Frauen sagen entschlossen: So darf und soll
Leben für uns nicht aussehen. Wir sehen den Sinn des Lebens
nicht mehr im tiefen Auskosten des Leidens – dieser Planet hat
auch für uns anderes zu bieten. »Alles Leben ist Leiden« – so
sieht es auch im Christentum oft aus. Gerade Aufgeklärte mögen das Leben, und das Leben mag sie. Als Meister seiner Manifestationen – so sieht der Westmensch sich am liebsten. Er übt
Kontrolle aus. Das ist Teil seiner Selbst-Idealisierung. Solches
verkünden nun auch (meist US-amerikanische) Lehrer der Neu-
en Spiritualität. Meist sind es Theologen der dortigen Freien
Kirchen. Wenn schon einem Christen, dann glauben Europäer
gerne solchen Christen. Aufgeklärte Mitteleuropäer hören
Christen ohnehin nicht gern zu. So hatten es die christlich-feministischen Theologinnen auch mit der europäischen Frauenbewegung schwer. Mit ihrer Preisung der Schwesternschaft war
Mary Daly zur Hoch-Zeit des Feminismus eine vielgelesene

Ausnahme. Manchmal scheint es mir aber, als sei der Feminismus heute nur noch im Bereich der christlich-feministischen Theologie vital und vor allem auch kampfeswillig. Gerade US-amerikanische Theologinnen setzen sich kritisch, erneuerungswillig und in kämpferischer Sprache mit den Bildern der patriarchalen Religion »Christentum« auseinander. Sie gehen umstürzlerisch mit den Vorgaben der beiden Amtskirchen um. So etablieren sie statt des strengen, rachsüchtigen und bekannt launischen, strikte Unterwerfung fordernden Er-Gottes:

1. die Sie-Göttin, die Empathie und Körperbejahung kennt;
2. die Schwesternschaft als ein kosmisches Band;
3. die Achtung des Körpers und der Gefühle.

Damit modellieren und moderieren sie, was über Jahrhunderte als sakrosankt galt. Auch vor einer Umformulierung der zehn Gebote machen sie nicht halt. Darin zeigt sich ihre, das Christentum sonst seltener schmückende Modernität. Und sie verbinden Theologie auch mit Psychologie, wenn sie dem Über-Ich »Du darfst«-Sätze geben, die von unserem so wichtigen Recht aufs Mensch-Sein sprechen. Auch dem Es geben sie einen guten Platz.

»Du darfst dich öffnen und werden, was du bist, auch neidisch, hasserfüllt, egoistisch, eifersüchtig, wütend, narzisstisch und böse; den Liebenden wird auch das Böse, werden alle Dinge zum Besten dienen, also liebe – und dann tu, was immer du willst.«[35]

Für christlich-feministische Theologinnen sind wir mit diesen Emotionen nicht grundsätzlich (wie bei fundamentalistischen Christen) schon schuldig oder schlecht. Nein – wir sind durch unser Menschsein »gut«. Doch muss das jemand unserem Über-Ich nach den anderen Indoktrinationen auch sagen. Dass dies so gesagt wird, dürfte für einen üblich gläubigen Christen wohl eine ziemliche Provokation sein. Das weibliche Ich jedoch darf sich freuen. Gerade weiblicher Eigensinn sollte doch als etwas Böses durch die Religionsvertreter verhindert –

zumindest durch Beichte und Buße vom üblichen Verhalten abgesondert werden.

Deutlich wird mir aber hier ein Umfassen alles Menschlichen, das von der Grundaussage geleitet ist, Liebe drücke sich einfach in allem aus. Die etablierte christlich-römische Religion bezieht noch immer so viel Rechtfertigung durch die schematische Einteilung in Gut und Böse. Der katholische Klerus bezieht noch immer viel Macht aus dem Lossprechen nach der Beichte. Da kommen nun also diese Feministinnen unter den Theologinnen und verkünden das Umfassen von Gut und Böse in Liebe? Und behaupten, dies sei Theologie. Gibt es denn keine Ethik mehr? Keine Moral?

Kirchliche Kreise tun die christlich-feministische Theologie gerne als eine dieser »rebellischen Strömungen« ab. Solche Strömungen erreichen sie ja nicht nur aus dem Land der radikalen Frauen, sondern auch aus anderen Gebieten der angeblich über den Sinn des Lebens genügend »Aufgeklärten«. Das erschüttert die »rechtmäßigen«, da schon viele Jahrhunderte Macht ausübenden Über-Ich-Präger nicht mehr. Man hat sich an rebellische Töne aus jenen Feldern des Lebens gewöhnt, wo es tatsächlich Unterdrückung und eben auch patriarchale Dominanz noch in großem Maß gibt. Der Ton von dort war ja schon lange voller unterschwelliger Anklage. Neuerdings haben sich den Bildern von dort auch noch revoluzzerische Gesten zugesellt, wie in diesem Nicht-Mehr-Vaterunser.

»Mutter-Unser
Oh Mutter, du bist nicht das Opfer des HERRN/ der die Erde unterwirft und die Frauen, und du verschlingst niemanden;/ denn Du liebst und erlöst/ Deine Töchter und Söhne in Magdschaft und Knechtschaft/ und verwandelst Unterdrückung, Leiden und Tod in ein neues/ ewiges Leben. Selig sind, die Dich lieben/ und aus Deiner Weisheit leben/ die Verzweiflung und Aggression/ in Vertrauen und Eros verwandeln/ die nicht strafen, sondern vergeben/ die nicht hassen sondern lieben.«[36]

Dieses Mutter-Unser hört sich nach einer idealisierten weiblichen Lebenshaltung an. Frau gibt den Seinsqualitäten Aufrichtigkeit und Selbstbestimmung neben Großzügigkeit und Vertrauen erhabene Plätze. So, wie es bewusste Frauen bei sich und anderen gerne tun und schätzen. Diese kurze Anbetung Marias macht deutlich, dass weltliches Sein von christlich-feministischen Theologinnen ganz realistisch gesehen wird. Sie brauchen keine Erlösung im Jenseits. Hier ist nicht einfach die Rede von Vergeben, Verzeihen und Loslassen (damit etwa der Aufstieg leichter ist). Dies Mutter-Unser ist erdig und umfassend – und vor allem an unseren Schwierigkeiten mit der Dualität orientiert. Es geht hier nicht um ein Immer-Gut-Sein-Wollen. Und auch nicht darum, wie viele es von ihrer christlichen Kleinkinderziehung her noch kennen, das »Böse« in sich auszurotten. So wie es manches Über-Ich noch glaubt und auch anzuwenden versucht. Und damit viel Leiden schafft. Eine derartige christlich-jüdisch abendländische Grundprägung des Über-Ichs wird ja in so mancher Psychotherapie aufgedeckt. Sie ist es, die an Depressionen oft wirksam mitbeteiligt ist. Gerade wegen ihr erfordert es oft einen langen und mühsamen »Umerziehungsprozess« für das Über-Ich, das seine Macht nur äußerst ungern abgibt.

Christlich-feministische Theologie ist eine moderne und umfassende »MenschIn-Lehre«. Die religiöse, eigensinnige Tochter des Feminismus. Da sie sich oft gegen den Vorwurf des Heidentums zu verteidigen hat, wenn sie Mondrituale und Göttinnen-Gebet, wenn sie einen neuen Ursprungsmythos entwirft, ist sie gerade auch bemüht, sich im Postulat einer neuen und umfassenderen Menschlichkeit zu behaupten. Wenn dies für Frauen und Männer die Umfassung des Guten und des Bösen, des Lichts und des Schattens meint, so ist dies m.E. ein enormer Fortschritt gegenüber der Schwarz-Weiß-Malerei, die besonders für die alte römische Amtskirche steht. Allerdings ist sie keineswegs auf diese beschränkt. So manche der aufklärerischen Bewegungen haben sich dies ankreiden lassen müssen, waren und sind sie doch ebenfalls vom dualistischen Denken

bewegt. Ja – es sei gesagt: Viele erinnern auch diesen Feminismus: Die Zuweisung alles Bösen an die Männer, die Okkupati-
on alles Guten durch die Frauen. Das war eine politische Waffe,
eine von der Frauenbewegung damals benötigte. Eine politische Waffe nützt der eigenen »Rechtschaffenheit«. Vor allem
aber nützt sie der Renovierung des Glaubenssystems von Opfern. Und diese Waffe half also unserem kolonisierten Über-Ich,
neue Ideen zu entwickeln. Eine andere Parteinahme erzwang sie
oft. Wird sie allerdings nicht aus der Hand gelegt, wenn der
Erfolg erreicht ist, nutzt eine politische Waffe bei der menschlichen Ganzwerdung wenig. Sie hindert. Außerdem: Wer Waffen
trägt, muss auch mit bewaffneter Gegnerschaft rechnen. Und
wird oft unfriedlicher Stimmung sein. Und wird sich im Ton
kriegerisch und einschüchternd geben.

Die moderne christlich-feministische Theologie muss sich in
theologischen Kreisen natürlich mit Gegnerschaft befassen.
Dort wird manchmal zu alten, mit einer Aura des Grauens um-
gebenen Waffen gegriffen. Denn das Postulat der Großen Göttin ruft häufig die Konnotation der Bösen Hexe hervor. Und
schon sind Frauen im Umfeld der christlichen Kirchen in einem
bitterböse stimmenden Erinnern: Weise Frauen wurden in einem kollektiven, patriarchalen und religiösen Rechthaben-
wollen-Krieg verbrannt. Auch wenn der Papst sich jetzt dafür
entschuldigt hat – es wird immer in unserem kollektiven Gedächtnis sein. Unvergessen wird bleiben, was es für »Außensei-
terinnen« hieß, außerhalb des Rahmens von Kirche und Kloster
»mystisch« zu sein: heidnisch = gefährlich = bösartig = gefährdet. So lautet die Gleichung.

Und noch sieht das Bild der Hexe in der Bevölkerung weitgehend so aus. In Kinderbüchern wird es in aller Regel immer
noch so tradiert. Selten wird dort klargestellt, dass diese Frauen
in den Botschaften der rechtschaffenen-patristischen Männer
»das Böse« darstellen mussten. Damit Böses lokalisierbar wurde. Diese gnadenlose Verfolgung freier Frauen macht auch uns
heutigen freien Frauen klar, dass zuviel weibliches Abweich-
lertum in den Tod führen kann. Auch wenn eine solche

Bedrohung heute in der Regel nicht real ist, so ist es doch beunruhigend.

Werden christlich-feministische Theologinnen als Hexen tituliert, mögen sie sich mit reformatorischem Impetus über den Konnotationshof hinwegsetzen – ihr kollektives Unterbewusstsein schlägt vermutlich leichten Alarm.

DIE GERINGE AKZEPTANZ CHRISTLICH-FEMINISTISCHER THEOLOGIE

Unser kollektives weibliches Unterbewusstsein hat sich von feministischen Kampagnen, das Wort Hexe mit einer positiven Bedeutung zu versehen, vermutlich nicht erreichen lassen – die historische Wahrheit von Vernichten und Töten ist zu massiv und grauenvoll. Deshalb mag Hexe im Diskurs aufgeklärter Frauen für Heilerin stehen, oder Zauberin, die ihre magischen Kräfte *nicht* missbraucht. Hexe wird immer auch heißen: potenzielles Opfer. Eine Erinnerung an den Preis für ein freies Leben. Und weil das so ist, hat das Christentum bei vielen bewussten Frauen verspielt. Und weil das so ist, tut sich die christlich-feministische Theologie bei befreiten Frauen in Europa schwer. Und weil das so ist, orientieren sich aufgeklärte europäische Frauen leichter am Buddhismus oder Sufismus oder am Schamanismus als an einem feministisch renovierten Christentum. In ihrer Suche wenden sie sich lieber Religionen zu, die (ihrem Wissen nach) nicht von so viel Morden belastet sind.

In diesem Vorgang scheint es keine Rolle zu spielen, dass die christlich-feministische Theologie unserer Philosophie und auch Psychologie mehr entgegenkommt, als dies Religionen und Denkrichtungen aus dem östlichen Kulturkreis (auch bei besserer Adaption) tun. Und obwohl christlich-feministische Theologie eine Religionslehre speziell für Frauen ist – so eindeutig Frauenbewusstes wird frau bei Religionen des Ostens nicht finden – ändert das wenig an ihrer geringen Akzeptanz bei uns.

Dabei hätte die christlich-feministische Theologie einen

hohen Integrationswert: Die Betonung des Fühlens, die Bejahung der Gefühlswelt in all ihrer Komplexität, die Achtung des
weiblichen Körpers, auch die besondere Wertschätzung weiblicher Verbundenheit, der Freundschaft zwischen Frauen, all das
könnte das Selbstbild der weiblichen »Heimkehrenden« auf tieferen Ebenen heilen. Gerade durch ein starkes Bemühen, das
Helle und das Dunkle als zusammenwirkend und zusammen-
gehörig zu sehen. Sie preisen nicht nur »das Geistige«, wie es
religiöse In-den-Himmel-Streber oft tun.

Christlich-feministische Theologie sagt: Das Leben ist hier.
Das Leben ist jetzt. Das Leben ist unter Menschen. Im Leben
ist eben Gutes mit Schlechtem eng verzahnt. Es ist gut, einen
Körper zu haben, Bindungen einzugehen, mit dem Leben verbunden zu bleiben. Und es ist wichtig, sich selbst ebenso wichtig wie die anderen zu nehmen – und zu lieben. Das ist nicht
der Choral der fundamentalistischen christlichen Lehren. Es ist
das Lied der Feministinnen, die als Theologinnen »ihr Werk«
tun wollen. Der Ton ihres Liedes ist derselbe wie im »Lied«
vom Himmel und der Erde, das die polnische Lyrikerin über die
einfachen Dinge »singt«. Nicht, dass ich Wislawa Szymborska
hier als christliche Feministin vereinnahmen möchte. Aber als
Christin anführen, die sie ist, die eindrucksvoll sagt, was eine
Frau von der Teilung in Himmel und Erde hält. Dass es selbstverständlich ist, das Ganze zu umfassen. Helles und Dunkles.
Dass nichts zu klein ist, um es zu beachten. Und nichts zu groß.
Alles fügt sich zusammen, wird es von einem liebenden Blick
berührt.

Eine zutiefst spirituelle Haltung.

Eine leise Haltung.

Im östlichen Kulturkreis würde sie wohl als eine taoistische
gelten.

Gott ist für den aufgewachten Blick aller Religionen in
allem. Ein Blick, der sich nicht verliert in lauter Begeisterung.

Christlich-feministische Theologie lässt sich nicht auf die
leisen Töne reduzieren.

Meist spricht sie laut und mit kraftvollen Worten. So rühmt sie auch jene sozialen Fähigkeiten, die Frauen während ihres Lebens in der Dominanzkultur erworben haben. Christlich-feministische Theologie tut dies mit der Freiheit des Selbstlobs, dem kämpferischen Gestus jener, die nicht fliehen, sondern lieber bleiben und mit der Dominanzkultur ringen.

Als Psychotherapeutin füge ich hinzu: Zum wirklichen Hiersein gehört auch vielfältiges Wissen um die Wirksamkeit und die Mechanismen unseres menschlichen Körpers und unserer menschlichen Psyche.

Da es nicht mein Ziel ist, eine der von mir vorgestellten spirituellen Richtungen »zu empfehlen«, möchte ich an dieser Stelle herausheben, was frau in der jeweiligen Begegnung für die Integration von Körper, Geist, Psyche und Seele gewinnen kann:

Beim Buddhismus die Schulung der Hier-und-Jetzt-Wahrnehmung; beim Sufismus die Lehre von der Unausweichlichkeit der Konfrontation mit unserem Schatten; bei der christlich-feministischen Theologie die Lehre von den Wegen zur Kräftigung des weiblichen Ichs.

Das Ich in der christlich-feministischen Theologie

Christlich-feministische Theologinnen wollen das Ich nicht abschaffen. Es wird in seinen geschlechtsspezifischen Qualitäten bestätigt. Es wird in seinem besonderen Lebensentwurf unterstützt. Hier wird es nicht schwach geredet – sondern stark. Hier erfährt es vor allem auch Akzeptanz für sein Wollen. Gerade das Wollen ist wichtig. Christlich-feministische Theologie weicht nicht in die Höhen des Jenseitigen aus, um im weiten Blick sich friedlich zu stimmen.

Anders als Sufisten und Buddhisten sind christlich-feministische Theologinnen auch an der konkreten Umgestaltung der gesellschaftlichen Verhältnisse interessiert. Und nur ein Ich, das kräftig ist und spricht, kann sich daran beteiligen. Besonders, wenn es von einem fürsorglichen Über-Ich zusätzlich bewegt

wird. In einem Randgebiet westlicher Religionen erhält also das
weibliche Ich unerwartet Zuspruch: Es soll nicht nur sein, es
soll wendig sein, und es wird ermutigt, einiges zu unternehmen, um seine Wünsche zu verwirklichen. Die feministische
Predigerin zeigt in ihrem Plädoyer auf, gegen wie viel Schwierigkeiten das weibliche Ich sich im Patriarchat behaupten muss.
Nirgends spricht sie dafür, das Ich abzuschaffen. Niemals nennt
sie es ein Hindernis auf dem Weg zum eigentlichen Ziel, der
»Heimkehr«. Sie ist nicht dafür zu haben, gerade dem Ich die
Schuld für die Entstehung von Leiden zuzuschreiben. Sie will
das weibliche Ich gar nicht eingemeinden in das allgemeine
Leiden. Das Ich wird vielmehr gegen das Leiden stark gemacht.
Von diesen Religionsverkünderinnen erhält das weibliche Ich
also Zusprache und Mitgefühl. Ihre Devise heißt ohnehin nicht
»Alles Leben ist Leiden«, ihnen geht es darum, wie wir das irdische Glück mehren können, bevor wir das jenseitige Glück erfahren. Wir sind hier, weil wir hier sein wollen, nicht weil uns
böse Taten des Vorlebens hierher verdammt haben. Doch christlich-feministische Theologinnen haben nicht nur Realität im
Auge, auch Vision und das Zusammenspiel von Vision und Realität. Ihr Anspruch auf Gleichwertigkeit aller Menschen ist an
sich visionär, vor allem dort, wo Frauen immer noch gepredigt
wird: »Sei dem Manne untertan«. Einen konventionellen
Akzeptanzanspruch leiten diese Theologinnen von Jesus selbst
ab. Doch Maria steht in ihrer Hierarchie höher als gewohnt. Die
Mutter, überhaupt der mütterliche Aspekt in der Schöpfung,
erfährt besondere Wertschätzung und wird zum Gegenpol der
christlich-männlichen Dreieinigkeit.

Ausgehend von der Mutter mit ihrem Sohn, entwerfen
christlich-feministische Theologinnen eine friedliche und fürsorgliche Welt. Dem Miteinander der Menschen gilt große Beachtung.

Da die gelebte Realität noch so anders ist als ihre Vision,
wird Wert auf eine neue Ethik gelegt. Dies hatte in den 90er
Jahren in den USA und Europa innerhalb der Frauenszene notwendige und fruchtbare Diskussionen zur Folge. Eine neue

Ethik der Frauen. Eine Ethik für die Lesben-Community. Auch um ein neues Miteinander von Mann und Frau, für das es noch viel zu kämpfen gilt, geht es in vielen Publikationen. Dem Über-Ich, das ja in großem Ausmaß vom Patriarchat und seinen Basis-Religionen geformt ist, wird so manches Bildungsmaterial gewidmet. Seine Verwendung würde in vielen Kirchen gut tun. Doch sieht man dort die christlich-feministischen Theologinnen selten auf der Kanzel. Wen sehen die christlich-feministischen Theologinnen selbst als ihre AnsprechpartnerInnen?

»Subjekt feministischer Theologie«, schreibt Christine Schaumberger, »sind Frauen, die sich engagieren im feministischen Kampf ›gegen Oberflächlichkeit und Unterdrückung sowie für Befreiung und Menschenwürde‹ und diese Erfahrungen zusammen mit den Erfahrungen, die Frauen in ihrem täglichen Kampf ums Überleben unter den Bedingungen eines patriarchalen Systems machen, theologisch einmal im Hinblick auf ihre persönliche und systembedingten Implikationen, zum anderen in Hinblick auf die Kriterien: Gerechtigkeit, Menschenwürde und Veränderungsmöglichkeiten der gegebenen Bedingungen reflektieren. Daher ist feministische Theologie weder nur an einem vom alltäglichen Frauenleben ausgegrenzten akademischen Ort noch ausschließlich im ›normalen‹ Frauenleben, dem Heim, der Familie, der ›Weiblichkeit‹, den ›typischen‹ Frauenerfahrungen ›beheimatet‹. Ihr Ort ist vielmehr der Aufbruch, das Immer-Weiter-Gehen, die Heimatlosigkeit, das Vagabundieren. Mary Daly charakterisiert diesen Ort als ›Unterwegs zuhause sein, ein Bewegtsein, das nicht nur beflügelt, sondern auch ermüdet.‹«[37]

Das Immer-Weiter-Gehen ist ein wichtiges Bild jeder Bewegung, die sich gegen den herrschenden Status quo wendet. Das Immer-Weiter-Gehen ist jeder dynamischen Religion eigen. Es ist auch ein starkes Bild des kraftvollen Feminismus gewesen. Das Immer-Weiter-Gehen zeigt sich im Archetypus der freien Frau, der Vagabundin, der Reisenden. Selbstverständlich besitzt die freie Frau ein starkes Ich.

Wie anders könnte sie sich selbst – wie anders könnte sie ihre Umstände meistern?

Da viele Frauen im Patriarchat zwar Glück auf dem Weg der Sicherheit gesucht (und auch gefunden haben), aber oft auch lebenstötende Eingebundenheit erfuhren, hat »Unterwegssein als Prozess« für die weibliche Psyche mitunter magische Anziehungskraft. Die Vagabundin muss sich selbst kennen und sie muss sich behaupten können, will sie überleben. Damit sie es schafft – und nicht das Leben sie schafft. Ihr Ich muss besonders kräftig sein, da es sich gegen gesellschaftliche Über-Ich-Normen vorwärts bewegt. Es muss den eigenen inneren Gespenstern Paroli bieten können. Sie raten ihr oft zu Selbst-Ablehnung. Sie machen Alleinsein oftmals zur Einsamkeit. Eigene innere Stimmen bringen die Selbstverurteilung in das Alleinsein hinein. Das weibliche Über-Ich hat in der Mädchenerziehung gut zugehört: Eine Frau hat für andere da zu sein, ihren Wert erhält sie erst durch die Wertschätzung der anderen. Auch indem andere von ihr abhängig sind, kann sie sich sicher fühlen. So ist sie nicht verloren, sondern gut eingebunden. Als Alleinstehende allerdings ist sie nicht viel wert. Das jedenfalls glauben viele Frauen.

Dass Alleinsein ein Verstoß gegen Gemeinschaftlichkeit ist, das allerdings vertritt man in östlichen Religionen seltener. Alleinsein-Können ist auf dem Weg der Rückkehr zum Ursprung unabdingbar, und der gesellschaftliche Konsens ist immer gegen diese Kehrtwendung. Diese These ist fast allen »Neuen Religionen« eigen. Deshalb muss die Heimkehrende oftmals gegen den Strom reisen. Besonders der Sufismus hat das Bild des Reisenden, sein Unterwegs-Sein mit ganz bestimmendem Sinn, gemalt. Ein Derwisch hat in dieser Welt niemals einen festgefügten, einen einzig-sicheren Platz. Sein Ziel ist erreicht, ist er bei sich zu Hause.

»Ach, wie nichtig, ach, wie flüchtig ist der Menschen Leben, wie ein Nebel bald entstehet und auch wieder bald vergehet, so ist unser Leben«. Solche Lieder werden in christlichen Kirchen gerne gesungen. In vielen bekannten religiösen Bildern ist

»normale« Determinante, dass wir niemals »hier« angekommen sind. Dass es keinen Sinn macht, hier zu Hause zu sein. Wir sind Heimatlose, vorwärtsgetrieben von einem inneren Instinkt. Deshalb ist Leben auch so dynamisch. Weshalb Ayya Khemas Ratschlag, »Sei dir selbst eine Insel« so vernünftig ist.

Fast jede Religion will uns dazu anhalten, uns aufzumachen. Sie verspricht uns Orientierung auf unserer Reise. Sie will unser Wegweiser sein. Weil der Weg so schwierig ist, will sie die Reisenden ermutigen, durchzuhalten. Die christlich-feministische Theologie hat zudem den Impetus, besonders die weiblichen Reisenden zu ermutigen, sich hier, in diesem Jetzt, ernster zu nehmen. Vor allem, sich selbst zu verstehen, zu respektieren, zu akzeptieren. Und sie ermutigt die weiblichen Vagabundinnen, Glücksmomente und Zufriedenheit auszukosten. Geburtsrechte des Fühlens – wie Trauer, Wut und Verzweiflung allerdings auch. Himmelfahrend sein wie der Maulwurf und die flügelschlagende Eule. Leben mit Begeisterung und Verzweiflung. Da diese Erde als patriarchal geprägtes Lebensfeld für Frauen kein Ort sein kann, um ohne Abwehrstrategien, ohne Misstrauen, ohne Kriegerinnen-Eigenschaften zu überleben – was jede Psychotherapeutin weiß, besonders, wenn sie mit sexuell missbrauchten Frauen arbeitet und entsetzliches Gräuel nacherlebend teilt –, kommt es neben Begeisterung auch immer wieder zu Verzweiflung. Auch deshalb brauchen wir ein starkes Ich. Es muss fähig sein zu komplizierter Balance – notfalls auch zu kämpferisch-engagierter Einflussnahme. Auch zur Zurückhaltung sollte es imstande sein. Und zur Besonnenheit. Also zu all jenen Realitätsprüfungen, die das Ich leistet.

In der christlich-feministischen Theologie trifft sich der Feminismus also mit einer westlichen Religion. Und sie teilen gemeinsam die Auffassung, dass keine Frau im Patriarchat aufwachsen kann, ohne Verletzungen zu erleiden, insbesondere der Würde und der Selbstachtung. Deshalb trägt fast jede Frau ein Heilungsbegehren in sich. Psychotherapie und Spiritualität befinden sich also in diesem westlichen Religionszweig in einem bereichernden Dialog. Gibt es diesen Dialog auch in der

Therapie von Frauen? Aus meiner Praxis glaube ich, behaupten zu können, dass er sich selten offen zeigt. Ich treffe in der therapeutischen Arbeit mit Frauen eher buddhistisches oder sufisches Gedankengut an. Für die einst radikalen Feministinnen ist und bleibt Jesus einfach der allzu vertraute männliche Erlöser. Es fällt schwer, in ihm den »Auferstandenen« zu sehen, zu oft wird er als »Jesus-am-Kreuz« gezeigt. Er ist die Inkarnation der Aufopferung des Leibes. (Auf jedem fränkischen Berghügel z.B. wartet ein Jesus am Kreuz). Und das hat entschieden zu viel mit unserer eigenen jahrtausendealten Opfergeschichte zu tun. Wir wollen nicht permanent daran erinnert werden. Vielmehr und endlich wollen wir davon wegkommen. Unbedingt. Gerade auch mit Hilfe der Psychotherapie.

Weil das so ist, arbeiten christlich-feministische Theologinnen an einer Veränderung des Jesus-Bilds. Zum Beispiel Rosemary Ruether: »Reicht es aus, zu behaupten, Jesus vertrete schließlich die ›Gattung Mensch‹ oder er habe als Mann durchaus antipatriarchal gehandelt? Reichen solche Behauptungen tatsächlich aus, solange er die einzige Offenbarung, die Menschwerdung des Erlösergottes ist? Kann die Christologie letztlich in dieser Gestalt ›ein für allemal‹ eingeschlossen bleiben, in einer Gestalt der Vergangenheit, die das Erlöserwerk ›vollendete‹, obwohl wir, so wie die Geschichte überhaupt, offensichtlich nicht erlöst sind? Müsste das Christusbild nicht stets an einen neuen Horizont projiziert werden, den geschichtlichen Horizont, den wir vor uns sehen, so dass wir zu unseren noch nicht verwirklichten, aber doch vorhandenen Möglichkeiten geführt würden?«[38]

Ruether lenkt den Blick sodann auf das Umfeld, die verschiedenen Dominanzkulturen:

»Wir nehmen unsere eigene Unvollkommenheit wahr; aber diese Wahrnehmung unterliegt einem ständigen Wandel: Je nach Sensibilisierung für das Unrecht – man denke an Rassismus, Sexismus, den in Europa sehr weit verbreiteten Chauvinismus –, ändert sie sich. Müsste Christus nicht eigentlich stets eine neue Gestalt annehmen, vielleicht die Gestalt einer Frau –

schwarz oder braun, verarmt und verachtet von jenen Völkern, die eine Seite des christlichen Imperialismus bilden?«[39]

Handelt es sich hier nicht um ein von bewussten, aber suchenden Frauen ernstzunehmendes Angebot?

Dieses Modell des Schöpfers, der in uns seinen Ausdruck findet?

Diese westliche Sicht auf uns Menschen, dass wir Erschaffene und gleichzeitig Erschaffende sind?

Löst sich hier in der christlichen Religion nicht – wie im Buddhismus – die Dualität von Gott und »Armer-Sünder-Kreatur« auf? Das duale Denken ist ja so hartnäckig. Die Bejahung eines schöpferischen Handelns im Leben kommt aus den USA nach Europa, mit der uns bisher nicht so geläufigen Unterscheidung in Winner/Loser. Gerade über Spiritualität. Christliche Lehrer aus den amerikanischen Freien Kirchen fordern ihre Zuhörer oft emphatisch auf: Seid erfolgreich! Werdet reich!

Be successful, da du den göttlichen Funken in dir – einfach, weil du den freien Willen hast. Dein göttlicher Vater will, dass du für ihn auf diesem Planeten erschaffst.

So gehen christlich-feministische Theologinnen nicht vor. Sie nehmen sich die biblische Aufforderung »Macht euch die Erde untertan« vor.

Und sie sehen genau hin, wer sich was wie untertan macht. Während der »Kleines-Fahrzeug-Buddhismus«, den Ayya Khema vertritt, rät, das Hiesige loszulassen, zumindest den Dingen und Objekten des Hiesigen immer weniger anzuhaften, da das Rad des Karmas doch nur dem Motto folgt: Alles Leben ist Leiden. Sufismus hingegen sieht das Leben auf der Erde als von Schleiern umgeben, die die jenseitige Welt von der hiesigen trennen, und durch die wir nur hindurchgehen können, wenn wir die Glaubenssysteme des Egos zum Schmelzen bringen, in einem »Weg durchs Feuer«. Unser Gewinn wird dann die Berauschung der Einswerdung sein.

Die christlich-feministische Theologie spricht über das Hiersein als unser Wirkliches und Eigentliches. Wobei es nicht um gewinnen oder verlieren geht, sondern einzig darum: »weg von der Hoffnung auf ein Leben nach dem Tod, hin zum Leben im Diesseits, auf dieser Erde. Die Moderne hat die Erde als unser wahres Zuhause bestimmt und bemüht sich, sie wieder für uns bewohnbar zu machen.«[40]

Hier ist sehr viel Aufklärerisches in den Glauben eingewoben. Und Rosemarie Ruether gibt zu: »Selbst den Christen fällt es schwer, noch überzeugend von der Hoffnung auf ein Leben nach dem Tod zu reden. Und sie sind sich ihrer Seele auch nicht mehr sicher: Sollen sie ihre Energien überhaupt noch auf ein mögliches Jenseits verschwenden?«[41] Solch eine Jenseits-Sicht befriedigt aber manch leidenschaftliches Sinn-Begehren nicht.

Deshalb richten christliche Theologinnen in ihren Schriften ihr wesentliches Augenmerk auch auf das, was zumindest Europäerinnen in ihrem Leben am meisten beschäftigt: menschliche Beziehungen. Insbesondere Liebesbeziehungen.

Anmerkungen:

[1] Rinpoche, Kalu: *Den Pfad des Buddha gehen.* Bern 1991, S. 188.

[2] Khema, Ayya: *Unsere Umwelt als Spiegel.* Mittelberg 1991, S.4.

[3] ds.: *Buddha ohne Geheimnis. Die Lehre für den Alltag.* Zürich 1987, S.33.

[4] In einem Interview in: Karma Lekshe Tsomo: *Töchter des Buddha, Leben und Alltag spiritueller Frauen im Buddhismus heute.* München 1991, S.296.

[5] Rinpoche, Kalu, aaO., S. 65.

[6] *Die Lehrreden des Buddha aus der angereihten Sammlung.* Neue Gesamtausgabe in 5 Bänden, Freiburg 1984, S. 81.

[7] d.h. ein Mönch, der in den Orden aufgenommen werden will.

[8] Rinpoche, Kalu, aaO. S. 129.

[9] siehe Fußnote 4.

[10] Freud, Sigmund: *Das Ich und das Es.* Frankfurt am Main 1992, S.264f.

[11] Khema, Ayya, aaO., S.79.

[12] aaO.

[13] Thich Nhat Hanh, Tonbandmitschnitt d.A., Bad Wiessee 1993.

[14] aaO.

[15] *Die Lehren des Buddha.* Erläutert von Peter Gerlitz, Gütersloh 1996, S.24.

[16] Khema, Ayya: *Unsere Umwelt als Spiegel.* aaO., S.4.

[17] Thich Nhat Hanh, aaO.

[18] Reichle, Verena: *Die Grundgedanken des Buddhismus.* Frankfurt am Main 1995.

[19] aaO, S.77.

[20] Freud, Sigmund, aaO., S.285.

[21] Lings, Martin: *Was ist Sufitum?* Freiburg 1990, S. 155.

[22] Tweedie, Irina: *Der Weg durchs Feuer.* Interlaken 1988, S.362.

[23] aaO., S.389.

[24] aaO., S.443.

[25] aaO., S.714.

[26] aaO., S.626.

[27] aaO., S.626.

[28] Faruqi, Azad I.H.: *Sufismus und Bhakti – Maulana Rumi und Sri Ramakrishna.* Gladenbach 1990, S.100.

[29] Deikman, A., in: *Transpersonale Psychotherapie.* S.234.

[30] Tweedie, Irina, aaO., S.493.

[31] aaO., S.493.

[32] aaO., S.497.

[33] aaO., S.497f.

[34] aaO., S.501.

[35] Sorge, Elga: *Religion und Frau. Weibliche Spiritualität im Christentum.* Stuttgart, 1987, S.15.

[36] aaO., S.3 und 97.

[37] Schaumberger, Christine: *Schuld und Macht. Studien zu einer feministischen Befreiungstheologie.* München 1988, S.220.

[38] Ruether, Rosemarie: *Frauenbilder Gottes – Feministische Erfahrungen in religionsgeschichtlichen Texten.* Gütersloh 1985, S.183.

[39] aaO., S.183.

[40] aaO., S.348.

[41] aaO.

KAPITEL 2

Beziehungen: Sinn des Lebens oder großer Störfaktor?

»AM ANFANG WAR DIE BEZIEHUNG«

Die christlich-feministische Theologie gibt der Beziehung einen sehr großen Stellenwert. Die US-amerikanische Theologin Carter Heyward schreibt, dass an allem Anfang die Beziehung steht, da Gott und die Menschen die Welt gemeinsam erschaffen.[1]

Sie will ein Gegenbild zu den alten Wertungen des Patriarchats entwerfen. Dort ist ein Gottesbild festgehalten, »das Vieldeutigkeit nicht akzeptiert. Seine erste und einzige Liebe ist er selbst. Er ist ein leidenschaftsloses und unbeeinflussbares Wesen, das Oberhaupt eines universellen Clans, in dem die Männer die besten und die Frauen die letzten sind. Er hat eine Liste ethischer Werte, auf der ›Vernunft‹ gute Noten bekommt und ›Beziehung‹ schlechte. (...) Sein Narzissmus ist unstillbar. Er fordert, dass wir ihn lieben. Diese kalte Gottheit ist eine Projektion des patriarchalen Verlangens, die Welt zu beherrschen und zu kontrollieren. (...) Diese Gottheit verheißt uns, dass im Anfang nicht die Beziehung, sondern ›Gott‹ ist; kein Berühren (...), sondern nur göttliche ›Kreativität‹«. Das bedeutet keine echte Kreativität, sondern die Negation-durch-Unterwerfung von allem, was atmet, wächst und sich verändert: die Negation der Menschheit an sich und aller Schöpfung. Und so haben wir Menschen auch Angst vor der Passion. Ja, »wir ziehen die Angst der Passion vor«.[2]

Die Passion, das Annehmen unserer konstruktiven oder destruktiven Leidenschaft, darin liegt für diese christlich-feministische Theologin die Erfahrung menschlicher Macht. Eine allerdings sensibel auszuübende Macht, denn »es gibt wohl nichts
Schwierigeres für uns, als unsere Macht, das Gute zu vollbringen, zu erkennen und zu beanspruchen. Nichts ist schwerer für
uns, als zu erkennen, dass wir fähig sind, in der Welt positiv zu
wirken, und dass wir die mit-schöpferische Fähigkeit haben, die
Passion der Beziehung auszuhalten. Es ist schwer, denn in der
Beziehung sind wir verstrickt in Vieldeutigkeiten, geraten wir
in Spannungen und Brennpunkte, die sich verlagern.«[3]

Wird im Buddhismus oder im Sufismus eine leidenschaftliche
Beziehung bejaht? Es wird empfohlen zu lernen, auch in Beziehungen das Leiden zu vermindern.
    In den Jahren des lebendigen Feminismus war Leiden an der
Beziehung oft Grund für einen radikalen Paradigmenwechsel:
von der Heterosexualität zur lesbischen Liebe. Irgendwann
priesen nur noch die frauenliebenden Frauen die leidenschaftliche Liebe. Manchmal als Gegenentwurf zur »normalen Liebesbeziehung« im Patriarchat – zugleich war es meist eine Verteil-
digung der lesbischen Liebe gegen Diskriminierung und Abwertung. Viel Literatur wurde in jenen Tagen der leidenschaftlich gelebten lesbischen Liebe gewidmet, wieder und wieder
wurden Wege aufgezeigt, »das Feuer am Brennen zu halten«.
Zwei Frauen zusammen: Voneinander wollen sie Leidenschaft,
Glück und Zufriedenheit. In Liebesbeziehungen im Westen
wird eben dies von Frauen eingefordert, steht es doch meist
ganz vorne auf der visionierten Lebensresultatsliste. Auch als
»Heimkehrende-Suchende« fordern viele genau dies von ihrem
Lebens-Erfahrungspfad.

Um die Unterschiede zwischen den beiden vorgestellten östlichen Religionsrichtungen und dem westlichen Ansatz ein wenig genauer zu konturieren, werde ich in diesem Kapitel ver-
schiedentlich Äußerungen einander gegenüberstellen. Da sich

viele Aussagen der christlich-feministischen Theologinnen mit
denen aus dem Frauentherapiebereich mischen, bietet es sich da
an, diese beiden westlichen Ansätze zusammenzubringen. Beide gehen davon aus, dass heute für fast jede Frau in Westeuropa
die Erschaffung einer Liebesbeziehung mit einem ganz konkreten Menschen (der genau wie wir in der Dualität existiert) eine
der wichtigsten, aber auch sehr *komplexen* Aufgaben ist. Viel
Energie investieren Frauen in dieses Gebiet – hier gewinnen sie
ja auch einen Großteil ihres Unglücks oder Lebensglücks. Deshalb müssen sich auch die verschiedenen spirituellen Richtungen mit diesem Thema befassen. Auch die des Ostens, die – ihren eigenen Schriften nach – das Thema offenbar weitgehend
vernachlässigbar finden. Dort tauchen menschliche Liebesbeziehungen eher unter dem Paradigma von Sucht und Abhän-
gigkeit auf. Und zu starker Bindung.

Wer zu einem anderen Menschen zur Trauung sagt, »In guten wie in schlechten Tagen«, gibt ja versprochenermaßen sehr
viel von einer zuvor vielleicht hochgeliebten Autonomie ab.
Wer von uns macht gegenüber seinem Inneren Selbst eine so
verlässliche Dauer-Zuwendungs-Aussage? Fast niemand. Über
so einen Schritt denkt bei uns eigentlich fast niemand nach.
Auch Suchende nicht. Auch die versuchen in ihren besonderen
Beziehungen die ursprüngliche Trennung und den Trennungsschmerz zu überwinden. So sagen es jedenfalls spirituelle Lehrer. Und sie versuchen uns klar zu machen, dass wir gerade in
unseren Beziehungen das Grundprinzip allen Lebens zu überlisten suchen: den Wechsel. Die Wandlungen.

Lesbische Frauen, die bisher kaum dazu gekommen sind, sich
gegenseitig öffentlich die Treue zu schwören, haben (trotz vie-
ler andersartiger Erfahrungen) bei Beziehungsbeginn meist den
Wunsch, für »immer zusammenzubleiben«. Doch solange
Scham und Selbsthass noch vorherrschen, gelingt es meistens
nicht. Fast jede Frau hat für ihre Beziehung den Wunsch nach
Dauerhaftigkeit. Genau diese Dauerhaftigkeit stellt sich in den
Beziehungen jüngerer lesbischer Frauen ganz selten ein. Auch

später ist das für Lesben oft schwer: »Hinsichtlich der Frage, ob
Dauerhaftigkeit in einer Beziehung möglich oder sinnvoll ist,
meine ich, dass in Paarbeziehungen jeglicher Art Dauerhaftigkeit kombiniert mit Qualität ungewöhnlich, aber dennoch erreichbar ist.«[4]

ZÖLIBAT VERSUS INTIME BEZIEHUNG

Viele Buddhisten, die ja davon ausgehen, dass der Blick auf die
Wechselhaftigkeit aller Zustände für den Erwerb von Weisheit
spricht, geloben in ihren »Richtlinien« täglich den Schutz bestehender intimer Beziehungen. Also sind Beziehungen auch
hier grundsätzlich auf Dauer angelegt? Es kommt gerade aus
buddhistischer Richtung oft ein heftiger Wind des Zweifels am
Glück unserer Beziehungen auf. Der Theravada-Buddhismus ist
in vieler Hinsicht eine Mönchs- und Nonnenreligion. Und
Mönche und Nonnen preisen die Vorteile des Zölibats auch öffentlich. Von Leidenschaftlichkeit halten sie nicht viel. Achtsamkeit! Wachsein! Im-Hier-und-Jetzt die Beziehungswahrheit
erkennen! Diese drei Säulen des aufmerksamen Beziehungslebens werden auch anders lebenden Fragenden gerne gezeigt.
Und so wird bald vielen deutlich, wie kompliziert dieser Ansatz ist.

Dagegen scheint das zölibatäre Leben einfacher zu sein.

»Um zu verstehen, wie wichtig das Zölibat ist, müssen wir
nüchtern abschätzen, was normalerweise in einer engen Beziehung zwischen Personen vor sich geht. Das Problem der Beziehung ist – gleich ob zwischen Frauen und Männern, Frauen
und Frauen oder Männern und Männern – im Prinzip das gleiche: Sich-Anklammern, unerfüllte Erwartungen, das Leid der
Trennung und ähnliches. Häufig passiert es, dass der anfängli-
chen Faszination Enttäuschung folgt. Im buddhistischen
Sprachgebrauch ist dies ein klassisches Beispiel für das ›Leid des
Wandels‹. Ebenso typisch werden enge Beziehungen von endlosen hintergründigen oder offenkundigen Machtkämpfen be-
gleitet. Das Verlangen nach einem Gefährten ist oft Ausdruck

des Wunsches, die einem selbst fehlenden oder unterentwickelten Eigenschaften ergänzen zu wollen. Manchmal tendiert man dazu, diese Eigenschaften dem Partner zuzuschreiben, was zu einem problematischen Kreislauf von Erwartungen und Frustrationen führen kann. Selbst im besten Fall sind kräfteraubende Bemühungen der gemeinsamen Entscheidungsfindung, tägliches Manövrieren und das Wahren des äußeren Scheins häufig nicht zu umgehen«. So radikal und – wie ich vermute – aus eigener Lebenserfahrung, spricht die Nonne Karma Lekshe Tsomo.[5]

Was hier mit ausgesprochener Des-/Illusionierungstendenz aufgezeigt wird, ist in einem anderen Blick einfach nur die »Macht der Passion«. Jener Blick prononciert: Lebenswissen wird durch Erfahrung und Begegnung mit dem Leben erworben. Vielleicht gewinnt frau sogar Weisheit in herausfordernden Begegnungen mit sich selbst und mit dem nahen, sich immerhin doch bemühenden Menschen. Viele Lesben schätzen es, Beziehungen so zu sehen. Bei lesbischen Frauen kommt hinzu, dass ihr Leben in einer Beziehung zu einer Frau ihre Identität fundiert. Gerade am Anfang einer solchen Beziehung ergibt sich gerade bei jüngeren Lesben die Notwendigkeit (wie Schwierigkeit) eines Coming-Out und damit auch für die nicht genau hinsehen wollende Umwelt eine neue Kontur. Nicht weiter die schematische, die lautet: Natürlich sind alle Frauen heterosexuell.
»Unsere Beziehungen definieren uns vor unserer Umgebung als Lesben. Und auch wir selbst erfahren weitgehend in unseren Beziehungen, wer wir sind. Hier entdecken wir das Glück der Liebe zu Frauen, hier erleben wir, wie richtig und schön es ist, lesbisch zu sein. Gleichzeitig begegnen wir in unseren Beziehungen einigen unserer größten Herausforderungen: ›Liebt sie mich auch dann noch, wenn sie meine negativen Seiten sieht?‹; ›Kann mein Herz offen für sie bleiben, wenn sie mich enttäuscht?‹; ›Können wir verschieden und doch beide liebenswert sein?‹«[6]

Mit einer kleinen Änderung der Blickrichtung nur sehen wir
wieder auf das gleiche Geschehen mit den Augen einer buddhistischen Nonne, die aus ihrer Welt heraus schreibt: »Zölibat ist
eine Entscheidung, sich mehr auf sich selbst zu verlassen. Es ist
ein Versuch, unabhängig von der Reaktion anderer sein inneres
Gleichgewicht zu finden. Man ist nicht nur frei von den Kom-
plikationen der Beziehungen, sondern auch von der dualistischen Sichtweise, die auf der einen oder anderen Ebene vierund-
zwanzig Stunden am Tag andauert. Engen Beziehungen wohnt
die Tendenz inne, eigene Erfahrungen des Sehens, Hörens und
Wissens mit der des anderen zu verbinden, d.h. eine Synthese
wird geschaffen, der die Frische der unabhängigen Wahrnehmung fehlt. Für den einen oder anderen Partner ergibt sich daraus ein unter Umständen hohes Maß an zwiespältigem Denken.
Die unabhängige Frau fällt Entscheidungen ohne den unsicht-
baren Schutz einer Partnerschaft und ohne das unaufhörliche
Sich-anpassen-müssen. Wenn sie ledig bleibt, ist sie frei, das
Leben direkt zu erfahren und mit ungeteilter Aufmerksamkeit
voll und ganz daran teilzunehmen. Der so entstehende geistige
Freiraum kommt der Meditation und dem Wachstum des gesamten Wesens zugute.«[7]
    Karma Lekshe Tsomo schreibt so manches, was auch man-
che Singlefrau zu den Vorteilen ihres Alleinlebens sagt. Oder
nur denkt.

HEILSAME BEZIEHUNGEN

Lesbische Frauen führen oft das Thema Heilung durch Liebesbeziehungen an. Da hier oft Mutterübertragungen stattfinden,
ergibt sich sowohl die Gefahr wie die Chance, Unerledigtes er-
ledigen zu können. Dazu habe ich in *Lesben Liebe Leidenschaft* geschrieben:
    »Das ›Kind in dir‹, das Kind mit dem ›gebrochenen Herzen‹
drängt im Grunde auf Heilung. Unvollendete Gestalten drängen auf Vollendung. Dazu wird das alte Szenario wieder aufge-
führt. Und die alten Glaubensmuster werden sichtbar: Liebe

gedeiht nur in Sicherheitsbindung, Sicherheit geht vor Freiheit, Harmonie geht vor Integrität, Autonomie wird bestraft, Abgrenzung ist unfreundlich oder bösartig, das Du ist wichtiger als mein Ich. Die Sensoren sind vorwiegend nach außen zu richten, damit das Du optimal in seiner Befindlichkeit erfasst wird. Auch in seiner Zugeneigtheit und Spendebereitschaft. Führt nun eine erwachsene Frau in ihrer Liebesbeziehung zum wiederholten Male dieses Drama auf, ergibt sich die Chance, die Wiederholungshaftigkeit zu sehen und vielleicht auch zu beenden. Nach wiederholter Trennung mag sie vielleicht auch erkennen, dass es nicht um Leben und Tod geht. Dass im Grunde kein Weg an der Notwendigkeit von Grenzensetzen vorbeigeht, will sie sich nicht wieder und wieder in das Drama des Kindes in ihr verstricken. Sie wird vielleicht erkennen, dass intuitives Erfassen zwar schnell zu Näheerleben führt –, dass Nachfragen aber Irrtümer aufklärt. Sie bekommt eine Ahnung von ihrem eigenen Mysterium, das das Kind im Inneren mit umschließt. (...) Nun bleibt der Fokus vielleicht eher beim eigenen Ich. Vielleicht hat sie im Alleinsein auch die Quelle der Liebe zu sich entdeckt. Und muss ihre Liebe nun nicht mehr mit Notwendigkeit im Außen, in der (stabilen) Zugewandtheit ihrer Partnerin suchen.«[8]

Mein Ansatz lautet: Das Leben ist der beste Guru. Und ich glaube, dass wir trotz aller Wunden auch die Befähigung behalten, an unseren Lebenserfahrungen zu wachsen. Sogar zu heilen. Auch eine schmerzvolle Liebesbeziehung kann heilsam sein.

Doch da raunen mir einige »Töchter des Buddha« eine Gegenrede zu: »Diejenigen, die ernsthaft an einer geistigen Entwicklung interessiert sind, fangen unvermeidlich an, Liebesbeziehungen als überbewertet zu erkennen.«[9]

»Wenn der achtsame Geist sich selbst und äußere Phänomene leidenschaftslos beobachtet, ohne durch den Dualismus einer Zweierbeziehung begrenzt zu werden, wird man frei, aufrichtig und offen auf seine Mitmenschen und Umgebung zu

reagieren. Dadurch hat man mehr Muße, um sich den Bedürfnissen der leidenden Wesen zu widmen. Statt die eigene Zeit
und Energie hauptsächlich für die nächsten Familienangehöri-
gen zu verwenden.«[10]

»Es ist an der Zeit, öffentlich über die Vorzüge des Zölibats
zu diskutieren. Die Entscheidung, im Zölibat zu leben, ist für
Frauen besonders bedeutungsvoll. Sie ist die betonte Zurück-
weisung eines Lebens als Sexobjekt, ein Symbol der Unabhän-
gigkeit von der festgelegten Rolle, die Frauen nur als Gehilfen
von Männern sieht oder als zu nichts Besserem denn Partner-
beziehungen fähig.«[11]

Wer einige Beziehungen gelebt hat, kann dem wahrscheinlich
nicht kraftvoll widersprechen, besteht vielleicht aber auf einem
Paradigmenwechsel. Vom Opfer des Geschehens zur Mit-
Schöpferin.

Leidenschaft gegen Leiden

Die christlich-feministische Theologin Carter Heyward weist
nicht umsonst darauf hin, wie schwer es ist, verantwortungs-
volle Mit-Schöpferin zu sein und voll bewusst zu bleiben. Da
wir die Wahl haben, »unsere Macht, das Gute zu vollbringen,
zu erkennen und zu beanspruchen. Nichts ist schwerer für uns,
als zu erkennen, dass wir fähig sind, in der Welt positiv zu wirken, und dass wir die mitschöpferische Fähigkeit haben, die
Passion der Beziehung auszuhalten.«[12]

Mit-Schöpferin sein, das heißt in einer Beziehung versuchen,
bewusst und verantwortlich zu sein. Das kann bedeuten , nicht
wegzurennen, wenn es schwierig wird, wenn die Passion in der
Beziehung stärker wird. In einer eher unerfreulichen, vor allem
unerwünschten Weise. Mit-Schöpferin zu sein, heißt aber auch,
sich selbst gegenüber verantwortlich zu bleiben und auszustei-
gen, wenn es für das eigene Ich nur noch um Rettung geht. Da
ich bereits als kleines Kind in die enorme Destruktionskraft einer

Beziehung Einblick erhielt, frage ich mich: »In guten wie in schlechten Tagen?« – und – »Ab wann wird die Beziehung zu meinem Gefängnis?« Mit der verbesserten Differenzierungsfähigkeit einer Erwachsenen lohnt es sich, im Grenzbereich zwischen Glück und Leiden angelangt zu fragen: Handelt es sich um ganzherzige Leidenschaftlichkeit oder nicht doch eher um eine sadomasochistische Kollusion?

Das sind selbst-therapeutische Fragen. Zurück zum spirituellen Bereich.

Das Wort Leidenschaft hat bei Buddhistinnen, Lesben und christlich-feministischen Theologinnen wohl eine jeweils andere Bedeutung. Und auch ihre Bewertung dürfte verschieden sein.

Ohnehin werden sich die Töchter Buddhas und die Töchter Marias (und die Frauen von Jesus) nicht so leicht einigen über die Wege zum Abschaffen von Leiden. Sie sind sich ja auch nicht darüber einig, ob es gleich viel Sinn macht, »ins Leben hinein«, oder aus dem »Leben hinaus« zu streben. Viele Buddhistinnen suchen mit Hilfe der Distanz den Weg aus dem Leid. Wem die Glückszustände der tagtäglichen Meditation zugänglich sind, wer »die Liebe« frei von Verhaftungen zu erleben anstrebt, wer sich darin kennt und immer wieder erlebt, hat den Beweis des Faktischen – dass es keines anderen Menschen bedarf, um Liebe in sich zu haben und um Liebe zu erhalten. Weiß also, dass es möglich ist, allein zu sein und doch in einer wirklichen Beziehung. In einer Beziehung der anderen Art eben.

Frau lebt diese Beziehung weder einsam noch unbezogen. Sie lebt sie auch sicher nicht ausschließlich. Nicht einmal im Zölibat.

Am Anfang war Beziehung. Die Frage ist nur: Mit wem?

Wer davon ausgeht, dass wir uns in Beziehung mit dem Göttlichen befinden, wer davon ausgeht, dass wir in Beziehung zu diesem Göttlichen hier unser Leben erschaffen, also auch unser

Beziehen-Aufeinander, muss auch sagen, dass es unsere Entscheidung ist, ob wir mit einer Frau oder einem Mann leben – oder nur und vorwiegend mit dem eigenen Selbst. Damit entfallen die Werturteile, welche die Psychotherapie sich zu diesem Thema häufig gestattet: Wer keine Beziehung lebt, lebt nicht recht, ist trieb-, nähe- und kontaktgestört. Da geschah dann immer etwas Gravierendes in der frühen Phase oder spätestens im ödipalen Dreieck. Es scheint immer so, als ob etwas nicht stimmt, wenn jemand zölibatär lebt, ohne im Kloster zu sein (und weder krank noch alt ist).

Dass so manche Frau einfach keine Lust mehr hat, im Über-Ich-Vorgabe-System unseres westlichen Beziehungslebens mitzumachen, zu dessen Befolgen man und frau uns erzogen hat – das sehen TherapeutInnen nur ungern ein. Dass dies so ist, sehen sie allerdings häufig. Doch auch in ihrem Wertungssystem tut sich etwas – ich werde es am Ende dieses Kapitels zeigen.

Frei von fester Bindung

Der Unwille, sich in das übliche Beziehungsleben einzupassen, ist gewachsen. Unsere Single-Kultur spricht auch von der Verwirrung durch das Beziehungs-Apparate-System.

Was meine ich damit?

»Beziehungskiste« sagt der Volksmund, und wir verstehen: Zu zweit lebend – aber im Sarg eingesperrt und in der Beweglichkeit gelähmt. Wieso ist das so gesucht?

Vom klassischen Theravada-Buddhismus sehen sich unsere westlichen Liebesbeziehungen manchmal so beschrieben: da suchen sich Menschen mittels eines Systems von konditionierten Verhaltensmustern gegenseitig einzukasteln. Nur, um in ihrem Leben ein Gefühl von Sicherheit zu haben. Um sich nicht zu verlieren, kontrollieren sie sich gegenseitig. Jede(r) der Beteiligten weiß, dass menschliche Gefühle unzuverlässig sind, ja, dass deren Wechselhaftigkeit einen Glauben an Sicherheit nicht zulässt. Aber genau deshalb wird ein so anhaftendes Liebesleben

kreiert. Von der Liebe wird Sicherheit gewünscht. Auch mit
Zwang und Dringlichkeit gefordert. Wer kann Sicherheit geben,
wenn er nicht weiß, ob er heute abend noch am Leben ist? In
diesem unsinnigen und vergeblichen Bemühen geht unter, dass
es uns um etwas ganz anderes geht. Lieber wird dieser Versuch
mit sich wiederholenden Irrtümern ein ganzes Leben lang praktiziert, als dass mensch sich zur Quelle des Problems heran arbeitet. Der unerleuchtete Mensch will einfach nicht versuchen,
den Quell der Liebe *in sich selbst* zu finden! Das ist der Grund
des Problems. Da die Liebe ihren Ort im anderen zu haben
scheint, wird sie dort unermüdlich gesucht. Aus diesem Grund
entfalten wir soviel Bemühen, den anderen zu halten und zu
binden. Weshalb wir aber auch soviel Kampf – und soviel
Enttäuschungswut erleben. Und wir erleben oft Hass am Ende
der Spirale, die mit dem ganz großen Liebesgefühl begann.
Falling in love – statt rising in love.

Wer daran oft genug »gescheitert« ist, hat beste Er-
kenntnisvoraussetzungen, um nach der anderen Wahrheit der
Liebe zu suchen. Und dabei geht frau vielleicht erstmals auf die
Suche nach innen. Um dort wirkungsvoll zu suchen, ist Freiheit von allerlei festen Bindungen hilfreich. Denn alles Anhaften stört. Es hält auf bei der einzig sinnvollen und letztlich ul-
timativen Suche. So sagt es der Theravada-Buddhismus. Er
empfiehlt radikale Arbeit. Freiheit wird nicht geschenkt. Wer
den Buddhisten dieser Schule zuhört, mag »Freiheit« als eins
der wichtigsten Verwirklichungsmomente erkennen – auch das
zieht freie Frauen an.

Andererseits aber trifft der »Kleines-Fahrzeug-Buddhismus« im Westen auf den etablierten Lebenssinn vieler: die eine
bindende Beziehung. Wenn schon nicht als Realität, dann als
Hoffnung. Für mich ist dies eine unserer Prägungen durch das
Christentum. Auch in unserer mitteleuropäischen Literatur
leuchtet implizit in der Begegnung der Liebenden noch die
Größe des Göttlichen auf. Im Verliebtheitsgefühl wird der andere als gottgleich erkannt. In der Gegenwärtigkeit des frischen
Liebeserlebens wird der andere als göttlicher Funke erlebt. So

hat Gott sich für die Aufgeklärten also in der Liebe versteckt. Und *da* haben sie nun ihre Probleme mit ihm. Sie erklären ihn für tot und rennen ihm mit ihren Hoffnungen und Sehnsüchten nach *der* Liebesbegegnung hinterher. Letztere wünschen sich allerdings auch die nüchternsten westlichen Aufgeklärten. In einer Beziehung? In einer Kette von Beziehungen. Denn die Bindung in der einen gelingt ja meist nicht dauerhaft. Also auf zu einem neuen Versuch, die eine ganz besondere Beziehung zu finden. Die soll es ja immer sein. Ein anderes Modell, mit dem Versprechen, weniger Probleme zu machen, ist seit einem Jahrzehnt en vogue: Seelenpartnerschaft. Die besonderen romantischen Beziehungen wird dieses Konzept wohl bald bei spirituell orientierten Frauen verdrängt haben. Doch häufen sich auch hier langsam enttäuschende Erfahrungen. Auch diese Beziehungen produzieren Problempakete en masse. Wegen all unserer Bemühungen, ohne *den* Schlüssel die einzigartige Beziehung zu finden, sind wir Suchende der Liebe. Und an anderen Modellen Interessierte. So auch an der anderen Betrachtungsweise, die dem Buddhismus eigen ist. Versuchen wir es also mit der erfrischenden Freiheitskomponente – in einer bisher so weitgehend unfreien »Sache«.

Doch wo bleibt in der buddhistischen Konzeption der Befreiung ein Raum für unser tiefes Bedürfnis nach Romantik?

Im Westen, wo der Kopf auf dem Thron sitzt, findet wenigstens in der Liebe das Irreale einen guten oder geschätzten Platz. In romantischen Liebesbeziehungen herrscht Chaos. Wer sich mit wem sozial, kulturell oder gesellschaftlich völlig unpassend und wie kompliziert auch immer zusammenfindet, das ist der Stoff, aus dem unzählige Romane und Filme gemacht sind. Die Liebe setzt sich über alle Schranken hinweg, macht alle Klassen gleich, denn sie zieht und zerrt und drängt, wohin sie gerade will. Das ist ihre Freiheit.

Da bleibt für das Bewusstsein oft keine Freiheit mehr.

Beziehung und Freiheit, das verbindet sich für uns nicht so leicht.

Und so hoffen wir, Buddhismus zeige uns einen Ausweg:

»Freiheit ist immer verbunden mit Urtümlichkeit, dem Leben des Ur-Eigenen. Der Urgrund, das Selbst scheint durch, und hier kommt die weitere Dimension, die spirituelle Komponente hinzu. Im Buddhismus geht es ja nicht nur um die individuelle Freiheit, sondern darüber hinaus um die spirituelle Freiheit, das Finden des universellen Selbst, jenseits des jetzigen beschränkten Lebens, der Freiheit und Selbstverantwortung in einem größeren Zusammenhang. Mit der spirituellen Dimension der Freiheit geht auch die spirituelle Dimension der Selbstverantwortung einher. Je mehr Zusammenhänge man erkennt, je mehr man aus dem großen Meer des Unbewussten sich bewusst macht, desto eher kommt man auf Erkenntnisebenen, auf denen man die Verantwortung für sein eigenes Schicksal wahrnehmen kann. Dies bedeutet zugleich immer mehr Freiheit und Möglichkeit der Selbstbestimmung, statt sich als Opfer zu fühlen oder andere zum Opfer zu machen.«[13]

Liebe plus Freiheit gleich Selbst-Gewinnung, das klingt gut.

Feminismus ist aufgebrochen, um Frauen weltweit aus der Rolle des Opfers zu befreien. Das Opfer ist zumindest im Moment des Opfergeschehens unfrei. Hier haben wir eine Religion, die von der Befreiung vom Leiden und dem Wiedergewinn von Freiheit spricht. Was für eine Attraktion!

Leicht lässt sich in der Anfangsbegeisterung übersehen, dass der Transfer in unser westliches Leben leider nicht so ohne weiteres gelingen wird.

Denn nicht umsonst liegt bei vielen Publikationen des Buddhismus das Schwergewicht auf dem »Anfang der Beziehung zur eigenen inneren Buddhanatur«.

Wie soll frau dennoch ihre äußere Liebesbeziehung leben? werden westliche Lehrerinnen des Buddhismus oft und gerne gefragt – (vielleicht auch, weil in Vorträgen östlicher Lehrer selten etwas über diese Liebe zu hören ist). Die Antwort: Achtsam! Wachsam! Mit Klarheit! Mit klarer Hier-und-Jetzt-Orientierung!

Wie kompliziert. Wie unromantisch auch.

Was soll's, meint die vielleicht am westlichen Modell schon zu oft gescheiterte Schülerin des östlichen Wegs. Ich versuche es ab jetzt einfach mit der glasklaren Gegenwärtigkeit. Ich lasse die Sache mit der alles verklärenden Romantik. Sie kreiert einfach zu viel Passion. Doch damit ist sie ihren tiefen Wunsch nach einer romantischen Beziehung nicht los.

Auch wenn wir auf dem Pfad sind, wird unser Bewusstsein immer wieder herausgefordert, sich mit den konkreten, den realen, den psychologischen Problemen des westlichen Beziehungslebens zu beschäftigen. Wir geben uns nicht langfristig zufrieden mit der pauschalen Anwendung der üblichen Vorschläge zum Loslassen. Stellen die östlichen Meister dies auch noch so oft als den fruchtbarsten Weg zum Glück dar. Sie sind von unserer Erfahrungswelt oft so weit weg ...

Spiritualität der Sinne

Wir haben aber doch Religionslehrerinnen hier. Christlich-feministische Theologinnen sagen einiges zum konkreten Leben und Gestalten von Beziehungen. B.W. Harrison äußert sich zu Beziehungsstrukturen im Patriarchat: »Viele Menschen scheinen erotische Gefühle mit Herrschaftsgefühlen zu verwechseln und Gewalt aufregender zu finden als gegenseitige Erotik. Ironischerweise scheint Gewalt vielen Menschen ein stärkeres Gefühl von Sicherheit und Stärke zu geben, als eine leidenschaftliche Begegnung. (...) Augenscheinlich ist den Menschen Herrschaft lieber als die sensiblere und spontane Erfahrung von Erotik.«[14]

Mit klarer Urteilskraft benennt sie, was in Beziehungen »anders« zu leben wäre: »Wir müssen akzeptieren, dass unser sexuelles Problem in unserer Angst vor echter Intimität und Gegenseitigkeit besteht, denn viele Menschen beziehen Sicherheit daraus, dass sie andere beherrschen oder in die Enge treiben. Wenn wir dies erkennen, dann werden wir auch akzeptieren, dass wir für eine Ethik verantwortlich sind, die solche Normen unter-

stützt. Dass die lieblose Beherrschung eines anderen Menschen
nach heutigen christlichen Maßstäben als moralisch akzeptable
Form von Sexualität betrachtet werden kann, einfach weil sie in
den Bereich der »normalen« heterosexuellen Ehe fällt, ist ein
Skandal.«[15]
   Und dann spricht sich die Autorin noch für eine »Spiritualität der Sinne« aus. Während in den strengeren Formen des Buddhismus die Meinung herrscht, dass »Maya« (die Welt der Illusionen) besonders durch unsere Sinne genährt wird, und wir
also per Sinnlichkeit in vielfältige und uns faszinierende Irrwege hineingelockt werden, jubiliert die christlich-feministische
Theologin: Mittels unserer Sinne können wir so richtig genie-
ßen, Mensch zu sein. Und durch sie können wir auch Beziehungen ausgiebig erfahren.

Solches zu hören, mag manche auf dem spirituellen Pfad erstaunen, wo es doch häufig heißt, dass insbesondere unsere Sexualität das Vorwärtskommen auf dem Heimweg gefährdet. Deshalb
solle frau oder man besser auf das Ausleben von sexuellen An-
ziehungen verzichten. Nein, auf diesem neu-christlichen Wegweiser steht: »Sexualität ist gut!« Denn sie »vermindert nicht
die Kraft unserer Persönlichkeit, sondern formt und vertieft sie.
Unser Körper vermittelt durch unsere Sinne unsere reale, physische Verbundenheit mit allen Dingen. Unsere Sexualität verkör-
pert unsere intensivste Wechselbeziehung mit der Welt. Weil
dies so ist, ist sie auch ein Schlüssel zur Qualität und Integrität
unserer gesamten Spiritualität. Unser Körper-Raum ist buchstäblich Grund unseres Personseins und unser Mittel, die Kraft
unserer Gegenwart anderen mitzuteilen und sie gegenseitig aus-
zutauschen. Wie wir mit unserem eigenen Körper-Raum umgehen und wie wir uns zum Körper-Raum anderer Menschen verhalten, liefert ein Paradigma für all unsere moralischen Beziehungen zur Welt. Überdies ist Berührung das kraftvollste und
wirksamste Mittel menschlicher Interaktion; wir greifen darauf
zurück, wenn Worte und Gesten nicht ausreichen, um das zu
vermitteln, was wir mitteilen wollen. Wir berühren andere

Menschen, entweder um sie zu beherrschen oder um Verbundenheit und Gefühl zu vermitteln. Deshalb ist die Sexualität für
unser geistiges Leben unentbehrlich, denn sie ist eine Kraft der
Kommunikation, ganz besonders die Kraft, etwas ganz Wesentliches mitzuteilen oder zu erfahren – Liebe und Achtung – oder
Verachtung.«[16]

Andere christlich-feministische Theologinnen sagen zudem:
Gefühle und Emotionen sind wertvoll. Sie gehören zum
Schönsten des Menschenlebens. »Fierce Tenderness« nennt
Mary E. Hunt ihre »Feminist Theology of Friendship«: leidenschaftliche Zärtlichkeit. Deutlich wird, dass christlich-feministische Theologie das Leben in Begriffen feiert, die Frauen zur
Beschreibung ihres Lebens benutzen möchten. Die Unterschiede zwischen den verschiedenen Religionssystemen dürften
deutlich geworden sein. Buddhismus versus christlich-feministische Theologie, das heißt Nüchternheit versus Passion. Allerdings ist zu sagen, dass einige wenige westliche Lehrerinnen des
Buddhismus, die meist aus der neuen Frauenbewegung kommen und deshalb die Transferschwierigkeiten ihrer Religion klar
sehen, sich schon mal für nüchtern-bezogene Leidenschaftlichkeit aussprechen. Lehrerinnen wie Silvia Wetzel und Silvia Kolk
wissen genau, wo Frauen des Westens bei diesem Thema zu orten sind. In ihren Vorträgen schlagen sie vor: Beziehung ja, aber
bitte mit vermehrter Präsenz. Da leuchtet dann hier und da die
Wertschätzung des Körpers und der sinnlichen Erfahrung auf.
Und somit auch ihre eigene feministische Prägung.

Der Feminismus hat sich besonders in seinen Anfängen gegen die Wertungswelt des Patriarchats gewendet. Die Vernunft
auf den Thron, die Gefühle zu ihren Füssen? Und der Körper?
Wohin gehört der? Zu den Frauen (sexy!) und den Alten, die
kein anderes Thema mehr haben als seine Störungen?

Ist der Körper nicht das wunderbare Instrument, mit dem
wir die duale Vielfältigkeit dieses Planeten erfahren können,
fragten Feministinnen. In seinen Zellen speichert er alles: Freude wie schmerzvolle Erfahrungen. Wir erfahren durch ihn die

Fähigkeit, Leben zu geben und viele andere Reichtümer dieses
Lebens. So sagt es Körpertherapie.

Manchmal kommt christlich-feministische Theologie der
modernen Psychotherapie sehr nahe. Zum Beispiel, wenn sie
dafür plädiert, die »Trennung zwischen Körper und Geist in
unserem intellektuellen gesellschaftlichen Leben zu überwinden.«[17] »Wenn wir nicht scharfsichtig unsere Gefühle wahrnehmen, oder wenn wir nicht wissen, was wir fühlen, können wir
nicht wirksam moralisch handeln. Deshalb muss die Psychotherapie als eine sehr grundlegende Form moralischer Erziehung verstanden werden. Wenn das Gefühl ausgeschaltet ist,
gibt es auch keine rationale Fähigkeit zu bewerten, was geschieht. Wenn wir es versäumen, tief in ›unserem Körper, in uns
selbst‹ zu leben, zerstören wir die Möglichkeit moralischer Beziehungen zwischen uns.«[18]

An dieser Stelle muss ich wiederholen: All diese besonderen
Transferleistungen vollbringt das reife Ich. Es verhandelt zwischen Außen- und Innenwelt. Es bewegt sich nicht nur im
bewussten Bereich, es versucht auch sein Unbewusstes und Verdrängtes zu erkennen. Sucht Zeichen aus Geschehnissen, die es
analysiert, erkennt sich in Träumen und Projektionen.

Wo wird eigentlich mehr projiziert als in menschlichen Liebesbeziehungen?

Genau dort muss das Ich sich auch noch vom Unbewussten
der anderen Person herausfordern lassen.

Dort findet es also eine Riesenchance, sich zu bewähren. Das
Ich muss reifen, wenn es sich den immer neu heranrollenden
Problemen eines Beziehungslebens stellen will.

Ich habe erwähnt, dass wir von den neuen Religionen, die
aus dem Osten zu uns gekommen sind, die Empfehlung bekommen haben, unsere Gefühle zu sortieren. In die eine Kiste
kommen die Gefühle, die »unheilsam« sind. Das sind Gefühle
wie Wut und Zorn. Auf der Kiste klebt das Etikett: »Nicht
ausdrücken – schon gar nicht im Affekt!« Empfohlen wird,
diese Gefühle durch heilsame zu ersetzen. Solche befinden
sich in der zweiten Kiste. Die Transformation der ersteren soll

mittels heilsamer Gedanken erfolgen. Bei psychischen Problemen infolge einer verletzenden Tat helfe es, mehr Mitgefühl mit
dem Täter zu empfinden. Einsichtsvoll solle das Opfer nicht
auch noch seine »unheilsamen« Gefühle auf die »unheilsame«
Tat packen. Fast scheint es, als seien Gefühle wie Hass, Wut und
Zorn, die das Opfer hat, ebenso schlimm wie das Geschehen der
Tat. So, als gebe es zwischen Gefühl, Gedanken und Tat keine
Zensurinstanz. Die gibt es auch nicht, wenn das Ich zu schwach
ist. Ob aus Gefühlen Taten werden, darüber entscheidet vor allem unser kräftiges Ich. Es entscheidet, ob es den Es-Impulsen
folgen will, oder ob es sie nur registriert.

Zugegeben: Um dorthin zu kommen, hat das übliche weibliche Ich viel zu lernen. Um zu solcher Entscheidungskompe-
tenz zu gelangen, braucht das Ich Anleitungen. Starre Regel-
schemata helfen ihm wenig.

Eine neue Ethik ist wichtig. Besonders für uns Frauen. In der
muss es eine gute Unterscheidung für Gefühle geben. Vorsicht
ist besonders gegenüber jenen geboten, die man uns eingeredet,
und jenen, die man uns abgeredet hat. Brave Mädchen haben
auch Gefühle ..., nur wissen sie oft nicht so genau, wo diese
sind. Und bei denen, die sie spüren, wissen sie oft nicht, ob es
ihre eigenen sind. Eins wissen sie aber: Zornige Mädchen werden kaltgestellt. Oder sie werden nicht mehr geliebt – und was
braucht ein Kind mehr? Viele im Patriarchat aufgewachsene
westliche Frauen haben – trotz aller Chancen, die sie sonst beim
Ausdruck ihrer Gefühle haben – gerade Probleme mit ihrem
Zorn und ihrer Wut. Und nun sollen sie die verfemten Gefühle
nicht einmal mehr in sich erleben? Sie sollen sie schnellstmög-
lich durch heilsame Gedanken ersetzen?

»Taten, nicht Gefühle, haben moralische Qualität«, mischt
sich hier die feministische Theologin Beverly Harrison ein:
»Meine These lautet, dass wir Christinnen und Christen die
Liebe beinahe getötet haben, weil wir den Zorn als Todsünde
verstanden. Zorn ist nicht das Gegenteil von Liebe«. Und damit bestätigt sie, der Zorn ist einfach auch ein Gefühl – und

damit ein grundlegendes Element »in unserer Kommunikation
mit der Welt«. Ja, sie nennt Zorn ein Element der Verbundenheit mit anderen, Ausdruck einer Sorge. »Um es anders auszu-
drücken: Zorn ist – und er ist es immer – Zeichen des Widerstands in uns gegenüber der Qualität unserer sozialen Beziehungen. Extremer und intensiver Zorn signalisiert eine starke Reaktion auf ein Handeln, das auf uns oder auf andere gerichtet ist,
zu denen wir in Beziehung stehen.«[19] Nirgends habe ich im
Rahmen von östlicher buddhistischer Lehre bisher so über den
Zorn reden hören. Vielmehr: Mensch solle sehen, was den Zorn
erweckt habe, die Lösung bestehe in einer Selbstprüfung: Was
ist das in mir, dass mich so zornig werden lässt? Gut, der Weg
des Ostens ist ein innerlicher. Wird also in den buddhistischen
Gesellschaften die Zorn-Energie nicht in die aktive Veränderung der Beziehung gelenkt? Wird sich bei Konflikten gesagt,
Zorn vermehre den Unfrieden in der Welt? Es mache keinen
Sinn, noch mehr Unerfreuliches zu erschaffen?

Als westeuropäische Psychotherapeutin stelle ich jedenfalls
für den Fall einer solchen Regelübernahme ein Warnschild auf.
Wer den Ausdruck so verweigert, verweigert oft auch eine
Transformation des Kontakts. Und unterminiert die Beziehung. Nicht selten kommt es aber unter religiösen Menschen zu
dieser Spaltung. Die Lösung wird im Denken gesucht. Mit dem
einen, wesentlichen Nachteil, dass das Gefühl nicht mitkommt.
Aus dem Erleben verdrängt, tobt es sich dann eben untergründig aus. Keiner weiß, was da geschah. Plötzlich verlässt diese
und jener die Sangha*. Alle spüren, da war etwas nicht gut.
Doch was war es? Es wird mit solcher Friedenserweckung oft
nur die Abwehr gegen einen wirklichen, da wahren Kontakt
verstärkt. Es ist ohnehin eine komplizierte Aufgabe für das Ich,
im verkopften Menschen Gefühle wahrzunehmen.

Doch unsere Gefühle sind eine Körperenergie. Und als solche lassen sie sich nicht strikt und einfach vom Verstand verdrängen. Wer das dauernd praktiziert, verstärkt die Spaltung
zwischen Körper und Verstand, an der wir Westmenschen ohnehin und ausdauernd kranken. Wer es mit der Dominanz des

Denkens hält und meint, die Veränderung des Innenerlebens sei
nun einmal wichtiger als die Einwirkung auf die äußere Realität, auch in Beziehungen, untergräbt häufig gerade diese Beziehungen. Sogar mehr als das, sagt die christlich-feministische
Theologie. »Wenn die Menschheit auf die Macht zu wirken verzichtet, so weist sie die Verantwortung zurück, in der Welt das
Gute zu tun und das Böse zu vernichten. Aus dieser Haltung
entstand die Vorstellung von einem Gott, der alle Macht hat
und der keine Hilfe braucht. Die Moral der Geschichte ist, dass
es einfacher ist, unwissend zu sein, schwerer zu wissen; dass es
leichter ist, passiv zu sein, schwerer aggressiv zu sein. Es ist einfacher, sich einer äußeren Autorität zu fügen, schwerer, die eigene Macht einzufordern. Es ist einfacher, geschaffen zu werden, schwerer zu schaffen. Es ist viel leichter, sich in den Garten
setzen zu lassen, den wir Paradies zu nennen gelernt haben, als
unser Bett zu nehmen und in die Welt zu gehen.«[20]

Also: Zorn wird von den westlichen Theologinnen ge-
schätzt, ihm wird auch starke Änderungskraft zugeschrieben.
Nochmals Beverly Harrison: »Wo Zorn wächst, dort ist die
Energie zum Handeln.«

»Im Zorn ist unser körperliches Selbst engagiert, und es sen-
det das Signal, dass in unseren Beziehungen etwas nicht stimmt.
Gewiss führt der Zorn – genau so wenig wie jede andere
Gefühlsrichtung – nicht automatisch zu weisem oder humanem
Handeln. (Es gehört zur grundlegenden Aufgabe der Ethik,
uns dabei zu helfen, all unsere Gefühle zu durchleben und zu
adäquaten Strategien für ein moralisches Handeln zu kommen.)«[21]

Bei adäquater Strategie arbeiten ein neugeformtes Über-Ich und
ein waches und kraftvolles Ich in einem ethischen Verhalten
zusammen. Dann nimmt die freie Frau die Größe ihrer Aufgabe als Mit-SchöpferIn an. Führt sie so »geschickt« aus, wie ihr
möglich. Wo anders, als gerade in unseren Beziehungen ist eine
geschickte Mit-Schöpferschaft nötig? Wie oft geht es hier um
einen schwierigen Balanceakt, sich für »das Gute« (das auch

Zerstörung bedeuten kann) zu engagieren, und »das Böse« zu vermeiden, was aber auch heißen kann, den Ausdruck von Wut und Zorn zu vermeiden. Zorn zeigen – das mag heißen, dass eine Frau ihre Beziehungen ernst nimmt und den Raum für Achtung und Würde im Miteinander neu beansprucht.

Solch ein vielleicht diffiziler Abwägungsakt gelingt nicht mit einem schwachen und schon gar nicht mit einem seiner eigenen Abschaffung ergebenen Ich. Das Ich muss stark gemacht werden. Auch hier zeigt es sich. Besonders dann also, wenn es seine Beziehungen in einer guten Weise mit-erschaffen will. Ein normales, weibliches Ich braucht hierfür schon Kräftigung.

Erst recht ein Ich, das durch seine Vorgeschichte geschädigt ist.

Das werde ich in Kapitel vier noch genauer aufzeigen.

Nun zu einer weiteren west-östlichen-Frage: Was sagen Sufis, die leidenschaftlich Liebenden, zu unserer Form von Liebesbeziehungen?

DER WEG DES HERZENS UND DER HÄRTE

Sufis reden viel über »die Liebe«.

»Liebe besteht darin, dass man gehorsam handelt und ungehorsames Handeln vermeidet.«[22]

Das hört sich an wie aus einem patriarchalen Erziehungsbrevier für Mädchen. Oder würde man Jungen im Patriarchat so etwas beibringen wollen?

Bei den Sufis schon. »Stand er, mein Freund, für mich bereit, war ich erfüllt von Zank und Streit. Getrennt, war ich voll Zärtlichkeit.«[23]

Welche Frau kennt diesen Wechsel nicht? Viel über das Auf und Ab der Liebe findet sich in sufischen Schriften. Oft handelt es sich hier um die Liebe zwischen sufischen Gefährten. Was meist wohl eine nicht sexuell gelebte Beziehung ist.

Im »Weg durchs Feuer« geht es ebenfalls viel um »Liebe«. Schnell aber stellt frau beim Lesen fest, dass mit dieser Liebe nicht unsere Liebesbeziehungsliebe gemeint sein kann.

Aber Liebe ist doch Liebe?

Das sagen wir.

Es gibt Liebe als »Seinsqualität« – sagt der Sufi-Meister. Und die will er in seiner Schülerin herausfordern. Ist es eine Liebe, die kein sexuelles Begehren kennt? Langsam. Frauen, so sagt der Meister von Mrs. Tweedie, werden über den Pfad der Liebe »hinaufgebracht«, da Liebe eben ein weibliches Mysterium ist. Denn die Frau ist die Schale, die darauf wartet, gefüllt zu werden. Und durch ihre Sehnsucht bringt sie sich selbst dar.

Wem? Dem Geliebten. Der allerdings ist das Göttliche, das Unbenennbare, das Einzigartige. Mit sehnsüchtigen Rufen wird der aus der Wahrnehmung so lange Verlorene gemahnt. Inbrünstig wird er bei den Sufis – singend und dichtend in das Erfahrenwerden eingeladen. In ihrer Dichtung und Musik artikulieren Sufis eine Liebe, gegen die unser Lieben wie »abgeklärtes Bemühen« wirkt. Wer von uns würde so dichten? »O Freund, mein Auge findet dich, ich selber aber nicht, und weil ich eifersüchtig bin, mag ich mein Auge nicht. Mit dir an einem Ort sein, o, das erstreb ich nicht. Dass wir nicht eines Leibes sind, das überwind ich nicht.«[24] Wer das mit westlichem Geist liest, ahnt, dass es sich um etwas Fernes, Übermenschliches handeln muss, zu dem selbst unsere größten Elogen romantischer Liebe uns nicht verführen mögen. Können aufgeklärte Liebende der westlichen Hemisphäre in eine solche Wort-Ekstase geraten? Wohl eher nicht. Und dann die nächste Herausforderung für unser Bewusstsein: Diese Liebe lebt ohne Sex?! Wie soll das denn gehen? Unser psychoanalytisches Triebmodell könnte da ein Störungsmuster benennen helfen: Frigidität.

In ihrem Buch beschäftigt sich Irina Tweedie auch mit der Frage, wieso sie sich zu ihrem nur etwas älteren Guruji nicht sexuell hingezogen fühlt, obwohl doch zwischen ihnen beiden eine so intensive Beziehung bestand. Und sie in ihm einen attraktiven Mann sah. In ihrem Tagebuch fragt sie: »Warum trotz der Nähe (...), verbunden mit meiner Liebe zu ihm, offenbar überhaupt keine körperlichen Wünsche vorhanden sind. Wie ließ sich das erklären, wo er doch ein Mann war und ich eine Frau? Es ist wirklich ganz einfach – eigentlich zu einfach: Wie soll es ein Verlangen geben, wenn das Gefühl einer Identität besteht? Für einen Wunsch, ein Verlangen bedarf es zweier Dinge – jemanden, der wünscht, und das gewünschte Objekt. Fällt beides jedoch zu Ein-und-Demselben zusammen, was kann es dann noch für einen Wunsch geben? Man hat auch kein Verlangen nach dem eigenen Körper, oder?«[25]

Nun gut, so weit zu dieser besonderen Liebesbeziehung zwischen »Schülerin« und »Lehrer«. Was ist aber mit dem Liebesleben in anderen Beziehungen? fragte die sufische Schülerin einmal ihren Guruji. Eine Beziehung sei hilfreich in manchen Stadien der spirituellen Schulung, etwa wenn die Kundalini* erweckt worden ist: »In diesem Stadium kann man leicht, wenn man es nicht überwindet, ein großer Lüstling werden. Man trifft in anderen Systemen sowohl auf Männer als auch auf Frauen, die nicht dazu gebracht wurden, dieses Stadium der Vibrationen zu durchschreiten, und die es nicht selber vermochten oder taten und große Lüstlinge geworden sind. Vibrationen sind Vibrationen, und man muss sie hinter sich bringen, jeder hat sie zu einer gewissen Zeit, und jedes Stadium, jede Stufe, stellt eine Barriere dar, die zu überwinden ist. In diesem Stadium wäre es besser, Sie führten ein Eheleben, aber sorgen Sie sich nicht, es macht letztlich keinen Unterschied, es ist so nur ein wenig mühsamer.«[26]

Sexualität zu leben, gilt also nicht als Störfaktor der spirituellen Entwicklung im Sufismus. Viel öfter betont der sufische Meister bei der Schulung von Mrs. Tweedie, Sexualität sei eine große und starke Kraft. »Je mehr sexuelle Kraft ein Mensch hat, desto eher wird er Gott oder die Wahrheit erreichen«[27], zitiert sie ihn. Er meint auch, für Frauen sei es auf dem Weg zur Verschmelzung mit dem Großen Geliebten vor allem wichtig, sich von »ihrer größeren Verhaftung an Maya* zu lösen, denn sie sind der Materie von Natur aus näher. Bei ihnen sind die Bindungen an materielle Dinge wie Kinder, Besitz, Sicherheit sehr stark, viel mehr als bei den Männern.«[28]

Ist sie da nicht wieder, die These vom schwachen weiblichen Ich, das nicht fähig ist, zwischen den wichtigen Dingen zu unterscheiden? Weshalb der Buddhismus dem weiblichen Ich, für den Fall, das es eine Nonne durch den Alltag geleitet, die fast doppelte Anzahl von Regeln an die Seite gibt.

Also nicht nur, dass das weibliche Ich abgeschafft werden soll, es erfährt auch eine höchst fragwürdige Einschätzung. Eine, die offenbar eine verbreitete östliche Lesart der weiblichen Psyche ist. Diese Feststellung wird uns begleiten. Doch nun zurück zur Sexualität und zur Beziehung.

Mrs. Tweedie fragt ihren Meister zu dem auch andere Adepten oft plagenden Widerspruch zwischen spirituellem Leben und Sexualität. Während der Meister einerseits zu seiner Schülerin sagt, es gehe nicht darum, auf sexuelle Beziehungen zu verzichten (ist er doch selbst verheiratet und stolz auf seine eigenen Kinder), meint er andererseits, Mrs. Tweedie habe es besser als er, denn sie müsse nicht für eine Familie aufkommen. Zudem fordere niemand große Aufmerksamkeit von einer alleinstehenden Frau; niemand störe ihre Achtsamkeit in größerem Ausmaß. Während sie äußert, »dass Sex und Sufismus doch einander entgegengesetzt seien«, sagt er mit Nachdruck, »wir wollen, dass die Leute heiraten, aber nie, niemals wollen wir, dass sie Übles tun.«[29]

Wie Mrs. Tweedie, sind Lernende auf dem spirituellen Pfad schon oft zu der Ansicht gekommen, dass eine Liebesbeziehung sie vom Weiterkommen abhalte. Ein Grund, der oft angeführt wird, ist, dass in einer Beziehung so viele Forderungen zu erfüllen sind, damit sie »richtig« gelebt wird. Also nach von der Gesellschaft übernommenen Leitlinien, die das Über-Ich befolgt sehen will. Und weil wir schon wissen, dass die Liebe der unsrigen Art oft den Hass im Gefolge hat. Dieser Schrecken der Liebe ist natürlich so unerwünscht, dass lieber Manipulation und verdecktes Operieren das Spiel bestimmen als Ehrlichkeit. Außerdem ist sehr viel Aufmerksamkeit des Bewusstseins gegenüber den eigenen zerstörerischen Impulsen nötig, will mensch die Liebesbeziehung auch vor sich selbst schützen.

Es ist und bleibt ein komplexes Geschehen – eine wirkliche Beziehung zu leben. Es beansprucht viel Aufmerksamkeit. Da Suchende auf dem spirituellen Pfad sich selbst zu größter Achtsamkeit verpflichtet haben, ist mir verständlich, dass viele kein Beziehungsleben wollen. Aus meiner therapeutischen Arbeit weiß ich, dass Suchende sich mittels ihrer spirituellen Praxis erhoffen, ihre Beziehungen »achtsamer« und damit erfreulicher zu leben. Dies wünschen sie sich als Frucht ihrer Arbeit an sich selbst. Und sie erhoffen sich von ihren LehrerInnen neues Wissen, das ihnen dabei helfen wird.

Von Sufis ist, was das betrifft, wenig Konkretes zu hören. In den Schriften des Sufismus findet sich nicht viel. Und in den Vorträgen sufischer Meister hörte ich dazu auch fast nie etwas. Aber es gibt einen anderen Weg: Sufis sprechen gerne in Parabeln. Es gibt Sufi-Poesie von in Beziehung gelebter Liebe. Diese Geschichten sind voll von Hindernissen und Erschwernissen. Und in ihnen hat nicht selten der Mann den Hingabe-Part. Vielleicht, weil Frauen »die Hingabe« ohnehin gut können? Und Männer haben sie zu erlernen?

»Majnun streifte, in Liebe zu Laila entbrannt, durch den Wald und wiederholte ständig ihren Namen. Er war schön, und sie war hässlich. Laila bedeutet Nacht. Sie war schwarz. Die Leute erzählten ihr, er würde sie so sehr lieben, dass er wie ein Verrückter durch den Wald irre. Da bat sie um Teile seines Fleisches! Kaum war ihm das zu Ohren gekommen, sagte er: ›Nimm! Nimm, was immer du willst!‹ Als man ihr das erzählte, lauteten ihre Worte: ›Er liebt mich nicht!‹. Nach vielen Jahren wurde das Anliegen wiederholt. Da nahm er ein Messer, schnitt sich Stücke aus seinem Fleisch, warf sie auf einen Teller und sagte: ›Bringt das zu ihr!‹ Da wusste Laila, dass er sie wahrlich liebte«.[30]

Eine aufopferungsvolle Liebe, die uns eher schaudern macht und über die wir manchmal unter »Vermischtes« in der Zeitung lesen.

Wer Mrs. Tweedies Buch aufmerksam studiert, weiß diese
Sufi-Metaphorik zu deuten. Der Göttliche Geliebte oder die
Göttliche Geliebte wollen umworben werden. Sie machen es
dem Werbenden nicht so leicht. Psycho/logisch: Unser Herr-
scher-Verstand muss zur Seite. Seinetwegen muss die Verschmelzung erst durch Hingabebereitschaft vorbereitet werden.
Und das mag dauern. Denn der westliche Verstand hält von
Selbst-Hingabe nicht gerade viel. Er wendet sich ab und kommentiert: Was für ein Unsinn, sich eine solche Geschichte zum
Vorbild zu nehmen. Wäre sie die Geschichte einer »wirklich
gelebten« Liebe, wir würden ihr das Etikett »pathologisch« auf-
kleben. Da hat der Verstand recht. Was den vernünftigen
Aspekt der Geschichte angeht. Selbst ein feministisch-geschul-
ter Verstand würde dazu sagen: Als Beziehungsmodell eignet
sich solches auch als Vorschlag an einen Mann bestimmt nicht.
Aber manchmal bringt uns einer unser Mitmenschen so etwas
als auch uns »menschen-möglich« ins Gedächtnis.

Womit der Annäherungsversuch des westlichen Verstandes
an diese östliche Denkweise an diesem Punkt vermutlich auch
schon wieder beendet wäre. Sufismus bietet viele Gelegenheiten, sich abzuwenden. Es gibt Sufischulen, in denen westliche
Frauen mit Kopftuch und hinter Paravents sich am Ritual beteiligen. Männer machen die Musik, singen vor.

Eine dem Sufismus zugeneigte Sucherin wird auch Sufi-Ge-
schichten finden, die sich »übersetzen« lassen, sich also eher eig-
nen. Auch als Anleitung, wie eine Liebesbeziehung von zwei
Menschen auf dem Pfad »anders« zu leben ist? Frau könnte sich
zum Beispiel mit Nur, der Frau in Reshad Feilds Buch »Das
Siegel des Derwisch« identifizieren. Wie eine Streiterin des Feminismus ist es Nur, die ihren Geliebten Reshad vor der ersten
sexuellen Begegnung entnervt konfrontiert: »Da, du analysierst
es schon wieder, Reshad.«

Um ihn für eine Beziehung zu gewinnen, fährt sie dann fort,
ihn erst einmal zu formen: »Oh, lieber Himmel! Ich weiß, ich
rede nicht besonders zusammenhängend, aber du weißt, was
ich sagen will. Ich rede über uns beide und die Bestimmung, die

uns zusammengebracht hat; und ob wir die Spannung aushalten können, die in der Sehnsucht liegt und in dem Verlangen, zu erkennen. Kannst du die Unausweichlichkeit dessen, was passieren wird, aushalten? Wirst du nicht deshalb immer unruhiger? Aber wenn du es schon nicht lenken kannst, könntest du es ruhig sich entfalten lassen.«

Worauf Reshad erwidert: »Aber woher soll ich denn wissen, was nun tatsächlich passieren wird? Keiner kann das wissen. Dabei sind zu viele Faktoren zu berücksichtigen«.

Sie sieht ihn durchdringend an: »Ich weiß, dass es schwer ist, mit so einer Einstellung kannst du von diesen Dingen gar nichts verstehen. Um verstehen zu können, müssen wir beide aufhören zu denken. Begreifst du denn nicht – wenn das hier so bestimmt ist, dann müssen wir uns allem stellen, was kommt, ob es leicht ist oder schwer. Das ist bei vielen Männern so. Sie denken zuviel. Und wenn sie eine Frau finden, die sie liebt und die sie lieben, dann verplempern sie den größten Teil ihres Lebens mit Rastlosigkeit, weil die Dinge sich nicht immer so einstellen, wie sie es erwartet haben. Wenn der Glanz des ersten Treffens stumpf wird, haben sie von den schwierigen Zeiten bald die Nase voll.«[31]

Hört sich das nicht an wie einer dieser Dialoge aus einem frühen feministischen Roman? Doch diese Erzählkunst fußt auf der Erfahrung eines Mannes, eines englischen Derwisch. Sufis sind manchmal sehr überraschend. Denn wer nun glaubt, eine Art Orientierung zu haben, dem sei aus der Geschichte des britischen Kaufmanns, der bei einem griechischen Sufi seine Schulung erfährt, ein wenig erzählt.

Die letztendliche Initiation des Schülers soll in einer Begegnung mit der »Göttin« bestehen. Das bedeutet, für ihn wird sich die »Befreiung« in einer sexuellen Begegnung vollziehen. Ein sehr persönliches Schulungsmoment, denn er ist seit Jahren impotent. Das ist dem Meister klar – der Schüler allerdings muss für die sexuelle Erfahrung erst gewonnen werden. So geht dem ein werbendes Gespräch voraus. »›Nein‹, kam er mir zu Hilfe, ›es soll nicht heißen, dass du mit irgendwem ins Bett hüpfen sollst. Es soll heißen, dass du dich der Göttin in einem vollkommen gesammelten Akt der Liebe und Achtung hingeben musst.‹« »›Meinst du symbolisch?‹ Er verzog schnaubend das Gesicht. ›Nein, ich meine nicht symbolisch. Das würde dein Problem nur verfeinern.‹ ›Dann willst du doch, dass ich mit irgendwem ins Bett hüpfe!‹ ›Hüpfend kommst du hier überhaupt nicht weiter. Du hast dir einfach klarzumachen, was in den letzten Jahren in deinem Leben losgewesen ist. Du hast nämlich in dieser Zeit nur deswegen keine Beziehungen zu Frauen gehabt, weil du nicht konntest, und nicht etwa, weil du nicht wolltest. Es war vollkommen unmöglich, weil deine ganze Energie in deinem Verstand steckte.‹«[32]

Es ist vollkommen unromantisch, was der Meister sodann zu der noch zu findenden Frau sagt: »Es spielt keine große Rolle, mit wem du aufwachst; wenn möglich sollte es eine Frau mit ein wenig Sensibilität sein.«

Was er dann erklärt, ist allerdings sufiromantisch: »Sie ist die inkarnierte Liebe. Alle Frauen sind Spiegelungen der Göttin.«[33]

Die Überraschung, die sich bei dem so Belehrten einstellt, kommentiert der Meister lapidar. Männer »vollziehen den Liebesakt mit Spiegelungen der Göttin, ohne zu erkennen, wer sie ist. (...) Beide sind im Wachtraum, weshalb man auch mit Recht sagt, dass sie ›miteinander schlafen‹, und sie können einander nicht finden ...[34] Und sie können einander nicht erkennen. An die Stelle des Erkennens ist etwas getreten, das man ›tut‹ oder ›macht‹ oder gar ›ausführt‹. Wirkliches Lieben ist das Erkennen dessen, was man liebt; ›Machen‹ ist nur ein Ausbeuten der Liebe, und man merkt es nicht einmal. Einen anderen Menschen auszubeuten, ist für dich jetzt ebenso unmöglich, wie es für mich unmöglich ist, dich dazu aufzufordern.«[35]

Und wie es bei genug entwickelter »Energie« so ist, findet der Lernende auch bald, was er sucht. Sie ist jung. Er trifft sie im Supermarkt. Sie wird in den Hintergrund des Vorhabens nicht eingeweiht. Sie wird überhaupt nicht weiter aufgeklärt. Auch nach der Liebesbegegnung wird sie nicht in seine Gefühle und in sein Erleben einbezogen.

Der Erzähler monologisiert (sie stumm fragend): »Welchen Namen trugst du, bevor du dich selbst geboren und dein Gesicht gesehen hast? Was für ein köstlicher, sanfter Dschungel du bist. Als du dich über mich beugtest und mich empfingst, sah ich deinen Geist ganz abgelöst, losgerissen von allem Wissenwollen (...). Da warst du frei, frei zu sein, ohne machen zu müssen, frei für salzlose Tränen und für den Weg zu einem Tod in Würde. (...) Du hast es gefühlt, aber ohne es zu wissen, was du da fühltest, ohne zu wissen, dass es die Erfahrung der Schamlosigkeit ohne Scham war. Jetzt schämst du dich.«[36]

Und derweil er weiter über ihre Empfindungen spekuliert, die er zu kennen glaubt, und sie nicht, kommt er zu jenen Sätzen, die klar formulieren, worum es dem schreibenden Sufi hier in seiner Erfahrung der Liebe geht: »Ich liebe dich nicht, Lorna. Ich liebe nichts, was einen Namen hat. Ich liebe nur den Raum, den du einnimmst, denn dieser Raum ist Liebe. Verstehst du das? Wenn ich dir das sagte, würdest du es verstehen? Ich glaube ja, und du würdest mich dafür hassen, denn Verstehen weiß nichts von Liebe, kann sich nicht im Raum so weit erheben, dass es den Raum sieht. In einem Moment der Ekstase hast du dich entschleiert und das fehlende Stück ins Bild gefügt. Ich muss dich nicht dafür lieben, denn du *bist* Liebe, und das ist genug.«[37]

Wie romantisch. Wie unromantisch. Wie schwer, dies als Regel für ein eigenes Leben zu nehmen.

Zu bemerken ist: Ihn hat diese Begegnung offensichtlich voran gebracht. Lorna brachte sie vielleicht zur Psychotherapie. Vermutlich mit der Hoffnung, dass die ein brauchbares Konzept für ein anderes Beziehungserleben hat.

BEZIEHUNGEN IN DEN ZEITEN DER BELIEBIGKEIT

Was würde Lorna wohl heute in einer Psychotherapie herausfinden? Dass sie (wahrscheinlich wieder) an einen Mann geraten ist, der nicht lieben kann? Der Probleme mit der Nähe hat – wie so viele? Es ginge wahrscheinlich auch darum, wieso sie gerade an jemanden geraten ist, der nicht sie, sondern »die Göttin in ihr« lieben wollte. Konnte sie das denn nicht vorher bemerken? Was soll sie nun mit ihrer Verunsicherung machen? Nicht das Vertrauen verlieren! Wichtig dürfte werden, ob es in ihrer Geschichte bereits ähnliche Begebenheiten gegeben hat. Einer, der vor sich hin monologisiert ... Ohne Wiederholungszwang wäre sie vielleicht nicht an einen derartigen Mann geraten. Eins ist zu sagen: Es erwartet sie ein Interpretationssystem.

Auch spirituelle Lehre hat ja ihr jeweiliges System parat.
    Westliche spirituelle Lehrer, zu unserer verunsicherten Suche nach der »richtigen« Art des Liebens befragt, schlagen meist vor, einen Unterschied zu machen zwischen Liebe-in-Freiheit und Liebe-mit-Bann.
    Bannende Beziehungen nennen sie solche, in denen das Binden und Sichernwollen vorherrscht. Mit Manipulation soll der andere ins eigene Territorium hineingezwungen werden. Gebannt werden, da der Wechsel aller Zustände als Hauptfeind der Beziehung gilt. Absichern der Bindung ist also das unbedingte Ziel. Ein Ziel, das die meisten westlichen PsychotherapeutInnen bisher begrüßten. Und unterstützten. Wurde es erreicht, vergaben sie das Prädikat »bindungsfähig«.

Spirituelle Lehrer halten von solcher Fähigkeit des Bindens nicht so viel. Sie bemerken, dass das meiste davon aus kindlicher Angst geschieht. Es ist Produkt der irrigen Meinung, der andere sei die Quelle der eigenen Liebe. Wer das glaubt, *muss* dafür sorgen, dass die Liebe des anderen erhalten bleibt – eben in der Beziehungskiste feststecken bleibt. Nach soviel Negation nun ein positives Konzept?

»Es gibt keine anderen langfristigen Gründe für eine Beziehung als die Möglichkeit, immer wieder Neues zu erleben und zu erschaffen, einander zu lieben und zu dienen oder füreinander da zu sein.«[38] So sieht der US-amerikanische spirituelle Lehrer Frank Natale die Möglichkeit des Gelingens von »lebendigen Beziehungen«. »Zwanzig Qualitäten der Liebe« führt er an.

»Einer der Schlüssel, um eine lebendige Beziehung zu meistern, liegt darin, sich immer wieder neu auf das Grundlegende zu konzentrieren. Dazu musst Du in der Gegenwart sein. Du musst wach, aufnahmefähig und offen sein für Erfahrungen. Wenn Du Dich aber selbst definitiv festlegst oder es zulässt, dass Du festgelegt wirst, dann sei Dir klar darüber, worauf Du Dich da eingelassen hast und vergegenwärtige Dir, dass Du und Deine Beziehung damit von der Lebendigkeit abgeschnitten sind. Was diese Beziehung anbelangt, bist du tot.«[39]

Die aus dem fernen Osten zu uns kommenden Lehrer sprechen eine andere Sprache, meinen aber, wie ich bereits gezeigt habe, Ähnliches. So stehen wir instruiert da – und wissen, was wir falsch machen.

Wir wissen, dass unser Über-Ich-Apparat bezüglich des »richtigen Liebens« eben nicht das Richtige produziert. Zwar bewirkt er das Gewollte: Sicher-Machen und Binden –, aber nur für eine gewisse Zeit. Dies ist nun vielen aufgefallen, aber eine andere Art von Liebe-in-Beziehung scheint überaus schwierig zu sein. So hören viele auf, in Beziehungen zu lieben. Oder sie lieben nur noch sich selbst ...

Ganz frau und ganz frei. Gut. Wie lange gut?

Wir im weitgehend atheistischen Europa Aufgewachsene sind Suchende der Liebe. Ohne jedes spirituelle Bezogensein sind wir ohne Beziehung besonders »allein«. Die Trennung von unserer inneren Quelle lässt uns – getrieben – nach Liebe suchen. Das ungemilderte Gefühl der Abtrennung vermag uns in so tiefe Verlorenheit zu führen, dass wir verzweifeln, wenn wir unsere bisherige Beziehung verlieren. Das sehen wir PsychotherapeutInnen täglich – und so sollen wir »lehren«, wie das

richtige Finden geht, und wie eine bessere Beziehungsfähigkeit
entsteht. Beziehungen sind ein Grundthema von Psychotherapien.

Wohl, weil sie immer den größeren Zusammenhang im Auge
haben, befassen viele Lehrer des Ostens sich nicht mit unseren
konkreten Liebesbeziehungen, sondern lehren gleich die Erinnerung an »den inneren Geliebten«. Statt ewig nach »der
Ergänzungshälfte« zu suchen, schlagen sie vor, sich zu bemühen, ganzheitlicher zu werden. Sind wir erst ganz geworden, sei
es auch für uns einfacher, einen anderen mit all seinen Eigenhei-
ten zu lieben. Und dann natürlich bedingungslos.

Doch weil sie noch längst nicht dort sind, fragen Westmenschen
die spirituellen Meister so unablässig nach »der richtigen Art des
Liebens«. Doch sie fragen nicht nur dort nach, auch bei uns
PsychotherapeutInnen fragen sie. Besonders, wenn eine Beziehung gescheitert ist, kommen sie zu uns. Sie sehen sich dann in
einer Lebenskrise, die sie jedoch niemals eine Krise des Liebens
nennen würden. So würden sich Menschen beschreiben, die
schon lange auf dem spirituellen Pfad sind. Und bereits viel von
ihrem Glauben an das »Funktionieren von Beziehungen« verloren haben. Ist dieser Glaube bereits verloren, sind die spirituellen Lehrer gar nicht unzufrieden. Denn jetzt kann sie losge-
hen, die Suche nach den wahren Determinanten des Liebens.

Psychotherapie endet oft damit, dass eine neue Beziehung begonnen wird. Man hat am Glaubensapparat gearbeitet, man hat
die wichtigsten persönlichen Störfaktoren repariert. Das soll
sich nun als gelungen erweisen. Psychotherapeuten weisen selten in eine andere Richtung als in die, einen erneuten Versuch
mit einer besonderen Beziehung zu wagen. Wer von uns Psychotherapeutinnen sagt denn schon: Sieh die Sache anders – du
bist schon Liebe. Du brauchst nirgends nach Liebe zu suchen. Du
musst sie nur finden. Wo? In dir. In deinem aktuellen Trennungsschmerz ist ein tieferer Schmerz des Trennens angesprochen. Und

wenn du ihm nachspürst, kannst du in dir selbst etwas finden, was du (wie ich auch), schon lange suchst: den Quell deiner eigenen Liebe; ihn findest du nur in dir. Durch den jetzigen Trennungsschmerz hast du die Chance, zu deiner eigenen Selbst-Liebe zu finden.

In solchen Sätzen wären Psychotherapie und Spiritualität vereinigt. Wie chancenreich eine solche Psychotherapie auch wäre, keine Krankenkasse würde sie bezahlen wollen.

Noch ist es so, dass Psychotherapie und Spiritualität sich kaum aufeinander beziehen. Und der östliche spirituelle Weg setzt dem Anfänger zu hohe Ziele. Sätze wie »Das Leben ist ein Hobby« oder »Alles verändert sich, ändere die Perspektive, auch dein Schmerz verändert sich« verblüffen uns vielleicht. Und das ist gut. Vielleicht bahnt sich auf diesem Wege ein vorsichtiger Perspektivenwechsel an. Für das Bewusstsein.

PsychotherapeutInnen gehen meist anders vor, sitzen doch vor ihnen Menschen, die mit ihrem Unbewussten sehr große Schwierigkeiten haben. Das Bewusstsein will nun wissen, was anders zu machen wäre. Wenn jemand in der westlichen Gesellschaft weiß, was er machen kann, fühlt er sich schon besser. Die Beziehungsfähigkeiten werden repariert, renoviert und restauriert. Vertrauen wird wieder erweckt: Eine neue Partnerschaft soll überhaupt wieder möglich erscheinen. Wahrscheinlich mittels der gleichen Glaubenssätze, die der vorherigen Beziehung den Garaus machten. Diese werden aber nicht hinterfragt, da die Gesellschaft sie weiterhin füttert. Sie enthalten so viele falsche Theoreme, dass jeder darauf kommen müsste, weil ja fast jeder an sich und im Umkreis sieht, wie die anfängliche Liebe im Würgegriff an mangelnder Frischluft erstickt. Trotzdem hält sich hartnäckig der Glaube, für die Liebe müsse Sicherheit geschaffen werden. Gelingt es nicht, liegt es an den individuellen Fehlern. Das ist das Theorem. Warum das so oft nicht stimmt – das ist bei uns ein großes Rätsel. Mit seiner Lösung beschäftigen sich WissenschaftlerInnen.

Spirituelle Lehre befasst sich mit der Frage des dauerhafteren
Erlebens der Liebe. Das ist eine etwas anders orientierte Frage.
Die auch andere Antworten möglich macht. Stimmt es, dass wir
Liebe von anderen »brauchen«? Gut, das stimmt für Kinder.
Doch stimmt es auch für Erwachsene?

Wir sind schon Liebe – lautet wieder die Antwort. Doch wir
müssen einen »besonderen Pfad« einschlagen, um diese Liebe
in uns zu finden.

Der Pfad liegt abseits: Stille, Meditation, Kontemplation.
Hört sich nach Allein-Sein-Können an? Ja. Dazu wurde in unserer Erziehung wenig gesagt. Alleinsein-Müssen, das kennen
wir. In der Kindheit hieß das »Ausgeschlossensein«. Unser Lieben ist von der Dynamik der Angst motiviert und sucht meist
eine irr/sinnige Furcht zu mindern, die wir als Kinder mit dem
Verlassenwerden hatten; PsychotherapeutInnen sagen sogar,
erst ein Mensch, der seine Kindheitsängste aufgearbeitet hat, sei
zu einer reifen Bindung fähig. Erst dann sei die Psyche auf dem
Stand eines Erwachsenen. Und die Bindung sei dann wahrscheinlich heterosexuell und ein Leben lang. Dann sei es gut.

Da das nun nicht mehr der normale, d.h. durchschnittliche
Fall unter den Psychotherapie-PatientInnen ist, wird in Büchern zu diesem Thema auch schon mal getitelt: Liebe in den
Zeiten der Beliebigkeit. Oder: Liebe im freien Fall. So in *Psychoanalyse der Liebe* – ein Buch, in dem PsychoanalytikerInnen
der jüngeren Generation Konzepte vorstellen, »die der Komplexität der Liebe mehr entgegenkommen, ohne dass auf
Freudsche Konzepte verzichtet würde.«[40]

Was das Ich in der Beziehung leistet

Wichtig für mein Thema ist, dass das Augenmerk sich dort besonders auf die »Integrationsleistung des Ich, die für die Liebe
und die Partnerschaft notwendig« ist, richtet. In diesen sich neu
ordnenden Zeiten hat das Ich eben noch mehr zu tun als früher,
»so z.B. die Gleichzeitigkeit von Abgrenzung und Nähe; die

Integration von Liebe und Hass; die Integration von Zärtlichkeit und genitaler Sexualität.«[41]

Kein Gedanke gilt hier dem Glauben, die Abschaffung des Ich schaffe Probleme ab. Das Ich soll sich formen lassen. Im modernen Liebesleben muss es noch flexibler werden. Denn es muss reichlich Widersprüche aushalten können.

»Wir haben es heute also mit Menschen zu tun – und dazu gehören wir selbst auch, für die sich in einem verschärften Tempo feste traditionelle Vorgaben, wie z.B. Berufslaufbahn, Klasse, Rangordnungen und Hierarchien in der Arbeitswelt, Geschlechtsrolle, Familie, Heiratsalter, Elternschaft, altersangemessenes Verhalten, die Kleiderordnung, der Tod, das Sterben und die Religion aufgelöst haben.«[42]

Was das Über-Ich dem Ich heute an »Linie« vorgeben kann, ist nicht einfach-klar-verlässlich, wie etwa noch zur Zeit der Begründung der Psychoanalyse. In postmoderner Zeit ist Neues und Altes so gemixt, dass selbst ein entscheidungsfähiges Ich regelrecht überfordert sein kann. Im Normenwirrwarr, in dem das Ich sich heute zurechtzufinden hat, »verbergen sich neue, starke Anforderungen an unsere Fähigkeiten, die eigenen Interessen, Wünsche und Gefühle in der Beziehung zu anderen Menschen und zu Institutionen« einzubringen, da es dem Ich nun überlassen bleibt, »bis ins Detail selbst zu steuern.«[43]

Betont wird also, wie sehr das heutige westliche Ich in Beziehungen gefordert ist. Weshalb es beweglich sein muss – bei so viel Selbst-Bestimmung. Und so wenig verlässlichen Normen. Das Über-Ich hat bei uns ohnehin viel von seiner früheren normativen Kraft verloren. Und das Es? Auch da hat sich Verwirrendes getan. Zum Beispiel lässt sich so manches Es nicht mehr so einfach wie früher auf eine sexuelle Orientierung festlegen. Es wird verlockt von Bildern. Von modischen Zuschreibungen. Für die heterosexuelle junge Frau ist es heutzutage schick, auch mal eine sexuelle Erfahrung mit einer anderen Frau zu haben. Wenigstens eine.

Zumindest unter Studentinnen ist gar eine neue Identität gefragt. In der Transgender-Diskussion ist zu hören, die Ge-
schlechtsidentität (gender) gehöre nicht zur Kultur, wie das
Geschlecht (sex) zur Natur. So wird das, was zu Freuds Zeiten
»wenigstens« eindeutig zu sein schien, oszillierend bis verwir-
rend. In solch einem Potpourri von Möglichkeiten mag manches Ich sich beim Leben der Nähe völlig überlastet fühlen.

Die Singlekultur ist ein Beweis dafür, dass viele lieber ohne
Beziehung bleiben. Ein paar Jahre. Manche zufrieden und manche resigniert. Für die Zufriedenen lässt sich sagen: Alleinsein
kann eine Entlastung für die Psyche sein. Wer resigniert, klagt
nicht, das konzeptionalisierte System des westlichen Liebens
habe nicht das versprochene Beziehungsglück gebracht. Trotz
allen Bemühens. Nein, frau hatte kein Glück oder hatte eben
Pech.

Was nun? werden wir PsychotherapeutInnen gefragt. TherapeutInnen dürfen auch schweigen.

Spirituelle Lehrer haben Rezepte und wollen sie auch bekannt geben. Sie geben Rat für und in den Alltag mit. Liebe der
anderen Art – Achtsam bleiben! Gegenwärtig sein! Bei sich bleiben!

Manche Singles verbringen die bindungsrelevanten Tage, wie
Weihnachten und Silvester, lieber beim Retreat. Als Idealbild
zur Erleichterung und Entlastung des Ich taucht vor dem inneren Auge im Alltag öfter mal ein schönes Kloster auf – in dem
klare Regeln und Normen dem Chaos »da draußen« rigide ent-
gegenarbeiten. Wo vieles so gestaltet ist, dass ein Ganz-Ande-
res-Lieben erleichtert wird.

Wer den Quell der Liebe in sich gefunden hat, verfügt damit
noch nicht automatisch über eine neue Möglichkeit des Liebens
in Beziehung. Konfliktspannung herrscht. Denn viele Singles
auf dem Pfad sind nicht zufrieden mit dem in Permanenz gelebten Alleinsein. Unser Bild des Lebensglücks ist ein anderes
als etwa in Indien oder Sri Lanka, wo es nicht unüblich ist, dass
ein Familienvater, nachdem alle versorgt sind, seine Familie
verlässt und in einen Ashram* geht. Wo Eremiten und Mönche

hochangesehen sind, wo Bettelmönche zum Alltag gehören. In buddhistischen Gesellschaften gibt es klare und starke Bilder, wie jemand konsequent seinen Weg nach innen geht – und die Umgebung findet das passend und richtig. In Europa liegen die Klöster abseits. Und wirken auf uns auch »abseits«.
So sind wir sogar ohne Hilfe der Phantasie.

Deshalb wollen wir auch von unseren Lehrern des Glücks Hilfreiches zum Beziehungsleben hören. Vor allem aber erwarten wir konkrete Hinweise und Ratschläge, »wie es denn besser gehen könne«. Doch bestenfalls bekommen wir von dort Trost. Und da das Leben ein guter Guru ist, gibt es über die Methode »Try-and-Error« auch irgendwann Antworten auf jahrelanges Fragen. Anscheinend sind sehr viele Versuche nötig, bis man oder frau das Ideal aufgibt: die »Vereinigung aller Begehrungen in einem Objekt«.[44]
Denn widerspricht es auch all unserer Erfahrung als KonsumentInnen, widerspricht es auch der im marktwirtschaftlichen System erlernten Prüfmentalität, widerspricht es insgesamt also »der Beweglichkeit ebenso wie der Vernunft«, wir versuchen es immer wieder.[45] PsychotherapeutInnen helfen, wenn der Versuch besonders kläglich scheitert. Versuch-und-Irrtum ohne Korrektur der Grundannahme ergibt eine Rückschau auf die eigene Liebensgeschichte, als blicke frau auf eine Patchworkdecke. Vielfältig und bunt. Erst einem umfassenden Blick zeigt sie ihr Grundmuster. Im Vergleich mit anderen Patchworkdecken weist sie eine individuelle Farbgebung auf, was beweist, dass das Leben eben ein einfallsreicher Guru ist.

»Die einen erleben dies alles als bedrohliches Chaos, die anderen sind begeistert ob der Vielfalt der Erlebnis- und Entwicklungsmöglichkeiten.«[46] So kommentiert Elmar Struck die heutige neue Lebenskultur und fährt fort, die alten psychoanalytischen kulturkritischen Wertmuster zu korrigieren: »In all dem können wir nicht Zeichen eines Verfalls sehen. Während dem Leben früher von vornherein jede Beliebigkeit genommen war, tun sich heute vielfältige neue und kreative Räume auf, in denen auch neue Formen des Zusammenlebens möglich sind. Die Individuen selbst werden gleichsam zu Gesetzgebern ihrer eigenen Lebensform, aber auch selbst zu Richtern ihrer Verfehlungen.«[47]

Ja – unser psychisches Leben in der Postmoderne erfordert vor allem Flexibilität und nötigt uns nicht unbedingt eine Integration der Widersprüche ab. Wir sind gewöhnt, mit Spaltungen zurecht zu kommen. Sie (fast) nicht zu bemerken. Das geht schon: Wir sind es gewöhnt, uns so zu denken und uns so (anders) zu leben.

Oft wird dem Ich erst in einer Psychotherapie die große Integrationsleistung abverlangt – das Zusammenhalten der Splitter. Das aber gelingt meist erst nach jahrelangem Prozess. Das Ich muss über die Versatz- und Einzelstücke der eigenen inneren Erfahrungswelt kundig gemacht werden. Erst dann ist es fähig, umfassender zu begreifen. Und zu lenken. Erst dann ist es befähigt, sich seine Lebensmuster anzusehen und ein eigenes neues Bild der Zukunft als Mit-SchöpferIn zu entwerfen.

Eine Mit–Schöpferin muss Widersprüche aushalten.

Dazu muss das Ich wendig, flexibel und wachsam sein. Vor allem muss es fähig sein, sich über sich selbst so wenig wie möglich vorzumachen. Aufgeklärtes Bewusstsein stellt auch sein Unbewusstes in Rechnung. Es erkennt auch das eigene Unerwünschte, Ungeliebte als existent an. Eine große Ich-Leistung. Doch ohne diese Leistung kann ein Mensch sein Innen- und Außenleben nicht so beeinflussen, dass echte Zufriedenheit entsteht.

Und das, wo das Über-Ich meist so wenig hilfreich argumentiert. Mal stützt es sich auf diese, mal auf jene Normen. Was soll gelten? Da kommen die neuen und meist eindeutigen Über-Ich-Speisungen aus dem östlichen spirituellen Lager ihm zupass. Endlich gibt es Orientierung. Ich glaube, dies ist Teil der Anziehungskraft der sogenannten neuen Religionen.

Doch was die Formung des Über-Ichs angeht – in jenen Ländern, in denen die zu uns kommenden östlichen Meister aufgewachsen sind, ist einiges anders als hier. Fast überall in Asien gilt die Kommunität viel – und der Einzelne eher wenig. Da sterben Menschen auf den Straßen in Indien, und wen kümmert das? Ein einzelnes Leben vergeht – was vergeht da schon? Es erntet ein Mensch die Früchte seines schlechten Karmas. Es hat alles seinen (vielleicht gerade nicht erkennbaren) Sinn, wenn einer zum Opfer wird.

Im vom Individualismus geprägten Europa ist das Ich gefragt – auch deshalb, weil keiner von uns »zu den Opfern« gehören will. Doch wenn ihre Beziehung scheitert, fühlen sich viele als Opfer ...

Von PsychotherapeutInnen, die so gut vertraut sind mit den Möglichkeiten des Scheiterns, lässt sich kulturkritisch kommentierend sagen: »Die persönlichen Ich-Leistungen und -Strukturen werden durch die Flexibilitätserfordernisse unserer Zeit allerdings aufs Härteste geprüft. Dies wird in seiner ganzen Tragweite kaum ausreichend bedacht.«[48]

Da es für den forschenden Geist, ob weiblich oder männlich, unter anderem um die Wahrheit geht, vor allem aber um ein pragmatisches Überprüfen der Wirklichkeit anhand eigener Erfahrungen, dürfte es manchem spirituell Suchenden letztlich schlicht und einfach eine Erleichterung sein, dem Lehrsatz, das Ich solle abgeschafft werden, zu folgen. Sich nicht mehr behaupten müssen, bringt keine Probleme. Was ich nicht gut kann – das kann ich auch ganz lassen. Zumal es einer stringenten Moral bzw. Ethik folgt. Ich lasse los – ich habe mein Bestes getan. Wer nicht handelt, häuft auch kein übles Karma an.

Das lässt sich mittels der neuen Regeln gut rationalisieren.

Viele auf dem spirituellen Pfad haben keine besondere Beziehung.

LIEBE FÜR SICH

Es kann eine große Erleichterung sein, nicht mehr – »von Nähe bedrängt« – ständig zwischen innen und außen Ausgleich suchen zu müssen. Sich nicht mehr so viel und permanent beobachten zu müssen. Nicht mehr überall Fallstricke auszumachen – und dann am Resultat doch erkennen zu müssen: schon wieder bin ich in alte Muster hineingefallen. Immer wieder gerate ich in Zustände, die ganz anders als der angenehme Zustand des Alleinseins und der Meditation ist. Für einen bewussten Geist kann das unglaublich enttäuschend sein. Das Ich erinnert sich, dass auch der Meister von Mrs. Tweedie sagte, sie als alleinstehende Frau habe es leichter als er selbst.

Manchem spirituellen Suchenden gelingt es heute von der Gesellschaft noch weitgehend unbeachtet, Liebe und Freiheit ohne besondere Beziehung zu leben. Sich liebend allein dem All-Ganzen zuzuwenden. Hauptsächlich mit dem inneren Geliebten eine Beziehung einzugehen. Weitgehend unbeachtet von den Medien, ist das Zölibat eine Lebensweise geworden, die nicht nur ordinierten Nonnen zusagt. Darüber wird auch deshalb nicht viel geredet oder berichtet, weil es nach wie vor den westlichen Glücksvorstellungen zuwiderläuft. In *Liebe ohne Sex* schreibt Gabrielle Brown über die östlichen Überlieferungen, dass gerade das Zölibat eine Disziplin darstelle, »durch die Erleuchtung erlangt werden kann, die die gesamte körperliche, geistige und emotionale Energie von Körper, Geist und Sinnen auf zunehmend höhere Entwicklungsstufen« lenke.[49] Auch Menschen im Abendland können erleben, dass sich in das Empfinden der Liebe nicht mehr diese eigentümliche und entwürdigende Objekt–Anhänglichkeit einmischen muss, aufgrund derer ein zuvor strahlender Mensch innerhalb von Monaten zu einem völlig bedürftigen Kind mutieren kann. Wie seltsam es ist, sich als Erwachsener so abhängig und anhänglich zu fühlen. Welche Streiche uns unsere Psyche bei der Anordnung von Vorkommnissen auf der Zeitachse spielt, hat uns die Psychoanalyse erklärt. Manche von uns können sich auch selbst analysieren, erkennen ab und zu ihre eigenen Übertragungen und vermögen Projektionen zu identifizieren (und bei anderen zu entlarven). Aber sie auch abzuschaffen – das gelingt ihnen ganz allein nicht so recht. Auch sind wir durchaus in der Lage, schon einige unserer üblichen Kontrolldramen, die sich beim Beziehen-in-Liebe-und-Hass so gerne wiederholen, zu identifizieren. Sie wegzulassen, das schaffen wir jedoch meist nicht. In der Tat, es gibt sehr viel seltsames Geschehen beim In-Beziehung-Gehen ...

So hat der östliche spirituelle Pfad mit seinem Versprechen, es gebe eine andere Art des Liebens, wohl auch bei uns, die wir um unsere eigene Aufklärung bemüht sind, so große Attraktion. Endlich! Wir hoffen auf erlösende Antworten. Frauen finden auf dem Pfad viel, was anzieht. Es geht um das Herzöffnen. Um das Liebenkönnen. Um das Geliebtwerden. Darum, die Liebe zu erweitern – da sie sich nicht mehr in einschränkende Muster fügt. Was sie ja offenbar auch gar nicht will – warum sonst wäre sie so flüchtig? Frauen lockt das Versprechen, über die Arbeit an sich selbst letztlich tiefer und vorbehaltloser lieben zu können. »Man hat uns allen sehr wohl beigebracht, dass sexuelle Anziehung unabhängig von Liebe erlebt werden kann, aber irgendwie hat man uns gezwungen zu glauben, dass Liebe ohne Sex nicht existiere, und wenn, dass das nicht viel zu bedeuten habe.«[50] Dies ist eine der falschen Annahmen. Solches glauben auch viele TherapeutInnen, und sie halten diesen Glauben mit in Schwung. So dass es immer wieder heißt: Zurück zu den Wurzeln! Zur bedürftigen Liebe und zu Mama und Papa, zum ödipalen Dreieck, zur Bevorzugung der Geschwister, zum Haben-Wollen und zur Eifersucht zurück. Wieder und wieder. Im Bereich der Psychologie und Psychotherapie verfügen wir ja zumindest über Theorien, die wie Legosteine ineinanderpassen. Und manchmal lässt sich sagen: Wenigstens die Theorien passen.

Im Bereich der spirituellen Lehre gibt es die bereits vorgestellten Ratschläge: Achtsam bleiben! Klar bleiben! Präsent sein! Im Hier und Jetzt! Auch in Beziehung! Jede, die das in einer Beziehung auf Dauer praktiziert hat, weiß, wie schwer es dann wird. Denn der Sog des Unbewussten, hinein in die alten Muster des Liebens, ist stark. Das meint Wunsch wie Abwehr. Wir beginnen mit »guten Gründen in unserem Leben nach Liebe zu suchen«. Aber wir haben ebenso gute Gründe, uns vor der Liebe zu schützen, denn »niemals sind wir ungeschützter gegen das Leiden, als wenn wir lieben, niemals hilfloser unglücklich, als wenn wir das geliebte Objekt oder seine Liebe verloren haben«, so Sigmund Freud schon im Jahre 1939.[51] Heute sagt Elmar Struck: »Es gibt sicherheitsbedachte Kräfte in uns, die der Liebe entgegenstehen.«[52]

BEWUSSTES LIEBEN

Um wieder Spiritualität und Psychotherapie zusammenzubringen: Er meint die sicherheitsbedachten Kräfte, die jener Liebe entgegenstehen, die allein in einer Objektbeziehung ihr Ziel sieht und ihre Speisung sucht. Dies resultiert meist aus jener Zeit, in der ein starkes Ich noch nicht gebildet und die Grenzen noch verschwommen waren. Heute aber wird ein starkes Ich zu einer guten Subjekt/Objekt–Trennung gebraucht.

Und noch etwas zur Verbindung von Spiritualität und Psychotherapie: Wer es schafft, fast immer gegenwärtig zu bleiben (doch wer schafft das schon?), besitzt die Fähigkeiten eines flexiblen und kraftvollen Ichs. Einem starken Ich gelingt es wohl, auch an zweifelhaften Erfahrungen zu reifen und nicht zu verzweifeln. Ein wirklich starkes Ich resigniert auch an komplexer Materie nicht so leicht.

Solch ein Ich dürfte allerdings auch von spirituellen Lehrern, die es abschaffen wollen, nicht so leicht zu gefährden sein. Ein starkes Ich würde ihnen gegenüber auf seiner Bedeutung bestehen und sich zu wehren wissen. Alles, was ihm gesagt wird, würde es genau überprüfen. Passt das Gesagte auf mich? Dies gehört zu seiner Befähigung, geschickt mit der Realität umzugehen. Es ist gut, hier wieder einmal Zuflucht zu Paradoxien zu nehmen. Mit Hilfe der sicherheitsbedachten Kräfte unserer Psyche können wir herausfinden, dass viele Annahmen unserer Gesellschaft zum Leben-der-Liebe-in-Beziehungen nicht stimmig sind. In Reflexion unserer Erfahrungen des Scheiterns können wir besser das Nichtgelingen ertragen. Deshalb können wir uns dann auch ein paar *eigene* Leitlinien schaffen, bezüglich dessen, was wir zu leben bereit sind und was nicht. So ist etwa gegenüber dem üblichen Unbewusst-Bleiben beim Ver/Lieben zumindest Vorsicht angesagt.

Ausprobieren, üben, anwenden und verwerfen. Wachheit und Besonnenheit. Kommunikation nach innen und nach außen. Integrität – also zu sich stehen, auch wenn Widerstand kommt.

Ein starkes Ich nimmt das Leben als Übungsfeld. Ein schwaches Ich gibt vielleicht auf.

Ein schwaches Ich verurteilt sich bei Nichtgelingen. Und wenn es schwierig wird, schaltet es lieber den Auto-Piloten ein.

Nur ein starkes Ich vermag im Moment des Hier und Jetzt noch wach zu sein, wenn der Wahrnehmungsbereich nicht nur den eigenen Bewusstseinsstrom umfaßt, sondern auch einiges von dem des anderen. Beziehungen sind schwierig – weil in unserem Bewusstsein so vieles auftauchen kann, was wir gar nicht wissen wollen. Unangenehme Erinnerungen an früher mischen sich mit dem Jetzt-Erleben. Was die oder der andere in mir auslöst, kann Projektion, Übertragung, Verleugnung beinhalten. Ein schwaches Ich führt das gesamte alte Instrumentarium der Konfliktlösungen, zu dem bei Frauen oft Anpassung und Unterwerfung gehört, ins Gefecht. Damals, als wir so wenig Kraft und Überblick hatten, ist manches mit uns und in uns geschehen, was uns heute Nähe fürchten lässt. Darauf wollen wir endlich eine angemessen erwachsene Antwort geben. Und wenn wir die Antwort der »falschen Person« geben? Alte Kindheitswünsche mischen in der Nähe mit. Weshalb der Aufruf, in der Nähe präsent zu sein, ein klare Notwendigkeit betont. Wirklich gegenwärtig bleiben, mit einer Nähe nach innen und nach außen, ist eine so hohe Kunst, dass der Begriff Weisheit wohl angebracht wäre. Doch warum sollen wir uns in unseren Liebesbeziehungen nicht um eine schrittweise Annäherung an Weisheit bemühen?

Gut – Liebe und Weisheit gehören wohl zusammen.

»Bewusstes Lieben« ist meiner Meinung nach durchaus eine Qualität, die Meditation und Achtsamkeitsübungen mit sich bringen können. Auch hilft es, das eigene Denken so umzustellen, dass der oft misstrauisch gestimmte Auto-Pilot nicht so schnell den Kurs übernimmt. Etwa wenn frau bemerkt, dass sie das halbvolle Glas nur mehr als halbleer sehen kann.

Das geschieht z. B. in jenen Zeiten, in denen die Unzufriedenheit mit der eigenen Geschichte des Geliebtwerdens dem Gegenüber angelastet wird. Beziehungsleben ist schwer. Deshalb bedeutet eine Liebesbeziehung auf dem spirituellen Pfad meist auch eine zusätzliche Prüfung. Denn nun betätigt sich der Virus der Unzufriedenheit auch noch in diesem Erfahrungsfeld. Andererseits kann dies natürlich zusätzliche Kreativität freisetzen. Wenn frau glückliche Zustände vom Alleinsein her kennt, macht ein zwanghaftes Anhaften und Binden für sie nicht mehr soviel Sinn. Nun entlastet auch die neue Zielsetzung: zurück zur Quelle allen Liebens. Weshalb ein ungenügendes Liebenkönnen als ein prozesshaftes Geschehen gesehen werden kann. Und die großen romantische Erwartungen des Anfangs? Sie werden nun wohl eher mit Skepsis beobachtet.

Allerdings ergibt soviel Nüchternheit keinen leichten Höhenflug.

Wo Spiritualität und Psychotherapie sich verbinden, ergibt sich manchmal ein nur mit Erwartungsminderung zu begehender Weg. Die Sinngebung und die Dringlichkeit der »Eine-Liebe-Beziehung« lässt sich dann schwer herbeiholen. Es geht auch nicht mehr darum, sich gegenseitig ergänzen zu *müssen*.

Ganzheit wird nun im eigenen Sein gesucht. Der andere Mensch wird auf dem Weg nach Hause zum Geliebten und Gefährten, die oder der das Leben interessanter macht. Zusammen lernt frau die Fähigkeit kennen, zusammen allein zu sein.

Ich bin optimistisch. Ich glaube, durch die Begegnung von West mit Ost könnte eine neue Art des Beziehens an unserem Horizont entstehen. Hier lassen sich Psychologie und spirituelle Lehre einfacher verbinden als auf anderen Feldern. Oft mit einem Paradigmenwechsel. In der Psychoanalyse redet man mancherorts von der Mythologie der Trennung. Unserer oft komplizierten Art des Liebens, sagen moderne Psychoanalytiker, liegt offenbar noch »der Schöpfungsschmerz der sich vom Mutterschoß getrennt erlebenden Individuen zugrunde. Ihr Motiv steht unter dem Gesetz der Spaltung, die nach Erlösung verlangt und das heißt Ergänzung durch den anderen.«[53]

In der sich verzehrenden Energie der romantischen Liebe wird die geliebte Person zur verehrten Gottheit. Und solange dieser Irrglaube möglich ist, wird an ihm festgehalten. Solange wird auch der Ursprung des alten Trennungsschmerzes nicht angerührt. Das ist Symptomverschiebung. Solange wie der Schmerz der Trennung wieder und wieder erlebt werden muss, um irgendwann schließlich doch einmal die eigentliche Ursache zu begreifen, bleibt vielen nur die Bilanz des sich wiederholenden Scheiterns. Wobei die Ursachenzuschreibung oszillieren mag: »Es war bloß nicht die richtige Person«, »Ich wurde getäuscht«, »Ich habe mich (wieder) vertan«. So zu argumentieren, überträgt unsere Erfahrung von der Fülle des Marktes auf das Personenangebot.

PsychotherapeutInnen bemerken zu den Gefahren:
»Die Problematik persönlich antwortender Liebe wächst allerdings mit der Dynamik ihrer Möglichkeiten.« Weshalb die Psyche dann aber auch einen wendigen Lösungsversuch macht: »Die Bereitstellung einer endlosen Reihe von Ersatzbefriedigungen.« Allerdings mit der Folge eines Leidens an »einem tiefen Unbehagen und an zahlreichen neuen Illusionen, die man als

den höchsten Preis bezeichnen kann, den wir der Zivilisation zahlen.«[54]

Und weil dieses Dilemma besteht, bewegen Menschen sich auf dem spirituellen Pfad, ohne mit der bisherigen Dringlichkeit nach einer neuen Beziehung zu suchen. Und weil das so ist, machen mehr Menschen die Erfahrung, dass sie die Liebe antreffen. An einem Ort, den unsere Kultur dafür eigentlich nicht vorsieht: In ihrem eigenen Selbst. Und weil das so ist, wird sich durch die Begegnung mit den östlichen Meistern und den sogenannten neuen Religionen unsere westliche Erfahrung des Liebens wandeln. Da bin ich mir sicher. Allerdings bin ich mir auch sicher, dass buddhistische Denkrichtungen, wenn sie (viel zu früh und auch noch undifferenziert) für die Abschaffung des Ichs bei uns plädieren und nicht deutlich machen, auf welcher der Ebenen dies erst unabdingbar notwendig wird, ihrem eigenen Bemühen letztlich im Wege sind.

Östliche Spiritualität sollte sich mit westlicher Psychotherapie in eine bessere Beziehung begeben. Hilfreich ist, gegenwärtig zu sein – und *viel* miteinander zu reden.

Anmerkungen:

[1] Heyward, Carter: *Und sie rührte sein Kleid an. Feministische Theologie der Beziehung.* Stuttgart 1986, S.178.

[2] aaO., S.177.

[3] aaO., S.180.

[4] Nichols, Margaret: »Lesbische Sexualität«, in: *Lesben Liebe Leidenschaft. Texte zur feministischen Psychologie*, hg. von JoAnn Loulan, Margaret Nichols und Monica Streit, Berlin 1992, S.78.

[5] Tsomo, Karma Lekshe: *Töchter des Buddha. Leben und Alltag spiritueller Frauen im Buddhismus heute.* München 1991, S.47.

[6] Clunis, Merilee D., Green, Dorsey G.: *Geliebte Freundin Partnerin. Eine Ratgeberin für Lesben.* Berlin 1995, S.20.

[7] Tsomo, Karma Lekshe, aaO., S.47f.

[8] Streit, Monica: »Auf der Suche nach dem Mysterium«, in: *Lesben Liebe*

Leidenschaft, aaO., S.29.

[9] Tsomo, Karma Lekshe, aaO., S.48.

[10] aaO.

[11] Heyward, Carter, aaO., S.180.

[12] aaO.

[13] Reichle, Verena: *Die Grundgedanken des Buddhismus.* Frankfurt am Main 1995, S.60.

[14] Harrison, Beverly W.: *Die neue Ethik der Frauen.* Stuttgart 1991, S.128.

[15] aaO.

[16] aaO., S.128f.

[17] aaO., S.16.

[18] aaO., S.17f.

[19] aaO., S.19.

[20] Heyward, Carter, aaO., S.174.

[21] Harrison, Beverly W., aaO., S.20.

[22] Faruqi, I.H.: *Sufismus und Bhakti – Maulana Rumi und Sri Ramakrishna.* Gladenbach 1990, S.103

[23] Ghazzalli, Ahmad: *Gedanken über die Liebe.* Amsterdam/Bonn 1989, S.40.

[24] aaO., S.38.

[25] Tweedie, Irina: *Der Weg durchs Feuer.* Interlaken 1988, S.488.

[26] aaO., S.548.

[27] aaO., S.616.

[28] aaO.

[29] aaO., S.470.

[30] Tweedie, Irina, aaO., S.468.

[31] Feild, Reishad: *Das Siegel des Derwisch.* Köln 1986, S.120f.

[32] aaO., S.292f.

[33] aaO., S.293.

[34] aaO., S.294.

[35] aaO.

[36] aaO., S.302.

[37] aaO., S.303.

[38] Natale, Frank: *Lebendige Beziehungen.* Berlin 1991, S.18.

[39] aaO., S.19.

[40] Hähfeld, Kurt und Anne-Marie Schlösser: *Psychoanalyse der Liebe.* Gießen 1991, S.13.

[41] aaO.

[42] Sies, Claudia: »Liebe im freien Fall«, in: *Psychoanalyse der Liebe*. S.275.

[43] aaO., S.275.

[44] Struck, Elmar: »Die Liebe in den Zeiten der Beliebigkeit«, in: *Psychoanalyse der Liebe*. aaO., S.304.

[45] aaO.

[46] aaO., S.301.

[47] aaO.

[48] aaO.

[49] Brown, Gabrielle: *Liebe ohne Sex*. Frankfurt am Main/Berlin 1983, S.40.

[50] aaO., S.63.

[51] Sigmund Freud, zitiert bei Elmar Struck, aaO., S.214.

[52] aaO., S.295.

[53] aaO., S.294.

[54] aaO.

KAPITEL 3

Wo spirituelle Lehre und
Psychotherapie uneins sind

DAS WEIBLICHE EGO IST WICHTIG

Das Ich wird in Beziehungen also noch unbedingt gebraucht – da wird sich Psychotherapie mit spiritueller östlicher Lehre nicht einigen. Vielleicht kann aber wenigstens das Ego abgeschafft werden? Für den Buddhismus scheint dies ja keine Frage zu sein. In »Buddha ohne Geheimnis« sagt Ayya Khema streng und strikt: »Je weniger Ego, desto weniger Probleme«.[1] Was für viele Ohren einleuchtend klingt.

Viele Frauen assoziieren mit »Ego« hauptsächlich Vorkommnisse aus dem Reich des Negativen. Nur Feministinnen haben das Ego bewusst an die Hand genommen. Sie zeigten sich sogar eine ganze Zeitspanne stolz damit. Ego und Selbstbehauptung – Feministinnen schritten auf dem neuen weiblichen Weg. PsychotherapeutInnen sehen manchmal »zu wenig Ego« als die Ursache vorliegender Probleme. Insbesondere Frauentherapeutinnen. Sie möchten mancher Klientin zu mehr Selbstbehauptung raten. Und verstoßen damit gegen Ayya Khemas Rat. Sie meint, dass »man nämlich merkt, mit wie viel Stress und unangenehmen Gefühlen Selbstbehauptung verbunden ist: ein ständiges Ankämpfen gegen und Reiben an den Beengungen um einen herum.« Als Lösung bietet sie an: »Wenn man dagegen nachgibt und sich vor Augen führt, was für ein winziger, je nach Abstand und Perspektive kaum oder gar nicht sichtbarer Punkt im Universum dieses Ich ist, um das sich im eigenen Denken alles dreht«[2], dann werde es möglicher, mehr von sich

abzusehen. An anderer Stelle sagt Ayya Khema, wir hätten im
Prinzip nur ein einziges Problem: »Die Ich-Illusion«. Aber genau hier entstünden alle anderen Probleme.

Bei Ayya Khema sollen also Ich und Ego weg. Mit Ego und Ich
scheint sie (im Gegensatz zur westlichen Psychologie) häufig
den gleichen Bewusstseinsprozess zu meinen, sie unterscheidet
nicht groß. Beide sind hinderlich. Sie binden uns an die Welt
der Erscheinungen. Sie lassen uns immerzu mit dem Selbst-
behaupten beschäftigt sein. Wobei wir uns mit anderen, die sich
ebenfalls permanent zu behaupten versuchen, verstricken. Angesichts der hier entstehenden Probleme müssten wir uns endlich einmal fragen: »Ist es mein Ego, das da am Werk ist und
mich unglücklich macht?«[3]
Für Ayya Khema ist das Ego unser wahrscheinlichster Unruhe-
stifter. Die Ursache von Unglücklichsein.

Eine Frauentherapeutin bringt hier Widerspruch ins Gespräch:
Soll etwa wieder das übliche weibliche »Klein-Beigeben« als
Lösung für alles mögliche dienen? Wird uns wieder der Glanz
der Bescheidenheit geschenkt? Solche Ratschläge kennen Frau-
en doch zu gut.
Clarissa Pinkola Estés hat sich in *Die Wolfsfrau* des anerzoge-
nen weiblichen Kleinbeigebens in vielerlei Hinsicht und zu-
meist warnend angenommen. Die aus der Schule von C.G. Jung
kommende amerikanische Psychotherapeutin ortet es auf einem weiblichen Erziehungsweg, auf dem das Mädchen in seiner
»ursprünglichen Wildnatur« gebrochen werden sollte. Sie durfte nicht die sein, die sie war, wurde die, die man haben wollte,
wie andere sie wollten, damit sich selbst fremd und nicht mehr
fähig, sich liebend zu bejahen. So hat frau meist eine ambiva-
lente Mutter verinnerlicht, die sie weiterhin mit eindeutigem
Interesse berät. »Normalerweise zum Klein-Beigeben, denn sie
fürchtet die Auseinandersetzung mit der Umgebung genug, um
ihr so oft wie möglich aus dem Weg zu gehen. Es fällt ihr
schwer, den ihr gebührenden Respekt zu verlangen, auf ihren

Rechten zu bestehen und nach eigenem Gutdünken zu handeln, ja selbst die eigenen Gedanken zuzulassen, geschweige denn, sie so weit zu verfolgen, dass sie einen verbalen oder künstlerischen Ausdruck finden.«[4]

Hier ist ausgeleuchtet, um was es mir beim Schreiben dieses Buches *auch* geht, die Beobachtung nämlich, dass spirituelle Lehre weibliche Komplexe verstärken kann. Und zwar immer dann, wenn spirituelle Lehre einfach so angenommen wie angeboten wird. Wenn frau die »Ratschläge« nicht genügend im inneren Dialog hinterfragt. Diese Gefahr sehe ich besonders dann, wenn diese Ratschläge unsere konditionierte Weiblichkeit mit jener Gloriole des Gutseins umgeben, auf die Frauen in einer sie ansonsten abwertenden Gesellschaft nur schwer verzichten. Ein Frauen-Ideal zu erfüllen, das kann schützen. Gegen innere Abwertung und gegen äußeres Ausgegrenztwerden. Deshalb korrumpiert es Frauen auch so gut. Und es bewegt uns dazu, entgegen unserer Vernunft ein weibliches Ich-Ideal in unserem Handeln zu bestätigen. Mit diesen Tücken sehen Frauentherapeutinnen sich immer wieder neu konfrontiert. Weshalb sie auch zu einer anderen Einschätzung kommen als manche MeisterInnen, die im allgemeinen die gesellschaftlichen Determinanten übersehen. Das machen im fernen Osten aufgewachsene VertreterInnen des Buddhismus ziemlich durchgängig und wie selbstverständlich. Bisher jedenfalls.

Die Tiefenpsychologin Estés empfiehlt Frauen, um hemmende innere Konstrukte zu überwinden, »die ja oft von der externen Gesellschaft zementiert und turmhoch aufgebaut werden«, dass sie notgedrungen »genau die männlich aggressiven Qualitäten« entwickeln, »die von der Gesellschaft unter Strafandrohung verboten werden. Dazu gehören vor allem Vehemenz, Standhaftigkeit, durchtriebene, mit allen Wassern gewaschene Bissigkeit und Furchtlosigkeit.«[5]

Das ist so ziemlich das gegenteilige Programm zu dem der buddhistischen Lehrerin. Die ja in vielem auch zu sagen scheint, es sei nicht schlimm, üble Gegebenheiten hinzunehmen. Es gehe nicht darum, sie außen zu bekämpfen und etwa zu versuchen, sie dort zu verwandeln. Das wesentliche Geschehen vollziehe sich innen.

Wir PsychotherapeutInnen haben es mit Menschen zu tun, die mit ihrem Leben zur Zeit nicht zurechtkommen. Vielleicht, weil sie sich zu viel nach innen wenden. Vielleicht, weil sie sich zuviel nach außen wenden. Meist aber auch, weil sie sich nicht in der Welt mit kraftvollen und klugen Da-Seins-Äußerungen behaupten können. Manchmal wird ein Mensch gerade wegen seines zu schwachen Egos krank. Manchmal gibt der Körper, manchmal gibt der Geist das Hiersein auf, weil er resigniert. Vielleicht weil er für sich zu wenig Wege sieht, Raum für sich zu bekommen. Ein »gesunder Egoismus« wäre für manche Psychosomatiker *der* Weg zur Befreiung von der Krankheit. Pavel Procharzka, den ich nun öfter anführen werde, schreibt hinsichtlich der genaueren Einschätzung unserer Ego-Kräfte:
    »Wer gesundes Ego und Individualität entwickeln will, kann nicht stur sein Ego durchsetzen wollen. Dies kann eventuell nur in einer vorübergehenden Phase, zu Beginn der Entfaltung der Ich-Stärke und der Abgrenzungsfähigkeit sinnvoll sein. Mit der Zeit ist zu lernen, von Situation zu Situation zu spüren, wann es sinnvoll ist, sich durchzusetzen und wann, sich anzupassen. Das Entscheidungskriterium ist die Auswirkung auf die Eigenentwicklung. Es ist also zu spüren, was den Entwicklungsfortschritt zurückwerfen könnte. Das Ziel ist, egoistisch und selbstlos zu sein. So kann man sich selbst verwirklichen, ohne die anderen an ihrer Verwirklichung zu hindern. Das Ziel der Selbstverwirklichung ist nicht, wie fälschlicherweise oft angenommen wird, der Aufbau von destruktivem Egoismus, sondern die Entfaltung des innerpsychischen Potentials über die Selbstzuwendung. Dazu ist das gesunde Ego, das insbesondere zu Beginn des Erwachsenenalters, in der ersten Lebenshälfte zu

entfalten wäre, von zentraler Bedeutung. Wird die Selbstentfaltung konsequent verfolgt, so wird im Laufe der Zeit, im reifen Alter der zweiten Lebenshälfte, auch der Zugang zur spirituellen Dimension der Psyche, zu dem tieferen Sinn des Lebens gefunden.«[6]

Procharzka verbindet hier Psychotherapie und spirituellen Weg – in einer Weise, die vielleicht Erstaunen hervorruft: mittels der Entwicklung eines gesunden Egos. Ein Zwischenschritt. Aber genau *der* ermöglicht die Selbstwerdung wie auch den Zugang zur eigenen Tiefe.

Für mich ist unverkennbar, dass dieser Arzt und Psychotherapeut sich »in der Sache Ego« umgesehen hat und eine erwägenswerte Position bezieht. Er redet nicht vom Ego als Troublemaker per se. Auch den »groben Egoismus« verurteilt er nicht. »Je weniger Ego, desto weniger Probleme?« Er sagt nicht einmal, dass das Ego unseren inneren Frieden grundsätzlich störe. Solche Störungsaktivität weist er aber dem »destruktiven Ego« zu. Es ist also ratsam, exakt zu bleiben. Ego nicht mit Ego gleichzusetzen hilft dem Dialog. Das destruktive Ego ist als solches zu benennen. Dieses Ego macht das Sein zu einem falschen Spiel und macht Lebendige gerne »tot«. Es ist jenes Ego, dem ich mich in Kapitel vier unter Narzissmus noch ausgiebiger widmen werde. Dort geht es um jenes Ego, das den anderen (zum eigenen Vorteil) zu Anpassung und Unterwerfung rät. Sie mittels Druck und Manipulation zum Nachgeben bewegt. Es ist das Ego, das andere beherrschen und kontrollieren will. Es tut vieles, was der Buddhismus den Grundübeln zurechnet. Es ist das Ego, das »Opfer« schafft.

Aber gerade wegen dieses Egos nehmen sich ja Befreiungsbewegungen, wie z.B. der Feminismus, des Aufbaus eines gesunden Egos an. Das soll sich kräftig gegen ein destruktives Ego wehren. Es ist das gesunde Ego, das mutig genug ist, für sich und gegen Unrecht und Benachteiligung einzustehen.

Ego-Behauptungen schaffen stets Stress, sagen manche Buddhisten. In die Lücke sollen Demut und Bescheidenheit. Das Glück der Entsagung wird anempfohlen. Da wird nicht lange unterschieden, was wem empfohlen wird. Da wird nicht hingeschaut, ob der, der aufgeben soll, schon genug hat. Oder ob die, die da aufgibt, gar nicht besitzt, was sie durchaus aufgeben mag.

Wie kann ich loslassen, was ich noch nicht habe?
Kann ich ein Ich loslassen, das ich zur Bewältigung der Realität noch gar nicht genug geformt habe? Kann frau ihren Egoismus abbauen, wenn sie ihn noch gar nicht erfolgreich erprobt hat? Und schon gar nicht gelernt hat, ihn auszudifferenzieren? Kann sie entscheiden, dass sie sich nicht mehr behaupten will, wenn sie noch gar nicht fähig geworden ist, sich sinnvoll in der Welt zu behaupten? Wenn sie aus erworbener Unterwürfigkeitshaltung anderen immer wieder nachgibt? Sollte sie sich wirklich damit trösten lassen, dass sie viele Probleme nicht hat, die ein behauptendes Ego in der Welt angeblich macht?
Ich meine: Nur ein zur Behauptung fähiges Ego verzichtet klug. Nicht aus der Haltung zwanghafter Nachgiebigkeit heraus. Nur solch ein Ego bringt sinnvoll gewählte Opfer. »Nur wer sich mit sich selbst und seinem Ego echt auseinander setzt, kann einen echten Beitrag an die Gemeinschaft leisten.«[7]

PsychotherapeutInnen haben immer wieder mit Menschen zu tun, die aus einer tiefen und schwer änderbaren Unfähigkeit ihren Mitmenschen zuviel Gefallen tun. Es sind die Menschen, die nicht nur im Beruf, sondern auch in ihrem Alltag ein häufig angezapftes Objekt von Ausbeutern sind. Sie kommen erschöpft, depressiv und mit psychosomatischen Erkrankungen zur Therapie.
Sie klagen darüber, nichts mehr zu geben zu haben.
Ihre Tendenz zur Selbstaufgabe haben andere ausgenützt. Oft beschuldigen sie sich selbst noch dafür. Diese Menschen sind ihren eigenen Über-Ich-Appellen zur Selbstaufgabe zu willig und widerstandslos gefolgt. Einige können von ihrer psychi-

schen Struktur her gar nicht anders. Andere wurden als Ange-
hörige von Suchtkranken, z.B. von Alkoholikern co-abhängig.
Co-Abhängigkeit kann sehr destruktiv werden und sogar zur
eigenen Zerstörung führen. Während der Partner gerettet werden soll und vielleicht auch wird, vollzieht sich die Selbst-De-
struktion, vielleicht in Form von Unfällen. Krankheiten häufen sich bei Co-Abhängigen. Gerade sie brauchen ein stärkeres
Ego. Eins, das zu einer anderen Richtung des Tätigwerdens rät.
Was nutzt ihnen ein Rat zu noch mehr Ego-Abbau? Sie praktizieren doch schon zu viel davon.

Einem Meister-Vortrag hört jeder auch mit seinem Abwehrsystem zu. Mitgefühl wird da leicht zu Mitleiden. Wer ohnehin
zuviel gibt, folgt gerne der Abmahnung, Geben sei seliger als
nehmen. Wer sich nicht wehren kann, findet den Rat, die linke
Backe hinzuhalten, nachdem die rechte einen Schlag bekam,
nicht empörend. Das Über-Ich ist zufrieden damit. Das Ich-
Ideal wird genährt und gestützt. Und klare Normen werden
gegeben. Der Gewinn scheint offensichtlich: Das Befolgen lässt
ein Gefühl der Zufriedenheit mit sich selbst aufkommen(auch
wenn es erschöpft und krank macht).
Das nennt Carmen R. Berry die Erlöser-Falle:
»Wir Erlöser haben uns mächtig Mühe gegeben, ein Gefühl
der eigenen Bedürftigkeit vor anderen und besonders vor uns
selbst zu verstecken. Erlöser haben sogar so getan, als ob sie
nicht wie andere Menschen wären, wie Erlöser eben. Wenn wir
erst einmal die Erlöser-Falle aufgegeben haben, haben wir die
Möglichkeit, unsere berechtigten Wünsche und Bedürfnisse zu
erkennen. Zu erkennen, was du willst und brauchst, kann
schwieriger sein, als du dir vorstellst. Du warst so darin gefan-
gen, die Bedürfnisse anderer Leute zu erfüllen und ihnen das zu
geben, was sie zu wollen schienen, dass du vermutlich wenig
Zeit damit verbracht hast, dir selbst zuzuhören. Möglicherweise hast du nicht einmal die Fertigkeiten entwickelt, die man
braucht, um seine Bedürfnisse und Wünsche zu erkennen.«[8]

Carmen R. Berry beschreibt, welche Probleme es schafft, kein
gesundes Ego zu besitzen. Sie dürfte auch nicht mit der Meinung
übereinstimmen: »Je weniger Ego, desto weniger Probleme.«
    Spirituelle Aufforderungen können an den Notwendigkei-
ten der Psyche vorbeiraten. »Herz öffnen, mehr allumfassendes
Mitgefühl üben« führt nicht zwangsläufig zu mehr Glück.
Warum das so ist, werde ich in den folgenden Kapiteln ausführlich anhand von Störungen der Psyche untersuchen, die ich als
Psychotherapeutin sehr gut kennengelernt habe: Situationen
nach sexuellem Missbrauch, Narzissmus, psychosomatische Erkrankung, Depression, Burnout. In diesen Bereichen stellt sich
die Frage nach dem Auf- oder Abbau des Ichs manchmal ziemlich konträr zu den zitierten spirituellen Ratschlägen.

Ein geschlechtsdifferenzierender Blick kann helfen herauszufinden, warum mancher so plausibel, so leicht umsetzbar scheinende Ratschlag aus dem Bereich der neuen Religionen nicht die
prognostizierten Resultate bringt. Vor allem bei Menschen mit
psychischen Verletzungen. Mit Schäden also, die in der persönlichen Geschichte liegen, aber auch mit solchen, die die Erziehung zur Frau mit sich brachten. Wer auf die Sprache der östlichen Meister hört, merkt, wie selten sie Geschlechtsdifferen-
zierungen vornehmen. Meist sprechen sie so, als gäbe es auf
diesem Planeten schlicht und einfach nur »den Menschen«.
Weder geprägt von seinem Geschlecht, noch von der Schicht,
der sozialen Kaste, auch nicht von der Hautfarbe und schon gar
nicht von der sexuellen Orientierung. Und auch nicht besonders durch die jeweilige Epoche bestimmt.
    Buddha hat vor etwa 2 500 Jahren Reden und Predigten ge-
halten – er hat zum Menschen über den Menschen gesprochen.
Und mit dem Menschen meinte er wahrscheinlich durchweg
den Mann.
    Und meinte Buddha nicht gelegentlich nur sich selbst?
    Ein Königssohn, der, weil er alles schon erfahren hatte, dann
auch alles wieder loslassen konnte? Den nur noch interessierte,
wie »dauerhaftes« Glück erreichbar sei. Weil er bereits »alles«

erfahren hatte, konnte er auch »alles« wieder aufgeben. Um nun
zu einem »dauerhafterem Glück« zu streben.

WARUM EGOISMUS GESUND SEIN KANN

PsychotherapeutInnen haben meist mit Menschen zu tun, die
nicht alles haben. Insbesondere haben sie meist »sich selbst
nicht«. Die Fokussierung ihres Willens gelingt oft nicht, die
Selbststeuerung geht oft fehl, weil »untergründig« manches
mitwirkt, was dem Bewusstsein entgeht. Wäre das bewusst,
würde es nicht so gewählt. Oft haben wir Psychotherapeut-
Innen mit Menschen zu tun, die zu depressiv sind, um das Leben noch lebenswert zu finden. Sie sehnen sich die Vertreibung
der Dämonen der gestockten Traurigkeit durch *andere* herbei.
Manche wissen nicht mehr ein noch aus vor überbordender
Angst.

Vor ihrer eigenen Wut haben sie oft Angst, nicht nur vor anderen Menschen. Ihre Dämonen sind häufig die Folgen frühe-
rer Traumatisierungen. Ihre Abwehr hat sie ins Abseits ge-
drängt. Aus der Wahrnehmung geraten, leisten sie ihren Lebens-
anteil nun subversiv. Solche Menschen versuchten sich früher
mit Hilfe der Psychotherapie »besser zusammenzusetzen«,
wenn sie es überhaupt taten.

Nun suchen sie diese Hilfe oft auch woanders, etwa dort, wo
es erklärtermaßen um die Beseitigung des Leidens geht. Mehr
und mehr Menschen suchen den Ausweg aus dem Leiden heute
mit Hilfe der Spiritualität.

»Das Ich muss abgeschafft werden«, bekommen sie dann zu
hören.

»Ego-Ismus ist an den meisten deiner Probleme schuld«,
»unheilsame Gefühle besser durch heilsame ersetzen. Das geschieht durch heilsames Denken«.

Solche Sätze nehmen sie mit, um sich selbst zu therapieren.

Wer etwas über die Verbindung von Körper und Seele weiß,
wer etwas über Spaltungsvorgänge, die bei vielen Menschen des
Westens die Wahrnehmung trüben, gelernt hat, wer sich zu den

Übertragungsvorgängen und Verdrängungen kundig gemacht hat, wer sich mit der meist nicht einfachen Psycho-Logik befasst hat, erteilt der solche einfachen Ratschläge? Und gibt er oder sie diese Ratschläge auch noch allen Zuhörenden? Nein. PsychotherapeutInnen bemerken aber, dass solche Ratschläge im spirituellen Bereich häufig ebenso undifferenziert mitgenommen werden. PatientInnen bringen sie von Dharma-Vorträgen mit.

Warum wird das Wissen der europäischen Psychologie so penetrant-ignorant vernachlässigt? Ich halte diese Entwicklung für gefährlich, und ich bin der Überzeugung, sie müsste sich ändern lassen.

Eine Verbindung zwischen Psychotherapie und Spiritualität zeigt sich in der Behauptung: Ein gesunder Egoismus hilft auch auf dem spirituellen Pfad.

»Ein Mensch mit gesundem Egoismus muss weder Täter noch Opfer werden. Er lässt sich von anderen weder manipulieren, noch für Zwecke der anderen missbrauchen. Er ist weder unterlegen noch überlegen. Er ist, je nach Situation, sensibel und einfühlend oder stark und sich abgrenzend. Das starke, gesunde Ich ist insbesondere dann notwendig, wenn man sich mit den tieferen Schichten des Unbewussten auseinandersetzen will. Leider sind es oft Menschen mit einem schwachen Ich, die sich mit spirituellen oder esoterischen Aspekten der Psyche befassen, ohne zu wissen, welchen Gefahren sie sich bei ungenügender Ich-Stärke aussetzen, und dass sie vor der für sie so schwer zu bewältigenden Realität fliehen. Das Ich wird an der Auseinandersetzung mit der äußeren Realität, zum Beispiel durch bewusstes Lernen des selbstsicheren Umgangs mit anderen Menschen gestärkt.«[9] So klar sagt dies Pavel Procharzka. Und zur Frage des Mitgefühls: In welche Richtung soll es sich wenden?

»Zu dem gesunden Egoismus gehört Selbstliebe und ein gutes Selbstwertgefühl. Wer sich selbst nicht lieben kann, kann auch den Nächsten nicht lieben oder ihn nur verschlingend-symbiotisch lieben.«[10]

»Das Ego ist schuld an den meisten Problemen« wird also von der buddhistischen Lehrerin behauptet; SchülerInnen setzen diesen Satz oft mit »Es ist an zuviel Selbstliebe schuld« gleich. Im Kapitel über Narzissmus wird noch so manches darüber zu sagen sein, ob wir uns selbst wirklich zu sehr lieben. In den nun folgenden Kapiteln werde ich aufzeigen, wie ausgeklügelt unsere Psyche funktioniert, und wie kompliziert das meist feine (und oft so schwer durchschaubare) Zusammenspiel zwischen Körper und Psyche ist. Gerade bei der Heilung der Folgen sexuellen Missbrauchs, bei Burnout, bei psychosomatischen Problemen und Depression stellt sich die Frage, ob das Ich abzuschaffen oder zu stärken ist, noch einmal mit ganz anderer Schärfe. Da wird es noch wichtiger sein, auszuleuchten, was geschieht, wenn frau simple spirituelle Ratschläge einfach adaptiert. Bei all diesen Problemfeldern richtet sich mein Blick auf die Ausbildung von Ich-Funktionen. Und auf eine realistische Einschätzung der »Objekte« und des Selbst.

Ob und inwieweit diese Einschätzung gelingt, entscheidet, ob es möglich ist, mit anderen Menschen und mit sich gut zu leben. Gelingt ein »gutes Leben« nicht, lässt sich dies nicht so einfach dem Ego oder dem Ich zuschreiben. Manchmal hat es mit einer frühen Störung der psychischen Entwicklung zu tun. Weniger Ego gleich weniger Probleme – diese Gleichung kommt auch manchmal deshalb gut an, weil sie suggeriert, so manche Mühe des Nacherwerbs und Nachlernens könne umgangen werden. Einfache Ratschläge sind oft eine Verlockung auf dem Pfad.

Die Psyche könnte ihnen doch einfach gehorchen!

DAS ICH UND DIE INNERE FREIHEIT

Wir Westmenschen würden auch die »Sache mit der Psyche« gerne über »den guten Willen« regeln. Doch die menschliche Psyche funktioniert reichlich kompliziert. PsychotherapeutInnen sehen, dass Selbstaufgabe oft den Hintergrund des zu großen Mangels nicht aufgeklärt hat. So aber sind Rückschläge sehr wahrscheinlich. Das meiste was ist, hat im Unterbewusstsein auch eine Begründung. Deshalb funktioniert eine Veränderung des Verhaltens oft nur über ein genaueres Erspüren von Gefühlen. So lassen sich fremde Gefühle zum Beispiel erst von den eigenen trennen. Oder fremde Wünsche von den eigenen unterscheiden. So vorzugehen, ist allerdings oft ein recht langwieriges Projekt.

In dem Prozess gelingt es dann aber, Entscheidungen zu treffen, die wirklich eigene sind.

Ob ich mich dafür entscheide, mir einen Wunsch zu erfüllen oder auf ihn zu verzichten, dafür brauche ich innere Freiheit. Zu dieser Freiheit gehört das Wissen, dass ich einen Preis zahlen muss, wenn ich etwas haben will. Wieso das überhaupt eine Frage ist? Sie entscheidet über Kindsein oder Erwachsensein. Das hungrige Kind in uns glaubt noch immer, »es stehe ihm zu« – weil »es ihm damals zustand, als es das nicht bekam«. Ich stelle in psychotherapeutischen Gesprächen mit erwachsenen Frauen immer wieder fest, wie sie sich gegen das Zahlen von Preisen wehren. Oft wehren sie sich so, als ginge es um ihr Überleben.

Erwachsen zu sein – dazu gehört eine gute Impulskontrolle, eine verlässliche Angsttoleranz, und v.a. die Möglichkeit, sich selbst realistisch einzuschätzen. Dies alles sind Therapieziele, die über ein stetiges Bemühen auch erreichbar sind. Endlich zeigt sich eine Palette von Selbstwissen, voller dunkler und heller Farben. Schöne wie abstoßende Bilder von eigenen Stärken und Schwächen werden sichtbar. Ein Selbstausdruck, der weitgehend stimmt.

Nun können sich auch gefährliche Impulse zeigen, wie Aggression und Wut. Sie müssen nicht unbedingt sofort ausgedrückt werden. Das Ich vermag sie auszuhalten. Und es drückt dann meist soviel davon aus, dass ihm ein »Integritätserleben« möglich ist. Und so wenig, dass es kaum zu unsinniger Zerstörung kommt.

Dies abzuwägen, ist ganz gewiss ein komplizierter Balanceakt. Genau diesen aber leistet ein funktionstüchtiges Ich.

Diese komplexe Art, dem Leben zu begegnen und sich und auch anderen »gerecht« zu werden, scheint mithilfe mancher Ratschläge aus dem spirituellen Bereich einfacher zu gestalten zu sein. Man muss nur folgendes beachten und akzeptieren: Wut ist »unheilsam«. Rachegelüste sowieso. Aggression vermehrt nur schlechtes Karma. Ein eigensinnig auf die eigenen Wünsche zielendes Verhalten schafft nichts als Schwierigkeiten. Gut, Konflikte und Probleme mit anderen sind existent – aber wir gehen damit nach innen statt nach außen. Wir behalten unsere schlechten Gefühle bei uns. Und tragen so dazu bei, das schlechte Karma des Planeten nicht zu vergrößern.

Nach manchen Dharma-Vorträgen scheint die Lösung für ein schwaches Ich so einfach: Es muss nur noch schwächer werden.

»Ausgesprochene Sensibilität«, schreibt Procharzka, »kombiniert mit künstlerischen oder esoterischen Neigungen, führt zu ungenügender Entfaltung des Bezuges zum eigenen Körper und zur äußeren Realität. Im äußersten Fall führt es bis zur Lebensuntüchtigkeit. So wird die Alltagsmühe, Disziplin, Strukturierung des Lebens, Willenskraft und die Selbstbemeisterung verabscheut. Bei esoterisch-religiösen Sensiblen kann die Schwächung des eigenen Ich sogar gesucht werden. In diesem Fall wird kaum etwas gezielt und willentlich und in eigener Verantwortung angegangen, sondern eher auf Meinungen von Guru-Autoritäten verwiesen oder gar Lebensgeschehen als vom Jenseits gesteuert betrachtet. Durch die Überbetonung der übersinnlichen Dimension wird das eigene Ich, die Eigenverantwortlichkeit geschwächt oder gar verhindert. Hier ist die Entfaltung der Körperwahrnehmung, des Bezuges zur materiellen Realität, zur Willens- und Entscheidungskraft wichtig. Sie muss zunächst oder gleichzeitig mit der Spiritualität entwickelt werden.«[11]

Procharzka hat viele Jahre mit Patientinnen gearbeitet, meist waren es Frauen, die an der schwer zu kurierenden Krankheit Neurodermitis litten. Er kennt sich also mit »Dünnhäutigkeit« aus. Und mit dem untergründigen Wunsch, eine dickere Haut zu haben, sprich eine bessere Abgrenzung zwischen sich und der Welt. Wer sich »in der Welt bewegt« – und das wollen ja viele Frauen und sie wollen es »endlich« –, für die führt kein Weg daran vorbei, sich auch mit den groben Seiten der Welt auseinander zu setzen. Sie gehören nun einmal dazu. Ausblendungstendenzen für diesen Teil der Realität gibt es viele. Da hilft auch die eigene Psyche. Es ist einfach zu verlockend, die Erfahrung »der Härte « und »des Bösen« zu meiden. Viele versuchen es auf dem spirituellen Pfad. Dort wird ja auch oft suggeriert: Wenn du dein Innen aufgeräumt hast, erschaffst du dir ein angenehmes Außen. Voraussetzung ist allerdings, du denkst von »allen gut«.

So vorzugehen mag auch vieles transformieren. Doch was im eigenen Schatten »als Böses« noch haust, das transformiert es nicht wirklich.

Und das Gefährliche ist: So vorzugehen fördert gewisse Spaltungstendenzen. So einfach geht es nicht zum Guten. Wollen wir uns als Menschen unter Menschen bewegen, so gehören unwillkommene Begegnungen mit dem »Bösen« unvermeidlich zu unserem Leben auf diesem Dualitätsplaneten. Wo der freie Wille es möglich macht, dass Menschen alles, was Menschen möglich ist, kreieren – da gilt es auch sich zu schützen und sich in konkreter Abwehr zu üben. Es gilt manches »Unheilsame« von anderen Menschen für möglich zu halten, nicht nur von sich selbst. Dies gilt auch für Klöster.

Spirituelle Lehrer reden manchmal so, als existierten die Bruchstellen in der Psyche nicht. Als sei ein bisschen Aufräumarbeit schon genug, so als seien wir alle bloß »etwas zu egoistisch«. Sie reden so, als gehe es für die »heimkehrende Seele«, die wir alle in uns haben, nur noch darum, sich mit dem Ganzen zu vereinen. Wir sind alle eins! Weshalb es für die Zuhörenden sinnvoll sein müsste, nicht mehr auf Individualität oder gar

Eigensinn zu beharren. Weg damit. Dann herrscht überall
Glück.

Seltsam, dass sie so wenig von ihrer Kenntnis westlicher Psychotherapie in ihre Lehre »vom menschlichen Wesen« integrieren wollen. Warum reden sie nicht von den zu frühen Störungen gehörenden Schwierigkeiten mit der Subjekt-Objekt-Tren-
nung? Bei dieser Störung ist es gefährlich, einfach nur zu denken: »Wir sind doch ohnehin alles eins«.

Warum reden sie nicht von der im Westen schon Allgemein-
gut gewordenen psychologischen Erkenntnis, dass die nichtaus-
gereifte Psyche die Tendenz hat zu spalten? Dass sie oft unfähig
ist, »dies« und *auch* »das« zu erleben. Sie kann das Geschehen
nicht als Ganzes wahrnehmen – sondern nur in die gegensätzli-
chen Wahrnehmungsbereiche Schwarz und Weiß trennen. Weshalb es nahezu unmöglich ist, nicht zwischen Idealisierung und
Göttersturz auf und ab zu pendeln. Solches unterstützt dieses
Denken: Das Böse ist in mir, das Gute ist in den anderen. Oder
umgekehrt. Gerade bei »frühen Störungen« ist der Kontakt oft
von der starken Tendenz beherrscht, die anderen zu idealisie-
ren. Bei einer Enttäuschung werden sie dann dämonisiert. Die
eigene Selbstwahrnehmung kennt auch nur Extrembereiche.
Ursachenzuschreibungen für Probleme wie, das Ich sei an allem
schuld, kommen da natürlich recht.

Selbstaufgabe ist erst nach Selbstgewinnung möglich

»Normale« Frauen haben oft ungerechtfertigte Schuldgefühle –
ist doch für sie, geht zwischen Menschen etwas schief, die
Schuldkarte reserviert. Schuldgefühle – sie gehören im Patriarchat zum Frauenleben, so als seien sie ganz natürlich. Als gehörten sie zu unserer Biologie. Wie leicht sich Dinge verdrehen
lassen, zeigt sich auch, wenn Menschen mit schwachen Ich-
Grenzen für (gegen sie gerichtete) spirituelle Weisheiten anfällig sind: »Du bekommst immer das, was du ausgesendet hast«.
Das glauben sie besonders dann, wenn das Ergebnis schlecht ist.
Sie glauben auch, alles Schwierige sei das Ergebnis des eigenen

Karmas. Mit beiden Meinungen machen sie es sich unmöglich, Attacken zu erkennen, die von Menschen ausgehen, die sich dem Weg der Macht verschrieben haben. Dass es sie gibt, ist Realität. Deshalb ist es gut, sich frühzeitig und sinnvoll zu wehren. Nicht gut ist, »alles mit sich selbst abzumachen«. Spirituelle Lehre hemmt leider manchmal jene, die ohnehin schon zuviel Hemmung haben. Und sie hemmt auch die Aggressionen bei Menschen, die nach außen als Heilige erscheinen wollen. Wenn nötig, um den Preis des Nicht-mehr-lebhaft-Seins. Wie lange kann das gut gehen? Das Unbewusste hat kein Verlangen, allzu lange unbeteiligt am Leben zu bleiben. Unsere Psyche existiert nicht einseitig. Sie produziert dann eben Janusgesichter. Einer geübten Beobachterin zeigen sich dann die verleugneten Komponenten von Neid, Eifersucht, Rache und Wut in manchen Handlungen. Eine gute Buddhistin hat so etwas nicht. Eine gute Protestantin zeigt so etwas nicht. Das ist manchmal viel schwieriger mitzuerleben, als wenn Aggression oder Neid sich offen äußern und erkennbar zeigen.

Erst wenn das gesunde Ego die zum Leben unter Menschen benötigte Ich-Stärke mitaufgebaut hat, kann auch jene Relativierung des Egos geschehen, von der östliche Lehrer so oft reden.

Selbstaufgabe ist erst nach Selbstgewinnung möglich.

Das Ego aufgeben! Ja, das macht für ausgeprägte und einsichtsvolle Egoisten wirklich Sinn. Je weniger Ego, desto weniger Probleme, das sollten die Soziopathen und Psychopathen hören. Und sich auch danach richten. Doch Menschen auf dem Trip der Macht, ohne Mitgefühl und unfähig, emphatisch andere zu bejahen, finden sich wohl eher selten auf dem spirituellen Pfad.

Eher sind dort sensible Suchende, die herausgefunden haben, dass sie leiden. Dass die Versprechungen des äußeren Lebens sie nicht wirklich zufrieden machen. Oder dass ihnen irgend etwas fehlt, und zwar nicht »noch eine Beziehung«, »ein neues Auto«, »endlich ein Eigenheim« – das wissen sie.

Wie Buddha stellen sie Fragen, die andere gar nicht haben. Und sie leiden oft an Geschehnissen, die anderen Leid antun. Sie würden sich, weil so vieles in der Außenwelt unveränderbar ist, gerne der Realität entziehen. Sie suchen nach dem Blickwinkel, »wie ein winziger Punkt im Universum« auf die hiesigen Probleme zu sehen. Diesen Rat von Ayya Khema nehmen sie gerne an.

Doch hier hat frau öfter das Problem, dass sie ihren Raum gegen Übergriffe von Machtmenschen verteidigen muss. Schnell findet sie sich sonst ausgebootet. Ist wieder Opfer geworden.

Mag sein, dass sich manche da trösten kann, indem sie sich sagt (oder indem andere auf dem spirituellen Pfad es ihr sagen): »Wir sind doch ohnehin alle eins. Sieh es doch einfach mal so: Der andere ist immer dein eigener Spiegel. Finde heraus, was da Ungutes in dir selbst ist. Und hast du schon darüber nachgedacht, was an der ganzen Sache wohl dein eigenes schlechtes Karma ist? Wenn nicht aus diesem, dann aus einem früheren Leben. Sicher gibt es an der Sache noch viel zu lernen für dich. Egal was geschieht, niemals mit Wut und Aggression antworten, denn damit vermehrst du dein schlechtes Karma. Und du verstärkst das allgemeine Leiden.«

Denn manche(r) auf dem spirituellen Pfad hofft, dass eine andere Art des Denkens auch gegen ein gravierendes eigenes Leiden hilft. Ob das so ist?

Anmerkungen:

[1] Khema, Ayya: *Buddha ohne Geheimnis. Die Lehre für den Alltag.* Zürich 1987, S.102.

[2] aaO., S.103f.

[3] aaO., S.107.

[4] Estés, Clarissa Pinkola: *Die Wolfsfrau. Die Kraft der weiblichen Urinstinkte.* München 1993, S.183f.

[5] aaO., S.184.

[6] Procharzka, Pavel: *Sensibilität und Abgrenzung bei Neurodermitis*. Wiesen 1994, S.101.

[7] aaO., S.101.

[8] Berry, Carmen R.: *Die Erlöser-Falle*. Düsseldorf/Wien 1993, S.125.

[9] Procharzka, Pavel, aaO. S.99.

[10] aaO., S.98.

[11] aaO., 84f.

KAPITEL 4

Ein schwaches Ich und die möglichen Irrwege spiritueller Erlösung

WENN ALLES LEBEN LEIDEN IST: WAS IST DANN DEPRESSION?

Buddha hat also gesagt: Alles Leben ist Leiden.

Dass diese Aussage stimmt, das bezweifeln wir Westler zutiefst. Manchmal kommen Buddhisten uns entgegen und sagen: Leben ist voller »Dukkha*«. Unser Leben sei also erfüllt von alltäglichem Unzufriedensein. Und Ayya Khema meint, wir hätten damit zu rechnen, »bis man von jedem Wunsch und von jeder Vorstellung vollkommen losgelassen hat.«[1]
Loslassen wird so zu einer privaten Formel des individuellen Seelenheils.

»Du musst loslassen können. Lass von deinen Vorstellungen ab, nimm die Welt so, wie sie wirklich ist: Da sie sich immerzu verändert, lässt sich auch nichts festhalten. Warum also glauben, Sicherheit ließe sich erschaffen? Unsere Gefühle zu einem Objekt ändern sich. Nichts, was wir unbedingt haben oder halten wollen, wird uns dauerhaft glücklich machen. Auch Stimmungen ändern sich ständig. Ist der eine Wunsch erfüllt, meldet sich der nächste. Also macht auch die Erfüllung aller Wünsche uns nicht anhaltend glücklich. Auch deine Gesundheit und Belastbarkeit ändern sich. Du kannst dich auf nichts verlassen – das ist gewiss.«

Solche Gedanken werden uns zunehmend vertraut – und gehen doch vielen gegen den Strich.

»Mein Körper ist der Krankheit und dem Verfall unterworfen«,
sagen Buddhisten sich täglich und weisen darauf hin, der Alte-
rungsprozeß des Körpers zeige, dass es von Geburt an auf den
Tod zugehe. Das hören wir gar nicht gerne. Wir verdrängen den
Tod. Mit der politischen Wende in Mittel- und Osteuropa zu
Beginn der 90er Jahre ist im kollektiven Leben wieder deutlicher geworden, dass Wechsel das Leben formt. An dem Punkt
gibt der aufgeklärte Europäer den Buddhisten schließlich recht.
Doch: Alles Leben soll Leiden sein? Mit dieser Auffassung stehen die Buddhisten im Westen ziemlich allein. Außer bei jenen
Menschen, die ihr Leben ähnlich sehen: Depressive.
Ist Buddhismus deshalb eine gute Therapie bei Depression?
Viele depressive Menschen beschäftigen sich mehr als ihre Mitmenschen mit den Themen Tod und Sterben. Oft können sie
den Tod eines nahen Angehörigen nicht ab/lösend erleben. Sie
können weder Trauer noch Wut richtig zulassen, die beide für
die Trennung so unentbehrlich sind. Viele Depressive beschäftigen sich auch (wie Buddhisten) mit körperlichem Verfall. Meist
jedoch in festhaltender, nicht akzeptierender Weise. Sträubend
und klagend. Verlangsamung wird manchmal gegen den
Wandlungscharakter der Zeit eingesetzt. Endgültige Auslö-
schung soll mit Verlangsamung verhindert werden. Andere depressive Menschen wiederum leben extrem eilig und hastend.
Hektisch und voller Gier versuchen sie »vom Leben zu nehmen«, soviel es nur geht. Sie stellen in Rechnung, dass die End-
lichkeit allen Erlebens droht. Das wirkt dann allerdings, als sei
eine gelassen genießende Lebensweise in diesem Umfeld nicht
möglich. Wirkliche Ruhe könnte unter Umständen unerwünschte Gefühle zum Vorschein bringen. Eine Ruhe, die mit
Gelassenheit einhergeht, ist hier nicht möglich. Das Denken
kreist zu stark. Das Denken arbeitet gegen die Verluste an. Die
Vorstellungen beschäftigen sich oft mit all dem, was »nicht
geht«.
    Depressive Menschen haben begriffen, dass »alles sich im-
merzu verändert«. Allerdings lehnen sie sich dagegen auf. »Mein
Körper ist der Krankheit und dem Tod unterworfen«. Äusserst

aufmerksam beobachten manche Depressive den eigenen Körper – auf seine Störanfälligkeit hin. Denn er droht ja dauernd
mit Tod. Während Buddhisten ihre körperliche Existenz nüchtern betrachten, herrscht bei depressiven Menschen eher die
Vorstellung vor, der Körper müsse gesund bleiben. Sie bekla-
gen, was Buddhisten – sich erinnernd – täglich sagen.

Überhaupt klagen depressive Menschen viel. Trennungen,
Scheidungen, Sterben. Könnte es sie da nicht trösten, von Buddhisten zu hören, dass alles Leben ohnehin immerzu im Wandel ist? Wohl wenig.

Anders etwa als die »vom Platz ohne Erbarmen« (siehe Car-
los Castaneda) den Tod betrachtenden Esoteriker, kommen Depressive sehr schlecht über die Abschiedlichkeit des Lebens hinweg. Don Juan (der Lehrer von Castaneda) empfiehlt, den eigenen Tod stets an der Seite gehend zu sehen, ihn *immer* im Blick
zu behalten. Das ermögliche es, kraftvoll zu leben und sogar
dem eigenen Tod in den letzten Momenten noch einen eigenen
Tanz vorführen zu dürfen. Mit der in einem nüchternen Leben
erworbenen Kraft. Und dann vollbewußt in die andere Welt zu
gehen – das sei Lebenssinn. Sich des Todes täglich zu erinnern,
lehren viele spirituelle Richtungen.

Ein depressiver Mensch hat es mit Verlust schwer. Er macht es
sich auch oft schwer, weil er versucht, widerständig Haltung zu
bewahren. Häufig besteht bei depressivem Verlorensein keine
Hoffnung auf eine jenseitige Erlösung. Bei uns wird selten Trost
im Glauben gesucht. In spirituellen Kreisen wird ein depressiver Mensch schon mal getröstet, wir seien doch ohnehin alle
eins, deshalb könne niemand verloren gehen. Der Tote bleibe
im Leben, allein die Energieform ändere sich. Die Erde sei ohnehin ein zu schwieriger Ort, um glücklich zu sein, deshalb
habe es die verstorbene Person jetzt besser. Auch das wird in
manchen esoterischen Kreisen bei Trauer als Trost gegeben.

Psychotherapie bietet Depressiven solchen jenseitigen
»Halt« meist nicht an. Sie geht anders vor. Sie fordert auf, die
mit den Verlusten verbundenen Gefühle zu äussern. Trauer

ebenso wie Wut über den Verlust. Schuldgefühle sollen erkennbar werden. Der Fluß der Gefühle soll wieder belebt werden. Depressive können sich lange Zeit nach einem Verlust dem Lebensfluß nicht wieder anvertrauen. Sie fühlen sich durch Krankheit oder Verlassenwerden zu sehr verstört. Psychotherapie arbeitet deshalb auch mit dem Erkennen eigener Vorstellungen. Eine Renovierung des Denkens tut Depressiven fast immer gut. Depressives Denken kreist in der Regel um den Kontrollverlust. Ein *unerwarteter* Verlust zeigt eben besonders, dass die Kontrolle über vorher bewältigbar scheinende Lebensgeschehnisse verloren ging. Auch das lange Sterben eines geliebten Menschen macht das deutlich. Ein tiefer Verlust erschüttert nicht nur wegen des Verlorenen. Verluste irritieren auch unseren Glauben, »alles im Griff zu haben«. Sterben hat so wenig mit »Kontrolle« zu tun, dass wir den Tod am liebsten ausblenden möchten. »Kontrolle haben« ist für uns ein zentraler Glaubenssatz. Gegenanzeigen werden verdrängt und ausgeblendet. So lange es geht.

»Das ist nicht aufgeklärt, das ist absurd«, sagt der über den Tod aufgeklärte spirituelle Osten zum Westen. Doch der Westen hört lieber nicht zu. Erst in der direkten Erfahrung von Tod und Sterben werden wir über diese Eckdaten unseres Lebens aufgeklärt. Deshalb lassen aber gerade Krankheit und Tod uns als Betroffene so oft alleine. Sie treffen uns, die wir uns abgewendet haben, eines Tages unvorbereitet. Auch das macht uns so hilflos. Und mit der Erfahrung von Tod oder Sterben schließlich einsam.

Im buddhistisch-hinduistischen Asien, wo der Tod oft nebenan und ganz und gar öffentlich geschieht, gehört er als Thema zum Leben. Bei uns hingegen führt gerade die buddistische »Bekenntnisformel« (Mein Körper ist der Krankheit und dem Tod unterworfen) dazu, dass viele für sich entscheiden: »Buddhismus ist mir viel zu negativ«.

Als Psychotherapeutin sage ich: Gerade weil wir so große Angst vor dem Verlust der Kontrolle haben, führt die Erfahrung von gravierendem Kontrollverlust häufig zu Depressio-

nen. Dies gilt besonders für Menschen, die eine Disposition zu
Depression haben. Dies sind Menschen, die bereits in ihrer
Kindheit gravierende Verluste verkraften mußten – und mit
deren Annehmen überfordert waren. Diese frühere Hilflosigkeit mündet bei Wiederholung (in einer vielleicht für das Un-
bewußte recht ähnlichen Erfahrung) nicht unbedingt, aber
manchmal in eine depressive Reaktion.

Der Depressionsforscher und Psychologe Seligmann sagt,
hier sei »Hilflosigkeit« zu einem erlernten Schema geworden.
Die meisten Depressiven haben gelernt, sich als hilflos zu sehen.
Und glauben nicht, dass sie über eigenes Bemühen ihre Lebensumstände jemals wieder günstiger gestalten können. Solche Er-
wartungshaltung führt zu Zögern und Hemmung – und mehr
und mehr zu Passivität. Wer Verluste hauptsächlich so verarbeitet hat, dass er glaubt, keine Kontrolle zu besitzen, wer vor allem glaubt, wichtige Ereignisse des eigenen Lebens nicht mehr
beeinflussen zu können, der gibt auf. Das ist ein Erklärungsan-
satz der westlichen Psychotherapie für Depression. Ein anderes
Erklärungsmuster lautet: Depressive gestatten sich häufig nicht,
ihrer tiefen Enttäuschung über einen Verlust Raum zu geben.
Damit verstoßen sie gegen ein eigenes Gesetz, denn sie sind
empfindsame Menschen. Sie sind eine Bindung eingegangen,
haben das Geliebte verloren und fühlen sich nun sehr unge-
schützt. Depression kann mit Suizidalität zusammentreffen.
Es scheint nichts mehr zu geben, was das Leben lebenswert
macht ...

Lerntheoretiker sagen: »Soweit unkontrollierbare Ereignisse
auftauchen, seien sie entweder traumatisch oder positiv, wird
man für Depression empfänglich und wird die Ich–Stärke geschwächt. Soweit kontrollierbare Ereignisse auftauchen, resultiert daraus ein Gefühl der Überlegenheit und Widerstand gegenüber Depression.«[2]

Es ist simpel zu sagen, unkontrollierbare Ereignisse gehören
zum menschlichen Leben. Krankheit, Arbeitslosigkeit, Trennung, Sterben und Tod vollziehen sich einfach. Tod – er steht
doch am Ende jedes Körpers. Vorformen des Sterbens erleben

wir doch tagtäglich: Kein Tag gleicht einem anderen. Kein Mensch ist morgen noch derselbe. Keine Beziehung, keine Freundschaft bleibt, was sie ist.

Seltsam ist, dass eine Kultur ihre Mitglieder über die Tatsache des Sterbens so täuschen kann. Das sagt sich sicher mancher aus einem Land mit buddhistischer Tradition, wenn er im Westen angekommen ist.

Depressive und die spirituellen Lehren des Ostens

So sind es auch simple Tatsachenbehauptungen – mit denen uns die Meister des Ostens berühren.

Während die östliche Kultur mit ihren Totenverbrennungen an Flußufern lichthell auf die Vergänglichkeit deutet, können sich hier Aufwachsende täuschen, bis Tod und Sterben in ihren Umkreis tritt. Das Altern des Körpers wird bei uns übrigens ähnlich ausgegrenzt. So, als ob es das Dilemma der Betroffenen sei. Altsein ist »out«. Als reine Tatsache bedroht es schon den Geist der Jungen. Macht es ihnen doch etwas von ihrem eigenen Leben deutlich, das sie mit Verachtung abzuwehren suchen. Vergleichbare Abwehrvorgänge treffen diejenigen, die mit Tod und Sterben direkt konfrontiert sind. Ihre Trauer soll so kurz wie möglich sein. Das ist eine sozusagen gesellschaftsimmanente Forderung. So allerdings wird Depression gefördert.

Da kann der Zugang zu einem östlichen Religionssystem, das von Tod und Sterben in akzeptierender Weise spricht, schlicht und einfach trostreich sein.

Depressive Menschen finden in den östlichen Religionen viel, was ihnen ihr Sosein leichter machen kann. Es kommt ihrem Denken nah. Sie empfinden dann Zugehörigkeit und neue Hoffnung. Und bekommen über das Meditieren dann auch wieder eine praktische Erfahrung, des Fließens. Wer meditiert, entfernt sich »vom Kopf« hin zum Fühlen, vom Denken zum Atem hin. Hilfreich ist schon zu lernen, den Atem in seiner natürlichen Bewegung zuzulassen. Der östliche Weg hilft hier.

Eine gewisse Gefahr sehe ich jedoch bei selbsttherapeutischem Vorgehen: Das Nicht-mehr-Wollen und die Abwendung vom Leben lässt sich mit der Übernahme von buddhistischem Gedankengut schön reden. Die aus dem Osten zu uns kommenden Lehrer beschäftigen sich viel mit der Kunst des Loslassens, jedoch recht wenig mit einem geplanten, gezielten, pragmatischen Umgang mit diesem Leben.

Statt effektvollem Einwirken auf die Wirklichkeit wird auch den zu Depression Disponierten angeraten, »nicht mehr viel zu wollen«. Ziemlich leicht können Menschen, die am mangelnden Einflussnehmen-Können leiden, von Buddhisten das »Es muss ja auch gar nicht sein« als verklärende Bestätigung entgegennehmen. Wird es doch als der Weg zum Glück angepriesen. Natürlich ist es wichtig, präzise zu unterscheiden: Es gibt sehr viele verschiedene Richtungen im Buddhismus – ausdrücklich ist von mir nicht die meist recht lebensbejahende Haltung und pragmatische Lebensbewältigungslehre des tibetischen Buddhismus gemeint.

Leiden entsteht, weil ich nicht von jedem Wunsch abgelassen habe – dies aber verbinden viele mit »Buddhismus«. Ayya Khema fragte ihre ZuhörerInnen bei ihrem letzten Vortrag in Berlin: Wozu sollen wir reisen? Wozu viel Geld verdienen? Warum uns vergnügen? Warum anderen gefallen wollen? Auf den inneren Frieden kommt es doch an. Und der stellt sich nur ein, wenn Konfliktfreiheit da ist. Und die stellt sich ein, wenn sich der Mensch nicht mehr an seinen unerfüllten Wünschen reibt.

Da fühlt sich auch die depressive Resignation verstanden.

Gerade ein westlicher Geist richtet sich aber gerne auf eine sinnvolle Einflussnahme auf die Materie aus. Auf das Einbringen der eigenen Talente und Begabungen. Kreativität entsteht auch durch Konfliktspannung. Der depressive Persönlichkeitsanteil mit seiner (ihn aber nicht glücklichmachenden) »Es-nützt-doch-alles-nichts-Sicht« hat sich beim Dharma-Vortrag Verstärkung geholt. Wenn der gesunden wollende Persönlichkeitsteil

wieder dorthin will, wo auch ihm Kontrollerlebnisse über
wichtige Lebenserfahrungen das Leben (vor dem Tode) erfreulich machen, ist beim strengen Buddhismus Vorsicht angeraten.
Und doch wird eine Renovierung des Denkens dringend gebraucht. Und auch neue Sinnaussagen. Die aber wollen viele
PsychotherapeutInnen partout nicht machen. Da zudem die
westliche Kultur über »den Sinn« von Leben und Sterben ebenfalls schweigt, stellt sich für mehr und mehr depressive Menschen die Frage: Welche der spirituellen Richtungen nimmt
mich an, so wie ich bin? Und führt mich trotzdem aus dem Leiden? Sufismus vielleicht?

Beim »Weg durchs Feuer« ist Loslassen als Kur des Leidens
ebenfalls angesagt. Der Schülerin Irina Tweedie wurde gezeigt,
dass es »normal« sei, sich um das Wohlbefinden des Körpers
nicht weiter zu sorgen. Der Meister machte sich mit nachlässi-
gem Verhalten zusätzlich krank und gab auf seine Anfälligkeit
rein gar nichts. Seine Achtsamkeit richtete sich wenig auf die
Gefährdungsstellen seines physischen Gefährts. Ach, dieser
Körper, was zählt er schon? Und dann die Kontrolle über die
eigenen Lebensumstände. Mrs. Tweedie übergab ihrem Meister
ihren gesamten Besitz. Sie besaß fortan nicht einmal mehr die
Verfügungskraft über ihre eigene Rente. Ihre diesbezügliche
Hilflosigkeit sollte ihre Hingabefähigkeit fördern.
    Das war für ihr Ego natürlich eine Strapaze.
    Hingabe statt »Kontrolle über das eigene Leben«.
    Nein – das mag weder das Ego noch das Ich. Und es ist ge-
wiß kein Frauenbefreiungsprogramm.
    Der Heroismus der Armut, den Sufis oft pflegen, dürfte den
aus der Armut stammenden Frauen ohnehin nicht die Offenbarung sein. Und für den Weg aus der Depression eignet sich ein
solches Programm wohl nur bei alleraufmerksamster Meister-
Betreuung. Christlich-feministische Theologie? Ich habe gezeigt, wie dort der Mit-SchöpferInnen-Blick betont wird. Sich
als Mit-Schöpferin des Lebensprozesses zu sehen, das kann auch
bei depressiver Verstimmung zu einer Hilfe werden. Solch ein

Blick führt möglicherweise in den Fluß des Lebens zurück.
Aber die Blickveränderung allein wird wohl nicht genügen, um
aus erlernter Hilflosigkeit heraus zu finden. Sie unterstützt aber
die Arbeit von PsychotherapeutInnen, die es begrüssen, wenn
es wieder zu Kontrollerleben kommt. Am schnellsten geht es
über Methoden der Verhaltenstherapie. Auch mittels verschie-
dener Methoden der sonstigen Psychotherapien ergibt sich oft
innerhalb von ein bis zwei Jahren, dass aus einer Frau, die aufgrund ihrer Verarbeitung von mangelnder Kontrollmöglichkeit
in ihrem Leben depressiv wurde, wieder eine lebensfrohe Mit–
Erschafferin von Erfahrungen wird. Wenn auch keine Kontrol-
leurin.

FRAUEN UND DEPRESSION

Weil im Bild von Frauen, die wollen und erreichen und haben,
auf dem ganzen Planeten noch sehr viele Leerstellen sind, hat
der Feminismus einiges gegen das Loslassen-Bevor-Wir-Haben.

Schließlich gehört an diese Stelle: Es werden viel mehr Frau-
en als Männer depressiv.

Dies legte mir schon während meines Studiums die Vermutung nahe, dass sowohl die Erziehung zur Frau wie auch weibliche Lebensbedingungen »depressiv« machen können. Eine
»gelungene« Konditionierung zur Weiblichkeit ist bei Frauen
oftmals ein Grund ihrer Depression. Frauen leiden nicht nur an
der Vergänglichkeit, sondern auch an der Unerreichbarkeit
wichtiger Erfahrungen des Lebens.

Die depressiv gestimmte Psyche hat angesichts ihrer fru-
strierten Wünsche resigniert. Sie wollte: diese Hälfte des Him-
mels – nicht die andere! Nicht erst das Versprechen für die Zeit
»hinterher«. Sie wollte jetzt! die eigenen Talente und Qualitäten ins Leben einbringen – und wirksam sein und somit sinnvoll leben. Sie hätte gern mehr Kontrolle über die eigenen Lebensumstände. Um den strittigen Begriff »Kontrolle« etwas
genauer zu bestimmen, da er in der psychologischen Depress-
ionsforschung so wichtig ist: »Ob Ereignisse als kontrollierbar

erfahren werden können, ergibt sich aus objektiven und subjektiven Momenten. Unter objektiven Möglichkeiten ist vor allem die Einräumung von Zugang zu Kontrollpositionen zu verstehen. Unter den subjektiven Momenten, die intrapsychische Fähigkeit, sich den Zugang zu Kontrolle ›zuzutrauen‹ oder auch über das wegschaffende, selbstbehauptende Verhalten zu verfügen. In beiden Momenten sind Frauen bisher behindert.«[3]

Viele Statistiken belegen: In psychiatrischen Kliniken ist »Depression« die häufigste Diagnose bei erwachsenen Patientinnen. Das Rollenmuster echter »Weiblichkeit« macht, wird es »ordentlich« ausgeführt, depressiv. Auch Gewalterfahrungen in der Kindheit, auch sexueller Missbrauch stimmen depressiv. Es sind dies alles Erlebnisse von *starkem* Kontrollverlust. In solchen Erfahrungen wird oft der zwanghafte Wunsch geboren, im weiteren Lebensverlauf die Kontrolle behalten zu wollen. Später, beim Wiedererleben häuslicher Gewalt und Grenzverletzung, reagieren manche Frauen dann mit erkennbar werdender Depression. Jetzt kreist die »unerlöste« Psyche regelrecht um Ohnmachtserleben und Ausgeliefertsein. Diesen Blick verändert sie nicht, wenn nicht eine Psychotherapie ihr hilft. Es wird von ihr verallgemeinert: Leben ist überhaupt nicht »kontrollierbar« – also kann ich es auch aufgeben, mich wirklich am Leben zu beteiligen. Solcher Glaube haust in »den Räumen des Unbewußten«. Besonders bei ähnlichen Erfahrungen wird mit Rückzug bis Depression reagiert. Das innere Kind meint: Besser, ich ziehe mich ganz zurück, folge meiner Lebensangst und schütze mich hauptsächlich. Ich bin es einfach nicht wert, das Leben voll und ganz zu erleben. Sonst wäre mir das doch nicht passiert. Ich bin selbst schuld, dass das Leben für mich so schwer ist.

Gerade körperlicher und psychischer Missbrauch erwecken in der Psyche oft ein Basisschuldgefühl. Ebenso die Erfahrung von Misshandlung. Und nicht die Täter selbst, die Misshandelten empfinden auch noch die Scham. Massive Wut verbirgt sich allerdings hinter der Wand aus Schuld. Die wendet sich dann nicht selten auto-aggressiv gegen das Opfer. Oft ist

eine manifeste Depression ein komplex organisierter Schutz-
wall – um ein früheres Trauma *irgendwie* zu bewältigen. Sie ist
als Teil eines komplizierten psychischen Verarbeitungssystems
zu sehen, das dem Zweck dient, nach dem Trauma irgendwie
weiterleben zu können.

Therapie ist hier angebracht. Weniger angebracht ist der
Hinweis, dass es ohnehin gut ist, alles Wollen zu lassen. Wer
nichts mehr will, riskiert auch nichts, kann nur sein Unglücklichsein verlieren. Dieser nüchterne Blick ist hier kontraindiziert.

Depressive sind meist des/illusioniert – was nicht einfach er-
nüchtert heißt. Meist sind sie vom Leben und anderen Menschen tief enttäuscht. Manchmal sind sie auch verbittert. Deshalb ist es in einer Psychotherapie dann so wichtig, dass die
Empfindungsseiten (die in unserer westlichen Kultur meist unerwünscht sind), da sein dürfen. Und ausgedrückt werden dürfen. Dass Wut und Trauer über den Vertrauensverlust (dem Leben gegenüber), angehört werden. Sie sollen endlich und auch
unbedingt angenommen werden. Vor allem Gefühle müssen
nun sein dürfen. Eine Vertiefung des inneren Erlebens kann
manchmal der eigentliche Gewinn einer Beschäftigung mit Leiden sein. Später, sehr viel später meist, hilft es dann auch, dass
Wünsche wieder gesucht und gefunden werden. Denn Depressive brauchen Zeit, bis sie wieder wollen und dafür auch gehen
können (wie Gestalttherapeuten sagen). In bezug auf ihre eigenen vitalen Bedürfnisse haben Depressive oft Schuldgefühle.

Nach dem Verlust eines nahen Menschen entwickeln sie
Schuldgefühle, wenn der Wunsch, wieder am Leben beteiligt zu
sein aufkommt. Wieder zu reisen. Sich wieder zu verlieben.
Wieder ein fröhlicher Mensch zu werden.

»Alles Leben ist ohnehin nur Leiden?« hört sich dann sowohl erleichternd an als auch erneut deprimierend.

Feministinnen fragen ohnehin: Zieht das Loslassen der
Wünsche nicht einen weiteren dieser eingrenzenden Zirkel um
weibliches Leben?

Frauen ließen sich über Jahrhunderte sagen: Das braucht ihr

nicht! Gebt euch mit weniger zufrieden! Dann seid ihr auch so
zufrieden. Und lasst bitte eure Wut und eure Enttäuschung
nicht an anderen aus. Das vergiftet doch nur die Atmosphäre.
Und keiner hat euch mehr lieb. Und habt ihr überhaupt eine
andere Art des Lebens verdient? Wohl nicht, sonst hättet ihr sie.
Wie viele Frauen dieses Planeten glauben selbst, sie seien für ein
anderes Leben nicht »wertvoll genug«? Wie vielen Frauen wurde ein Basis-Schuldgefühl mitgegeben, das es wahrscheinlich
macht, dass sie sich Leiden als selbstverursacht zurechnen? Wie
viele Frauen auf diesem Planeten glauben, sie hätten die Misshandlungen durch ihre Väter oder Männer verdient? Und sind
trotz dieser Misshandlungen (physisch/emotional) bei ihnen
geblieben? Weil es ein besseres Leben für sie ohnehin nicht gibt?
Weil eine Trennung zu viel Unglück bewirkt hätte?

Gerade Depressive hüten große Schuldgefühle, wollen sie
sich trennen. Auf einem eigenen Weg zu gehen –, das ist schon
schwer genug, dabei aber auch noch jemanden zurückzulassen?
Das gelingt depressiven Menschen schlecht. Ich darf mich nicht
trennen! – das gehört zum Krankheitsbild. Hintergrund dieser
Schwierigkeit ist nicht selten die frühe Kindheitserfahrung von
Verlassenwerden. Schuldgefühle zirkulieren, da der Vorgang
nicht begriffen wurde. Nur mittels sorgsamer psycho-archäolo-
gischer Arbeit wäre da ein depressives Gewirr aus Schuld, Un-
wert und verdrängter Wut ins Bewußtsein zu bringen. Und dabei ist das Ich so aufzuklären, dass es aus dem Verhaftetsein her-
auskommt. Dass es seine inneren Fesseln löst.

Verirrte Lebenskraft ist leider in vielen Frauen wirksam. Sie
hält uns davon ab, uns etwas zuzutrauen. Auch hält sie uns davon ab, tätiger ins Leben hineinzustreben. Ein besonders ver-
pöntes Gefühl brächte uns allerdings mit Sicherheit voran: Wut.
Die eigene Wut, auch der eigene Ärger sind gerade hier so wichtig. Wichtig ist, sie zu begreifen. Sich selbst zu erlauben, sie aus-
zudrücken. Dabei ihre gute Intention anerkennen. Ausdrucks-
kultur statt Unterdrückungskultur. So könnte Depressions-
Prophylaxe aussehen. Die psychotherapeutische Arbeit zeigt,
dass es bei weiblicher Depression so gut wie immer auch um

gehemmte Aggressivität geht. Meist auf dem Boden einer so-wohl individuellen wie konditioniert-weiblichen Selbstwert-problematik. Die Verletzungen des Selbstwertgefühls, die das Aufwachsen im alten Patriarchat Frauen zufügte – sie allein können Anlaß für Zorn sein, der sich ein Leben lang hält.

»Laß doch lieber alles Wünschen und Wollen los, dann erst geht es dir gut« – scheint – in diesem Licht betrachtet – ein son-derbarer Trost. Aber vielen wird er zur anleitenden Regel.

Auch jene spirituelle Empfehlung, die eigene Wut zu trans-formieren und sie in mehr Mitgefühl zu verwandeln, ist solch eine Regel.

Und noch eine: Mitgefühl mit den Tätern.

Manche spirituellen Lehrer empfehlen das gegen die Wut.

Wer das bei einer Depression versucht, dem wird es vielleicht oberflächlich helfen. Diese Wut ist meist gut maskiert. Sie ist vielleicht in alltäglicher Feindseligkeit (die verleugnet wird) zu bemerken. Eine aufmerksame Spürarbeit ist nötig, um diese Wut überhaupt ins Bewußtsein zu bekommen. Vorher kann sie gar nicht zum Tee ins Wohnzimmer gebeten werden. Eher tref-fen die Scham- und Schuldgefühle ein. Sind sie doch Frauen eher erlaubt. Der Ausdruck von Wut bringt das Selbstbild vie-ler Frauen ins Schwanken. Nett und freundlich wollen sie sein. Das ist ihr Ich-Ideal. Eine wütende Frau – das erschreckt. Vor allem sie selbst.

Frauentherapie sagt Tröstendes: »Kein Wunder, dass Frauen so wütend sind im Patriarchat. Wütend sein – das ist doch bei Degradierung völlig normal.«

Die konventionelle Psychotherapie sucht mehr die individuel-len Wurzeln der Wut. Und deckt dabei »diese vielen psychi-schen Probleme« auf, die wir Westmenschen nun mal haben. Die Ergebnis unser Kindheit in einer hochzivilisierten, aber gefühlsverarmten Kultur sind. Um sich dieser Kultur anzupas-sen, mussten wir unser Gefühl vom Körper und vom Geist und der Seele abspalten. Das halten wir aus. Wir finden es ja auch völlig normal, uns mit unseren Gedanken unsere Gefühle zu erdenken: »Ich denke, dass ich ... fühle.« Das ist auch solch ein depressiv machender Plan.

Dagegen allerdings hat Psychotherapie im Westen ein Rezept: das Fühlen wird gelehrt. Und Psychotherapie findet heraus, was ein depressiver Mensch alles an Ungünstigem aus dem Umfeld »sich einverleibt« hat. Sie spürt Glaubenssätze auf, die dem Geist nicht gut tun. Sie achtet auf Introjekte, die im Innern penetrant gegen einen soliden Selbstwert reden. Deshalb gehen die meisten Versuche der Selbstbejahung oft wie Kriege aus. Auch die depressive Unfähigkeit »zuzugreifen«, kommt in den Bereich der Wahrnehmung. Meist wird sie erkennbar als Residuum der eigenen Lebensgeschichte. So wird dem von Depression betroffenen Menschen zum ersten Mal verständlich: Meine Ich-Hemmung und meine Rückzugstendenzen sind ganz brüchige Rettungsversuche. Das geschieht nicht aus Stärke, es geschieht aus Schwäche: »Greif gar nicht erst zu. Du würdest es eh nicht bekommen.« Doch indem es erst gar nicht anpackt, was es will, wird ein depressives Ich nicht gesünder. Auch nicht, wenn es sich selbst therapiert mithilfe der Regel: Loslassen hilft gegen alles Leiden.

Depressives Leiden verschwindet nicht auf diese Weise. Statt freier Wahl herrscht hier der Zwang der Neurose. Eigentlich weiß die Psyche nicht mehr weiter. »Nichts kann uns je wirklich zufrieden machen«, sagen manche Buddhisten und setzen auf eine Einsicht, die Leiden beseitigt. Diese gut gemeinte Aussage vermag dort nicht wirklich zu helfen – wo die Unfähigkeit zum »Zupacken« besteht. Eine ernsthafte Psychotherapie hingegen könnte etwas ausrichten. Mit ihrer Hilfe kann es gelingen, endlich (wieder) Freude am Leben zu gewinnen. Freude am eigenen Weg. Auf dem ein nun erstarkendes Ich fähig wird, eigene Wünsche zu entwickeln, zu halten, zu äußern und umzusetzen. So lebt es sich wirklich wirkungsvoller unter Menschen. Und auch erfolgreicher als mit Klagen und Hilflosigkeitsappellen.

Ein langwieriger Weg.

Ein Weg über ziemlich unbequemes Pflaster.

Ein Weg quer durch den eigenen Schatten. Hin zur Aufdek-
kung von Gefühlen, wie sie eine Frau für gewöhnlich nicht an
sich mag. Solche Gefühle überhaupt zu erleben, davon raten
manche spirituellen Richtungen ihr auch schlicht und einfach
ab. Denn darunter sind nun mal »unheilsame Gefühle« en masse.

Wer diesen Weg, der Selbstengagement fordert, nicht gehen
mag, findet für seine Lage an allen westlichen Straßenkreuzun-
gen zu spirituellen »Lagern« gute Ratschläge. Auf Flyern oder
Schildern steht fast immer, es gelte großzügiger zu werden. Es
gelte mehr zu lieben. Es gelte zum Beispiel die Eltern bei der
Herzmeditation als erste mit Liebe zu übergießen. Und in den
entsprechenden Beratungsstationen heißt es, manchmal helfe
eben nur, den »Feind« als die eigene Spiegelung anzusehen:
»Was ist das an dir, das du da im andern siehst und hasst, was
dich wütend macht?«

Gegen solche Richtungswechsel wehren Depressive sich
nicht.

Ihr Dauerthema ist die Beschäftigung mit der eigenen Feh-
lerhaftigkeit.

Dieser Ratschlag kommt besonders zupass. Auch jener, sich
der Wut mittels Verzeihen zu entledigen. Auf dem spirituellen
Pfad wird dieser Ratschlag bevorzugt erteilt.

»Verzeihe – und deine Rachegelüste verschwinden, ebenso deine Wut, genauso deine Scham. Warum sich mit Schulderleben
intensiv beschäftigen? Oder sich mit bohrenden Zweifeln herumschlagen, die die mögliche Ungerechtigkeit eigener Anklagen begleiten?«

Es wird der Rat erteilt: Auf gar keinen Fall die Wut aus sich
heraus bringen, etwa gar frisch von der Leber weg. Nein, wirklich besser nicht. Solche Gefühle produzieren nur neues
schlechtes Karma. Darüber hinaus schaden sie auch noch den
von ihnen Gemeinten. Denn sie wirken feinstofflich, d.h. sie
schädigen zuerst die Aura der Betroffenen. Und dann auch
dich, denn was du aussendest, kommt zu dir zurück! Deine

Bilder der Rache kommen zu dir als Rückschlag zurück. Sei
absolut vorsichtig.
  Lieber den Täter verstehen. Besser noch: ihm verzeihen.
  Ob das der Königsweg zur Lösung von Traumata ist ...

IM FALL VON MISSBRAUCH DEM
TÄTER VERZEIHEN?

Die Bewältigung von Missbrauch ist meiner Erfahrung nach ein
besonders schwieriges therapeutisches Thema. Bei einem anste-
henden Dialog zwischen Spiritualität und Psychotherapie bietet es sich besonders an, *genau* über dieses Thema nachzuden-
ken. Und für Laien empfiehlt sich, gerade hier die spirituellen
Ratschläge nicht so einfach anzuwenden. Hier deuten sich große Unterschiede zwischen östlicher und westlicher Moral und
Ethik an. Für die von Missbrauch Betroffenen, die meist
Schweigen über die Tat bewahren, wird es auf dem Pfad oft
noch verwirrender als zuvor. Sie bekommen zu ihrer Traumatisierung dort einiges (implizit meist) zu hören, was ihrer Psyche Schwierigkeiten bereiten muss. So steht etwa in dem viel-
gelesenen *Kurs in Wundern*: »Wenn du einen Bruder verurteilst,
dann sagst du: Ich, der ich schuldig war, entscheide mich, es zu
bleiben«.[4]
  Sexueller, seelischer und körperlicher Missbrauch in der
Kindheit, mit dessen Folgen Frauen sich in der Psychotherapie
häufig herumzuschlagen haben, bringt einen klaren Widerspruch zwischen Psychotherapie und Spiritualität auf den
Punkt. Hier, wo Täter, Tat und Opfer sehr deutlich getrennt
sind, kommen aus dem Bereich der Spiritualität manchmal
recht seltsame Ratschläge gerade für das Opfer: »Bürde ihm seine Schuld nicht auf, denn seine Schuld liegt in seinem heimli-
chen Gedanken, dass er dir dies angetan hat. Möchtest du ihn
denn lehren, dass er recht hat in seinem Wahn?«[5]
  Soviel Mitgefühl für den Täter – das ist hartes Brot für die
verletzte Psyche.

Die Psyche wird bei sexuellem Missbrauch von Seiten eines Erwachsenen verletzt. Er ist dem Kind in der Möglichkeit der Verantwortungsübernahme weit voraus. Das Kind ist mit seinem Versuch des Begreifens meist völlig allein. Und ziemlich verwirrt. Nicht nur der kindliche Körper wird durch sexuelle Handlungen missbraucht, verletzt wird auch die kindliche Seele. Auch wenn das Kind psychisch ausgebeutet wird, nimmt sie Schaden. Ebenso bei körperlicher Misshandlung, die Kindern so oft angetan wird. Als Frauentherapeutin bin ich mit dem Thema des sexuellen Missbrauchs besonders vertraut. Fast ein Drittel aller Frauen, die Unterstützung zur Selbst-Gewinnung suchen, haben in ihrer Kindheit sexuellen Missbrauch erfahren. Dies aufzuarbeiten ist für die Überlebende, aber auch für die als Mitfühlende geforderte Therapeutin schwer.

Anders als früher kommen nun mehr und mehr von Missbrauchserfahrungen geprägte Betroffene und berichten, von ihren spirituellen RatgeberInnen hätten sie gehört, es sei doch das Beste, dem Täter zu verzeihen. Frau habe gelesen, oder man habe es ihr mitgeteilt, dies löse alsbald die eigene Verstrickung mit dem Geschehenen auf. Ja, in manchen Büchern wird immerzu wiederholt, nur wer verzeihe, könne sich heilen. Wer nicht verzeihe, lade sich unter Umständen eine Krebserkrankung in die Zukunft ein.

Viele spirituelle Richtungen, die vom Christentum kommen, sehen im Verzeihen das Wundermittel. Im *Kurs in Wundern*, der sich aus christlicher Tradition herleitet und in der spirituellen Szene nicht nur viel gelesen, sondern auch viel zitiert wird, steht zum Thema Schuld (das immer ungeortet zur Missbrauchserfahrung gehört): »Schuld macht dich blind (...). Dadurch, dass du sie projizierst, erscheint die Welt dunkel und eingehüllt in Schuld.«[6] Hier wird dem Opfer also suggeriert, wenn es seine Beschuldigungen lasse, komme es auch aus der eigenen Dunkelheit wieder heraus.

Wenn das so einfach wäre – wäre es gut.

Doch wer lange und engagiert mit sexuell missbrauchten Frauen

und Mädchen gearbeitet hat, weiß, dass selbst jahrelange
Heilungsarbeit nicht notwendig und gesetzmäßig in einem Verzeihen enden kann. Wenn die Psyche so einfach funktionieren
würde, wie es in so manchen spirituellen Büchern steht, wäre es
wirklich einfach. »Denn wer seine Brüder im Dunkel sieht –
und schuldig in dem Dunkel, in dem er sie verhüllt, der hat zu
große Angst, auf das Licht im Inneren zu schauen.«[7] Wer sich
auf den spirituellen Pfad begeben hat, kennt das Bild: Licht
vertreibt die Dunkelheit. Das ist einleuchtend.

Gut. Schön. Doch schade, dass es diesen einfachen Ausweg
in der Arbeit mit Traumatisierten so gut wie nie gibt.

Es könnte doch so einfach sein, mit der Tat und dem Täter
zurecht zu kommen: »Kein übles Wort wollen wir ausstoßen,
freundlich und mitleidig wollen wir bleiben, gütig im Herzen,
nicht voll inneren Grolls, und jenen Menschen [Räuber und
Mörder sind gemeint] wollen wir mit einem von liebender Güte
erfüllten Geist durchstrahlen.«[8]

Der psychotherapeutische Weg ist oft eindeutig ein anderer
als der spirituelle Pfad. Er ist breiter angelegt – und er geht erklärtermaßen über sehr viel mehr irdische Hindernisse. Beim sexuellen Missbrauch muss er oft in aufmerksamstes Nachspüren
der Erfahrung gehen. Wobei etwas zu geschehen hat, was besonders manche östlichen Lehrer nun ganz und gar nicht empfehlen: »Unheilsame Gefühle« sollen geäußert werden. Das
steht hier ganz notwendig an.

Und damit auch das An/Erkennen der Schäden, die die Tat
und der Täter bewirkten. Eine Psychotherapie mit einer missbrauchten Frau beinhaltet, dass Selbsthass, Selbstvorwürfe und
Scham ausgesprochen werden. Dass ans Licht kommt, was zuvor unbewußt gegen das eigene Sein gewendet war. Oft selbst-
quälerisch. Sehr viel Unangenehmes kommt ans Licht – und
verständlicherweise möchte manche Frau dies gerne mit Verzeihen umgehen. Gerade weil es im Hier und Jetzt immer noch
qualvoll sein wird, möchten Überlebende, die mit spirituellen
Lehren in Kontakt gekommen sind, am liebsten glauben: Wer
verzeiht, löst sich von der Tat. Endgültig. Und vermag danach

unbelastet durchs Leben zu gehen. Auch die Nichtbetroffenen glauben meist gerne an die Ablösung des mit Scham, Schuld und Hass Belasteten durch »ein einfaches Verzeihen«. Es wird auch gedroht, wer nicht verzeihe, schade sich. Es sei hilfreich, die Täter selbst als Opfer zu sehen. So schrieb Louise L. Hay in einem ihrer frühen Bücher: »Um frei zu sein, ist es erforderlich zu verstehen, dass unsere Eltern ihr Bestmögliches getan haben mit dem Verständnis, Bewußtsein und Wissen, das ihnen zur Verfügung stand.«[9]

Das Bestmögliche im Allerschlechtesten gegeben, wie mag das in den Ohren eines körperlich oder seelisch mißhandelten Menschen klingen? Besonders dann, wenn die Psyche in ihrer Bewältigungsarbeit die Tat bereits mit einem klaren Grenzverlauf umgeben hatte? Den Täter nun als Täter sieht – und damit die Schuld klar zugeschrieben hat? Mit einem sicher gutgemeinten Rat kommt nun also wieder Irritation auf. Verständnis für den Täter – die alte christliche Botschaft. Nun aber auch noch: Das erlöst dich selbst von den Folgen der Tat. So befreist du dich von deren Schrecken. Falls du dich weigerst, machst du dich nochmals schuldig, und zwar an dir selbst! Denn heute bist du erwachsen und kannst über dein Tun und Lassen selbst entscheiden.

Oft kommen die oben zitierten Ratschläge bei dem inneren Kind so an, dass es mit seinem Beharren auf dem Nichtverzeihen selbst alles weiter falsch gemacht hat.

Eine Frau, die als Kind vielleicht über Jahre den Missbrauch ihres kleinen, nicht wehrhaften Körpers durch den Vater oder Bruder oder Onkel oder Großvater erlebt hat, möchte sich von all dem Ekel, der Selbstverachtung, dem Hass, dem Grauen und dem Entwürdigungserleben ganz sicher befreien. Niemand möchte *das* bewusst festhalten. Schon gar nicht eine Erwachsene, die ihr Leben inzwischen ganz anders, liebevoller vielleicht, eingerichtet hat. Sie möchte gerne vergessen. Sie würde auch gerne verzeihen, wenn sie »es« dann los wäre.

Warum »funktioniert« das nicht?

Weil ihr inneres Kind noch auf einen ganz anderen Prozess

wartet. Es will gesehen und gehört, es will dort abgeholt werden, wo es versteckt und sicher auch verschreckt immer noch
»hockt«. Es will und muss sogar endlich einmal gesehen und
gehört werden in seinem Schmerz. Und irgendwann will es
auch noch mit tiefem Mitgefühl »umarmt« werden. Dazu aber
müsste es sich aus seiner Gruft oder seiner dunklen Kellerecke
lösen und sich erst einmal zeigen, so wie es ist. Um sich zu zeigen, braucht es vor allem eins: Vertrauen. Doch dieses Vertrau-
en hat es nicht. Es hat Scham. Und fühlt sich selbst meist diffus
schuldig. So besteht eine komplizierte Ambivalenz: Einerseits
will es gesehen werden. Andererseits will es ungesehen bleiben.
Und dann gilt auch noch: Es *muss* so gesehen werden, wie es
ist, voll Schmerz und voll Scham und Zorn. Schmerz und
Scham, dieser gesamte Terror in der kindlichen Seele – sie wurden von »denen« in seinem früheren Umfeld fast immer in
Abrede gestellt. Sogar jene, die die Tat(en) mitbekamen, taten
oft, als sei anschließend »alles wieder ganz normal«. Und so hat
das Kind, so gut es konnte, meist mitgespielt. Was blieb ihm
sonst? Unauffällig, das schreckliche Geheimnis verbergend,
wuchs der Mensch nicht ganz so wie alle anderen auf. Die Psyche vermochte die mit der Erfahrung verbundenen Verwirrungen nicht aufzulösen. Insbesondere nicht die Verwirrung bezüglich der Verantwortung. Die Psyche hat »die ganze Sache«
wohl abgespalten. Auch später möchte die Frau dem Erlebten
nie mehr wiederbegegnen. Sie möchte gerne »wie die anderen
sein«. Nein, wirklich, sie will nicht, sie will kein einziges Mal in
diese ihre Erfahrung (erinnernd) wieder zurück. »Nicht noch
einmal«, sagt sie sich. In der Psychotherapie ist es häufig das
erste Mal, dass sie sich der Erfahrung *mit* ihren Gefühlen stellt.
Zum ersten Mal wird das Unfassbare für sie wirklich, indem es
von ihr »durchfühlt« wird. Gerade das »bestgehütete Geheimnis« wartet genau darauf. Dieses Nachfühlen wird zu einer
Brücke über den Spalt zwischen zwei inneren Kontinenten.
Kontinente, die lange Zeit ohne Verbindung waren. Dies wird
für die Reifung der Psyche eine extrem wichtige Erfahrung.
Vorher »steckte« sie fest. Zu solchem Wagnis gehört eine Menge

Vertrauen. In die therapeutische Beziehung.

In das eigene Ich.

Soviel Vertrauen wird schwer zu gewinnen sein. Ohne Vertrauen werden aber die eigenen Gefühle unbeachtet bleiben. Denn die Abwehr gegen sie funktioniert viel zu lange viel zu gut. Wie lange es möglich ist, zu verdrängen und zu verleugnen, ist oft überraschend. Da gehen eher Beziehungen zu Bruch. Da läuft die Beziehung zwischen Seele und Körper schief. Da betrüben Depressionen und Angst das Selbstverständnis. Manchmal auch Wahnideen. Trotzdem kommt das Erinnerte nicht ans Licht.

Der Umgang mit den Opfererfahrungen »auf dem Pfad«

Aber vielleicht gelingt das Verdrängen nicht mehr »auf dem Pfad«. Denn auf dem spirituellen Pfad kommt so manches ins Gespür und Gehör, was an allerlei Verdrängtes sehr nahe andockt. Und sei es, dass frau über Gesundheit und Krankheit liest: »Die Menschen, die uns all diese schrecklichen Dinge angetan haben, waren genauso verschüchtert und ängstlich wie Sie. Sie empfanden genau dieselbe Hilflosigkeit wie Sie.«[10] Möglicherweise regt sich da im eigenen Inneren plötzlich ein Widerstand. Mag sein, beim Lesen entsteht eine unerklärlich starke Furcht oder Angst. Das Bewusstsein bekommt vielleicht zu fassen, dass in diesen Sätzen etwas von »früher« liegt. Oder uns anspringt. Was ...? Etwas Unbeschreibliches. Etwas sehr Einsames. Denn die Psyche hat seit der Tat vermutlich gut begriffen, was das kollektive Über-Ich für Recht und richtig hält. Sie weiß, dass »die anderen meinen«, dass die Täter selbst die Opfer gewesen sind. Das liest man doch tagtäglich in der Zeitung. Gerade in Prozessberichten war es lange Zeit Tenor, dass bei Missbrauchern die Ursache in deren kalter/herzloser/unberührter Kindheit/Pubertät zu sehen ist.

Und so gut wie nie in einem Mangel an verantwortlichem Handeln. Selbst das Bundesfamilienministerium, ganz sicher von gutem Willen beseelt, schreibt nun in einer Kampagne gegen das Schlagen von Kindern: »Wer geschlagen wird, schlägt später selbst«. Die Psychologie hat es ja herausgefunden: Ein Drittel der Misshandelten misshandeln auch wieder ihre eigenen Kinder. Aber damit ist auch gesagt: Zwei Drittel der Menschen, die als Kinder Gewalt erfahren mussten, geben die Gewalterfahrung nicht weiter. Sie haben für sich entschieden: Bei mir hört der Kreislauf auf! Was zeigt, dass auch hier Verantwortlichkeit möglich ist. Das wird selten so geachtet, wie das, was einem Täter in der Kindheit widerfahren ist. Diese Betrachtung hat System. Und dieses System wird wie selbstverständlich auch von spiritueller Lehre gespeist. Niemand beschäftigt sich gerne mit den Opfern. Die Opfer-Perspektive ist in der westlichen New-Age-Literatur regelrecht verpönt. So dient wohl für viele auch im spirituellen Bereich der Wechsel in die Täter-Perspektive vor allem dem Zweck des eigenen Wohlbefindens.

Hilft er doch, sich mit der Tat nicht zu sehr beschäftigen zu müssen. Soviel Ohnmacht und Ausgeliefertsein wie ein hilfloses Kind erfährt, das widerspricht der westlichen »Du-kannst-alles-machen-was-du-möchtest-Lebensphilosophie«. Der viele spirituellen Lehrer hinzufügen: »Wenn du nur richtig denkst«. Manche östlichen Lehrer gehen anders mit dem Aspekt der Verantwortlichkeit um. Auch wenn das Opfer damals noch ein ganz kleines Kind war, so war die Missbrauchserfahrung eben sein eigenes Karma. Denn alles Schlechte und auch alles Gute läßt sich leichthin aus früherem Leben erklären. Manchmal hört man, in dieser Erfahrung liege doch auch etwas ganz Großartiges: Frau wurde in harter Erfahrung gestählt, d.h. eine bedeutende Charakterformung konnte sich vollziehen. Und eine große Lebensaufgabe zeige sich in der Wahl großer Herausforderungen schon im Kindesalter an. Wer mit früheren Leben argumentiert – wie kann der oder die eigentlich widerlegt werden? Die weite Perspektive kommt nicht immer aus der Weite des Herzens.

»Wenn also ein Kind in eine Familie geboren wird, in der ein

Elternteil besonders dominant ist oder ständig herumkritisiert oder gar physisch aggressiv wird, wenn ein Kind in seiner Familie nie gelobt und gefördert, sondern abschätzig beurteilt wird (...) – ist dies, von der Seelenebene her betrachtet, letztlich ein frei gewählter notwendiger Druck, der zur bestmöglichen Entwicklung verhilft.«[11] So predigt die US-Amerikanerin Chris Griscom, und sie geht noch weiter: »Tatsächlich ist also das Kind niemals Opfer der Eltern. Es hat sich die Eltern vielmehr ausgesucht und umgekehrt.«[12] Chris Griscom argumentiert hier mit der Autorität ihrer jahrelangen Rückführungsanleitungen in frühere Leben. Wer kann dem widersprechen?

Jede Psychotherapeutin.

In manchen spirituellen Kreisen würde die mit ihrem lautem Halt! Stopp! an dieser Stelle nicht viel Verständnis finden. Eher würde sie sehen, wie der Zeigefinger gewendet wird. Denn der weitere Erklärungsstrang hört sich manchmal so an: »Dass all diese Menschen, die sich in diesem Leben als Opfer erfahren, über ein ganzes Repertoire eigener Rollenspiele in vergangenen Leben verfügen, in denen sie selbst die Verursacher von Opfern waren. Zwischen dem Opfer und dem Verursacher kommt es also zu einem Ausgleich, es kommt zum Abschluss eines Kreislaufs. Anders gesagt: Opfer und Täter sind eins.«[13]

Gleichwohl ich weiß, dass inzwischen bei uns eine ganze Menge von Menschen solche Vorstellungen gelesen haben und verbreiten, packt mich als Psychotherapeutin an diesem Punkt noch immer ein kräftiges Erstaunen. »Ändere deine Einstellung, und es geht dir wieder gut.« So stellen Menschen sich also die Heilung des Opfers vor? Doch da es nicht nur um ein Jonglieren mit Denk-Konstruktionen geht, ist hier deutlich zu sagen, dass Frauen, die selbst betroffen sind, sich nicht verwirren lassen sollten. Es ist unwahrscheinlich, dass sie selbst laut einen abgrenzenden Stand einnehmen werden – um etwa auf ihrem eigenen Blick zu bestehen.

Von frühen Störungen Geprägte besitzen meist kein starkes Ich. Und genau das ist hier gefragt, denn es müßte zwischen eigener Wahrheit und fremder Wahrheitsannahme sehr genau unterscheiden. Hier wird eine Theorie ins Feld geführt, die dem Opfer eingeimpft ist: Es »ist selber schuld.« Das scheint mir im Grunde in allen von mir angeführten Zitaten enthalten zu sein. Am direktesten in der Theorie, das Opfer habe sich für die traumatisierenden Erfahrungen entschieden, um sein Karma auszugleichen oder um zu wachsen. Nun muss es nur noch den großen Sinn herausfinden. Wenn frau oder mann sich die Tat und Täter ausgesucht hat, wenn ein tiefes inneres Band sie zusammenhält, was sollen dann eigentlich noch Wut und Trauer und Hass? Das läßt sich bei dieser Betrachtung natürlich fragen. Warum sich überhaupt schämen? Warum Rachegelüste hüten? Angebrachter wäre es dann doch, (als Opfer) den Täter zu lieben. Und sich zu verzeihen – sich selbst eine solche Tat kreiert zu haben. Die unzähligen früheren bösen Taten, die man mit sich selbst abzumachen hat ... Der Täter aber – er tat, was er tat, aus großer Liebe. Nur eine Seele, welche die Opfer-Seele sehr liebt, gibt sich zu einer grausamen Tat her. So etwa argumentiert Chris Griscom an anderer Stelle. Mit dem Beweis ihrer Rückführungssessions. Sie sagt es mit königlicher Autorität. Wer will widersprechen?

PsychotherapeutInnen. Und was sagen wir zu den Kurierungsvorschlägen obiger Einsichtsvermittler?

Das Opfer solle sich mit Mitgefühl kurieren, das sagen auch Christen manchmal. Buddhisten sagen das auch. New Age-Lehrer des Mit-Schöpfer-Ansatzes raten: Versuche vor allem, aus der Opfer-Perspektive heraus und in die Schöpfer-Perspektive zu gelangen. Wenn du dein Leben als durch dich erschaffen sehen kannst, wird es dich versöhnlicher stimmen. Erst dann siehst du auch jene besonderen Entwicklungschancen, die deine Opfer-Erfahrungen dir ermöglicht haben. Du bist stark geworden – nicht wahr?

So soll das Opfer per Einsichtsvermittlung vom Leiden zum Nichtmehrleiden finden. Eine so starke Sichtveränderung kann eine Psychotherapeutin in späteren Stadien der Therapie auch manchmal bewirken. Manchmal.

Mancher Esoteriker teilt dem Opfer ohne therapeutische Beglei-
tung mit: Wer sich schwere Probleme kreiert, hat eben viel mit
sich vor. Manche spirituellen Ratgeber scheinen wirklich zu
glauben, die Auflösung der mit den Traumatisierungen verbundenen psychischen Probleme könne sich vorwiegend über men-
tale Umprogrammierungsprozesse vollziehen.

PsychotherapeutInnen können das nicht glauben. PsychotherapeutInnen sind sich ganz und gar sicher, dass sich eine Lösung für die Psyche nicht so einfach vollziehen lässt. Wir hören
und sehen das ja immer wieder: Der von einem Trauma betroffene Mensch hat es ja mit den einfacheren Umdenk-Methoden
meist schon versucht. Zum Beispiel mit der Methode, sich nicht
so wichtig zu nehmen. Beim Vergessen zu bleiben. Falls das
nicht möglich war, versuchten viele, die Tat klein zu schreiben.
Versuchten, sie vor den anderen zu leugnen. Versuchten, wie
alle zu sein oder zu werden. Ignorierten ihre gravierenden Schä-
digungen. Bis es nicht mehr ging.

Manche, die bei spirituellen Vorträgen zuhören, haben den
Schaden in sich noch nicht realisiert – und versuchen sich bereits am Verständnis mit dem Täter. Sie sind besonders über-
rascht, wenn die alte Wunde aufbricht. Wo das bisher notdürftig gehaltene psychische Gleichgewicht kippt, da erscheint oft
gänzlich Neues. Und mitunter nicht mehr Auszuhaltendes. Die
Erinnerung setzt dann vielleicht ganz plötzlich ein, erschüt-
ternd, unbegreiflich. Auch über Meditation kann es so kommen: Das Verdrängte gerät ins Bewusstsein, die Abwehr bricht
zusammen. Dann braucht es (besonders ohne Therapie) ein starkes Ich – um *dem* standzuhalten.

Ein starkes Ich wird jetzt auch deshalb gebraucht, weil es
nun zwischen fremder Moral und eigener Moral gut zu unterscheiden gilt. Das Ich muss das eigene selbstverurteilende Über-
Ich ertragen. Müsste ihm Einhalt gebieten können. Meist hat das
weibliche Über-Ich bei Schuldzuschreibungen gut zugehört.
Spirituelle »Meinungen« von Leuten, die sich zum Belehren
berufen fühlen, vermögen die eigene Selbstverurteilung leider
noch zu vermehren. Oft erwecken sie weder Respekt noch

Achtung noch eine einfühlsame Beachtung für den Schmerz. Stattdessen verstärken sie die Haltung: »Das war doch gar nichts Beklagenswertes«. Das verstärkt die bisherige Haltung, sich für das Erlebte zu sehr zu schämen, um davon sprechen zu können. Auf das jedem Opfer bekannte »Du bist selber schuld« läuft im spirituellen Bereich so manches hinaus.

Ich beschreibe dies alles aus der Perspektive und der Wahrnehmung des inneren Kindes. Gerade das innere Kind bräuchte so viel Verständnis. Auch die inzwischen längst Erwachsene bräuchte mehr Verständnis – für die eigenen Schwierigkeiten mit Kontakt und Nähe. Und meist auch mit Sexualität. Traumatisierte haben in diesen Bereichen fast immer Schwierigkeiten. Allerdings ist es gerade ihr Ich, das meist nicht gelernt hat, für mehr Verständnis zu werben. Auch Schonung im Hinblick auf moralische Überforderung fordert es nicht ein. Oft ist das Über-Ich ausgesprochen »moralisch«. Auch deshalb liebt es die von klaren Grundsätzen geprägten moralischen Einreden der spirituellen Lehrer sehr. Ihnen setzt das Ich allerdings kaum Eigeninteresse entgegen. Auf Schonung und Verständnis zu bestehen, das würde dem Ich nach außen und innen helfen. Auch gegenüber jenen Freunden aus dem spirituellen Bereich, die genervt mahnen: »Kannst du denn immer noch nicht verzeihen? Dann musst du eben mit den negativen Konsequenzen bis zum Tod des Täters leben. Aber dann ist für dich die Gelegenheit vorbei. Also, beeil dich!« Auch Laien sind bei diesem Thema sehr interessiert, das Gatter zum Lösungsweg des Verzeihens zu öffnen. Eine funktionierende Selbsttherapie wird sich dort wohl nicht erreichen lassen.

PSYCHOTHERAPEUTISCHE HILFE

So werden mir solcherart Glaubensmuster heute in die Psychotherapie gebracht. Da muss die Psychotherapeutin passen – und beansprucht für ihre Arbeit erst einmal eins: Klare Aussagegrenzen. Die Hypothesen haben sich auf dieses Leben zu beschränken. Und die gemeinsame Arbeit auf ein Jetzt, in dem

sich alles Erfahrene mitausdrücken kann (da alles immer »mit-
anwesend ist«). Beschränkung bitte: auf die Arbeit am Gefühls-
ausdruck. Auf das Wiedererleben des Verdrängten. Auf das Bilden eines Schutzraumes für das Wiederhochkommen des mit
Grauen Konfrontierten. Auf einen langen, mühsamen
Heilungsprozess. Er kann wirklich nicht abgekürzt werden,
schon gar nicht mit Glaubens-Äußerungen obiger Art.

Auch nicht mit tagtäglichen Verzeihensritualen. Sie werden
ja ebenfalls gerne empfohlen. Mag sein, sie lösen manches auf
der feinstofflichen Ebene auf. Doch auf der Ebene der Psyche,
da lösen sie nicht viel. Ein Schritt nach dem anderen – das gilt
auch hier. Das erlebte Drama konnte weder »integriert« noch
verarbeitet werden. Das innere Kind steht sozusagen noch am
Ort der Tat. Es ist nicht mit dem Körper mitgereift.

In dem Buch *Martha*, der sensiblen Wiedergabe einer solchen prozesshaften Arbeit mit einem durch jahrelangen und
sehr frühen sexuellen Missbrauch verletzten jungen Mädchen,
sind jene mannigfachen Herausforderungen nachzulesen, die
ein langwieriger aufmerksamer psychotherapeutischer Nach-
heilungsversuch mit sich bringt. Wer eine solche Psychotherapie mitgeleistet hat, schreibt nicht vom Schnellweg des Verzeihens und Versöhnens. Dafür wurde die Therapeutin als »nur«
Nacherlebend-Mit-Fühlende selbst zu stark mit Grauen und
Schrecken konfrontiert und zu tief in das Wissen um die
zerstörerischere Kraft, die manchmal zwischen Eltern und Kind
herrscht, eingeweiht.

»Sexuell missbrauchte Mädchen tragen die Trauer um den
Verlust ihrer körperlichen Unversehrtheit in sich, den Verlust
ihrer unbeschwerten Kindheit, den Verlust von kontinuierli-
chen, sicheren Wachstumsprozessen, den Verlust der Möglichkeit, eine positive, bejahende Identität als Mädchen und später
als Frau zu entwickeln und sich mit dieser voller Vertrauen und
Neugier den Menschen zuwenden zu können. Diese Mädchen
müssen lernen, mit ihrer sexuellen, leiblich-körperlichen Wunde, mit dieser tiefgreifenden Verunsicherung zu leben. Sie ist
immer furchtbar seelisch und furchtbar körperlich, egal, ob es

sich um Atmosphären handelte, denen das Kind ausgesetzt war
(...) oder ob es sich um entsprechende Tätigkeiten handelte.
Eine Wunde, verbunden mit Angst, Schrecken, Schmerz, Enttäuschung, Verwirrung, Schuld, Ekel. Eine Wunde, die gut und
lange versorgt werden muss, bevor sie sich schließen kann. Eine
Wunde, die bei Irritationen immer wieder schmerzen wird.«[14]

Dies hört sich für eine erfahrene Psychotherapeutin als das
einzige auch ihr mögliche »Heilungsversprechen« an. Ehrlich in
der Begrenzung.

Manches, was im Bereich spiritueller Lehre von Tätern und
Opfern erzählt wird, klingt für mich nicht nach einer Durch-
dringung des Themas, sondern so, als sei Alice im spirituellen
Wunderland zur Heilung unterwegs. Es wäre schön, es wäre erfreulich, es wäre tröstlich, wenn die menschliche Psyche so einfach funktionieren würde: Ich verzeihe – und alles ist wieder
gut. Meine Bitte an die AutorInnen im spirituellen Bereich, etwas behutsamer zu formulieren, mehr die Komplexitäten der
menschlichen Psyche zu berücksichtigen, dürfte heute leider
noch kaum Wirkung zeigen. Meine Bitte ist, sich mehr in die
komplizierte Funktionsweise von Drama, Abspaltung, Abwehr und Wiedererinnern hineinzuforschen. Sich hineinzuver-
setzen auch. Ein besserer Dialog zwischen Spiritualität und
Psychotherapie tut not.

Noch hört sich das Einfache doch so plausibel an: »Die Vergangenheit existiert nur in unserem Denken. An alten Verletzungen festzuhalten bedeutet, uns heute für etwas zu bestrafen,
was ein anderer vor langer Zeit einmal getan hat. Das hat nicht
eine Spur von Sinn. (...) Du kannst dich selbst befreien. Vergebung bedeutet nicht, miserables Verhalten zu verzeihen, sondern unsere Beteiligung an der Situation aufzugeben – das
heißt, uns zu befreien, um nicht ein ähnliches Erlebnis von neu-
em zu erschaffen. Jedermann, einschließlich unserer selbst, tut
in jedem Augenblick das ihm Bestmögliche, mit dem Verständnis, Gewahrsein und Wissen, das er besitzt.«[15] Auch wenn
Louise Hay in ihren späteren Werken differenzierter formuliert,
hier gilt zu sagen: Im spirituellen Bereich sind öfter mal

Schwarz-weiß-Malende unterwegs – und sie glauben gerne an das Gute im Menschen, per se. Sie wollen allen als Prämisse zu glauben geben, dass ein jeder in jedem Augenblick das ihm Bestmögliche tut. Es wäre schön, wenn es so wäre. Doch da es auf diesem Planeten einen freien Willen gibt, der unser wichtigstes Gestaltungsprinzip ist, bewirken Menschen unter Menschen eine Menge Verletzendes. Dafür wird dann gerne das Opfer verantwortlich gemacht. Wenn es etwas anderes gewollt hätte, gäbe es nicht die Wunden der Tat. Illusionisten denken sich leicht ins Paradies.

Als Psychotherapeutin kann frau sich keine Illusionen darüber machen, dass es »das Böse« gibt – und dass es zwischen Menschen geschieht. Und dass es insbesondere Kindern angetan wird. Es gehört zum amerikanischen Positivismus, der manche Räume der spirituellen Szene durchweht, Leben so zu beschreiben – und vorzuschlagen, es so versöhnlich zu sehen, dass sich zumindest in den Gemütern der LeserInnen Harmonie ausbreitet.

Wer mit traumatisierten klinischen PatientInnen psychotherapeutisch arbeitet oder wer überhaupt viel mit Missbrauchten Kindern arbeitet, äussert sich eher bescheiden über das möglicherweise im Therapieprozess zu Erreichende:

»Aussöhnung heißt nicht immer Versöhnung, also Verzeihen, Entschuldigen. Es gibt Verletzungen durch die Eltern, und dazu gehört nach meinem Verständnis der sexuelle Missbrauch, die nicht verzeihbar sind.«[16]

Zu verstehen, warum Eltern so gehandelt haben, wie sie schrecklicherweise eben handelten, zu verstehen, dass sie auch wieder nur Opfer von Opfern waren, das können vielleicht Erleuchtete. Und ich bezweifle nicht einmal, dass es eine solche weite Sicht von »dort oben« gibt. Doch den Menschen des Alltags, besonders denen, die die Heilung ihrer frühkindlichen Verletzung suchen, denen hilft diese Sicht, so vermute ich, nicht viel. Manchmal vielleicht nur zu noch mehr Selbstverurteilung. Manches Über-Ich ist fürsorglich und freundlich. Manches Über-Ich aber ist sadistisch. Es gibt den psychischen Mechanismus der »Identifikation mit dem Aggressor«, der zum psychischen Überleben hilft. Das von spirituellen Lehrsätzen gespeiste Über-Ich gebärdet sich bei Traumatisierten dem Ich gegenüber oft zu streng. Und manchmal wird es eben sadistisch die von mir angeführten »Lehrsätze« gegen das eigene Ich ins Feld führen.

Und leider ist das Ich bei Früh-Traumatisierten meist recht schwach.

So verschärft sich bei ihnen ein ohnehin bestehender innerseelischer Konflikt mittels »naiver Religiosität«.

Spirituelle Lehre hat viele Ratschläge parat, den Konflikt der Opfer zu beenden, und macht gerne Hoffnung auf einen leichten Heilungsgang – sich doch einfach zu versöhnen. Bloßes Versöhnen führt über die schwierigeren Heilungsstrecken leider nicht hinweg. Sie bleiben leidvoll. Der Schmerz in der Dunkelheit wird angesprochen. Auf dem Weg dorthin können innere Helfer auftreten, das ist eine moderne Therapiemethode. Sie könnten mit liebevoller Haltung anwesend sein, wenn das »schreckliche Geheimnis« zu einer offenbarten Tatsache wird. In der Folge kommt es notwendigerweise zu Trauer. Auch Wut und Rachelust müssen sein. Zorn. Hass. Wut. Scham, jede Menge »unheilsamer« Gefühle kommen auf.

Für Laien mag es bequem sein, an die Täterschaft der Opfer zu glauben, und auf sichere Distanz zu gehen. Weg von dem Grauen, das es da mitzuerleben gilt.

Für PsychotherapeutInnen, die oft als einzige in die Erinnerung miteingelassen werden, ist dies kein gangbarer Weg. Auch TherapeutInnen wünschten sich den Prozess oft einfacher, und letztlich zielen auch sie in Richtung »Ablösen«. Vielleicht auch in Richtung eines Verzeihenkönnens. Doch wir sehen Narben, die bleiben. Und wir können einfach nicht übersehen, was der kindlichen Psyche an Minderung von Lebensfreude und Vertrauensfähigkeit zugefügt worden ist.

Durch die Tat. In der Tat.

»Das Verstehen, wieso Vater oder Mutter so verletzend, versagend, mißachtend waren, hilft erst einmal nicht, den Schmerz um diese Realität zu mildern, sondern kann ihn eher verhindern. Erst wenn dieser Schmerz gefühlt und gelebt wurde, wenn anerkannt werden konnte, was und wie die Wirklichkeit war, kann die Trauer um die Wirklichkeit der Eltern einsetzen, und erst dann ist wirkliches Verstehen möglich.«[17]

Es sind alles Ich-Funktionen, die die Psychotherapeutin da umreißt. Doch um das zu können, muss dieses Ich erst aufgebaut und gefestigt werden. In einem achtsamen Prozess. In dem kann die Verwirrung über das Geschehene gelöst werden. Die wahren Verantwortlichkeiten können sichtbar werden. Psychische Entlastung setzt ein. Die eigenen Gefühle wirklich zu empfinden, das kann für die Psyche so entlastend sein, wie die Befreiung von einer riesigen Last.

Endlich steht die Täter-Verantwortlichkeit klar und deutlich im Raum. Gerade für das innere Kind ist es extrem wichtig, dass endlich klar zwischen Opfer und Täter getrennt wird. Es kann es gar nicht brauchen, wenn wieder Mischmasch hergestellt wird. Oder ihm die alte Trance verabreicht wird, »Die Täter können ja nichts dafür, sie sind nicht verantwortlich, sie sind ja selbst Opfer gewesen«. Mit dieser Meinung wenden sich Nichtbeteiligte besonders gerne vom wahren Mitgefühl ab. Ein gekränktes, geschwächtes, gedemütigtes Ich beteiligt sich sogar an solchem Verrat. Ein durch Therapie gefestigtes Ich beteiligt sich daran nicht (mehr).

Am Ende eines therapeutischen Selbst-Verstehens-Prozesses, der sich vermutlich über einige Lebensjahre hinweg vollzieht, kann es in manchem Fall zu einem Verzeihen der Tat in der Tiefenstruktur der Psyche kommen. Wenn das geschehen kann, ist es erlösend, wie ein Wunder. Doch am Anfang der Wiederbegegnung mit der traumatisierenden Erfahrung kann erfolgreiches Verzeihen ganz sicher nicht stehen.

Trauer ist hier essentiell – keineswegs ist ein reiner Gedankenprozeß in der Lage, die Ablösung zu leisten.

»Schließlich können wir dann die Trauer unserer Eltern fühlen, wenn wir unsere Trauer um unsere Wunden ernstgenommen haben. Diese doppelte Trauer ist erwachsene Trauer. Sie ermöglicht uns schließlich eine tiefe Aussöhnung mit unserem Schicksal. Wir können es annehmen, einordnen und verstehen als Teil einer Verletzungsgeschichte unter den Menschen.«[18]

Das wäre ein großartiges Ergebnis einer Psychotherapie mit einer körperlich misshandelten Frau. Oder mit einem in der Kindheit sexuell missbrauchten Menschen. Es ist immer eine große Freude für mich als Psychotherapeutin, wenn diese innere Integration dann doch glückt.

Doch ich weiß, es gibt keinen Highway zu diesem Verzeihens-Geschehen. Durch meine Erfahrungen mit der spirituellen Szene weiß ich allerdings auch: Zu diesem Thema kursieren heute eine Menge Instant-Ratschläge. Sie versprechen genau dies: die schnellste Verbindung, den kürzesten und den erfolgreichsten Weg zur Heilung. Durch ein anderes Denken. So, als ließe sich die tiefe Verwundung ohne die komplexe Psyche heilen. So, als könnte Aura-Reinigung auch Glaubensmuster auflösen. So, als sei nicht ein »Sich-Selbst-Wieder-Gebären« und ein Neu-Erziehungsprozess in den Fällen verunglückter Kindheit über lange Jahre hinweg notwendig. Um dann vielleicht dorthin kommen zu können, wo so manche spirituelle Lehrer des Ostens ihre hiesigen Zuhörer wähnen: »Das Ich muss auch wieder aufgegeben werden. Denn erst dann ist das Erleben deiner Verschmelzung mit dem Größeren Ganzen möglich.«

Lange davor muss erst einmal das Ich kräftig sein. Muss stark werden. Muss aufgebaut werden bei Menschen mit Basis-Ich-Störungen.

Als in beiden Bereichen Erfahrene wage ich hier wieder zu behaupten: Viele spirituelle Lehrer kennen sich offenbar mit den Vorgängen der Abspaltung, Verdrängung, Dissoziation wenig aus. Fraglich ist, ob sie wenigstens zwischen Neurose und Psychose unterscheiden. Ihnen Vertrauende sollten vorsichtig bleiben. Sich selbst nahelegen, beim Auftauchen eines psychischen Problems dieses auch ernst zu nehmen. Zu fragen ist: Weisen Meister darauf hin, dass verdrängtes Trauma auch über Meditation in die »Wieder-Erscheinung« kommen kann? Und dass es dann dringend notwendig wird, damit nicht allein zu

bleiben? Bei einer besseren Verständigung zwischen Spiritualität und Psychotherapie wird das üblicher sein.

DIE GEFAHR UNDIFFERENZIERTEN MITGEFÜHLS

Noch müssen sich die Suchenden auf dem spirituellen Pfad
manch wichtige Frage selbst stellen.

Manchmal sind das Fragen, welche die Grenze zwischen
Neurose und Psychose sichern. Besonders für Traumatisierte
sind sie das.

Nicht erst, aber erst recht, wenn deren Trauma »aufbricht«.
Beim »Tieferkommen«, was der spirituelle Pfad eben mit sich
bringt, kommt das Trauma wahrscheinlich an »den Tag«.

Meditation trägt sehr wahrscheinlich die Abwehr gegen das
Verdrängte ab. Und so kommt er unerwartet ans Licht des Be-
wußtseins: alter Schmerz, der die Verarbeitungsmöglichkeiten
des Opfers zum Zeitpunkt der Verletzung überforderte. Wer
körperlichen, psychischen, sexuellen Missbrauch als Kind erfahren hat, hat eben sehr viel Angst, hat viel Wut, hat viel Grauen
und sicher auch eine Menge Hass, nicht nur in der Psyche, sondern auch in der »Zellstruktur«. Wer die Ausbeutung seines
kindlichen Körpers für sexuelle Geilheit eines kräftemäßig vollkommen überlegenen Erwachsenen zulassen musste, wird in
der Regel den eigenen Körper ablehnen und hassen. Und ist
ihm deshalb oft fremd geworden.

In seiner Binnenkenntnis ist dieses Ich schwach. Auch im
Erwachsenenleben oft noch. Die Psyche ist wie zerrissen von
Zwiespältigkeit. Dieser Mensch wird Nähe fürchten – zu sich
und zu anderen Menschen. Traumata brachten den kleinen
Menschen in einen Zustand absoluter Hilflosigkeit und Ohnmacht. Nähe bringt wieder Machtlosigkeits- und Hilflosig-
keitserfahrungen. Auch hat die Psyche oft gar keine Möglichkeit gefunden, wirklich Vertrauen zu Menschen zu entwickeln.
Oft hat sie die vertrauenzerstörende Erfahrung »irgendwie« iso-
liert. Manchmal ist deshalb die Wahrnehmung des eigenen Körpers und der eigenen Gefühle, die Erfahrung der Sexualität auch

so gestört, dass eine erfahrene Therapeutin (ohne von der Klientin weiter eingeweiht zu werden), »das bestgehütete Geheimnis« vermutet. Wird sie eingeweiht, erkennt sie bald: Im Unbewussten sieht es immer noch überall nach Grauen aus. Es wurde damals (im direkten Umfeld) das Fehlen »normaler« menschlicher Seins-Qualitäten ganz grauenvoll erfahren. Seitdem sind Vernichtungskraft und Zerstörungswut unter Menschen bekannt. Weil mensch sich damals nicht wehren konnte, ergibt sich nun immer wieder neu die Notwendigkeit, Vertrauen in das Leben zu riskieren, da Rückzug vom Leben als Schutz vor neuen Verletzungen so probat geworden ist.

Wer es nicht erfahren hat, klein *und* zum Objekt des Hasses oder der sexuellen Begierde eines erwachsenen Körpers geworden zu sein, sollte sich auf diesem Gebiet besser nur sehr tastend und vorsichtige Annahmen verbreitend »bewegen« – und nicht mit dem Holzhammer der Opferschuld herumschlagen. Er oder sie sollte auch nicht »dem Täter verzeihen!« als Nonplusultra des Heilens anpreisen.

Der Ratschlag, einen unheilsamen Gedanken durch einen heilsamen zu ersetzen, ist hier ebenfalls wenig angebracht. Oft ist das Beste, was eine Psychotherapie leisten kann, dass der Hass gegen den Täter empfunden und akzeptiert wird. Empfunden und akzeptiert bleibt. Ja – Hass zu haben, heilt hier!

Ich finde es zynisch und wahrhaft gefühllos, gerade dem Opfer neben der Erfahrung des Grauens, dem mit der Erinnerung an Entsetzliches leben zu müssen, auch noch die Riesenaufgabe des Dem-Täter-Verzeihen anzuempfehlen. Oder sogar den Ausgleich eigenen Karmas zu predigen, um dann noch zu sagen, wer nicht verzeihe, schade sich selbst für alle weitere Lebenszeit.

Dem Täter wirklich verzeihen zu können, das bedeutet, schon ziemlich heil zu sein. Doch wer hat das Recht, solchen Ratschlag in Kalenderspruchart dem Opfer feilzubieten?

»Dem Täter verzeihen, löst das Leiden des Opfers auf«, so etwas ohne vorsichtige Relativierungen zu sagen, beweist wohl eher, dass wenig Wissen um die Wirkweise der Psyche vorhanden ist.

Eine zukünftige Spiritualität, die sich mit dem Wissen der Psychotherapie verbunden hat, wird anders sprechen. Das ist gewiss.

Das Gebiet des kindlichen Grauenerfahrens ist inzwischen so gut erforscht, auch in seiner Verbreitung so deutlich, dass von allen, die sich zum Heilen psychischer Verletzungen äußern, ein Bezugnehmen hierauf gefordert werden kann. Nur vom Mitgefühl zu sprechen, ohne zu differenzieren, ob dieses Mitgefühl Täter oder Opfer meint, ob die Möglichkeit zum Mitgefühl vielleicht durch die Dimension des Verbrechens verstellt wird, ist gefährlich. Hier undifferenziert zu bleiben, ist gefährlich.

»Das Ich muss abgeschafft werden?« Das Ich des Opfers ist meist sehr schwach – und das verurteilende Über-Ich wird auf diese Weise noch stärker gemacht.

Besonders dann, wenn dem Opfer mehr Verantwortlichkeit aufgebürdet werden soll als dem Täter. Gerade dem Täter fehlt oft eine Verantwortung übernehmende Instanz. Sein Bewußtsein erkennt kaum: »Mir ist das angetan worden, nun tue ich es also meinem Kind an«. Eine Rechtsprechung, die Verantwortungsentlastung unterstützt, führt zur Isolierung der Opfer. Wünschenswert ist eine engagierte, aufmerksame und ethische Täter-Nacherziehung.

Den Opfern *auch* noch im spirituellen Bereich die alleinige Verantwortung zuzuschieben, ist allerdings vollkommen unnötig.

Ebenso falsch und wenig realitätsgerecht ist es zu behaupten, die Erfahrung des Opfers führe notwendig zur Wiederholungstat. In diesem Bereich ist wohl in Deutschland durch die mangelnde Aufarbeitung der während der Zeit des Nationalsozialismus begangenen Verbrechen besonders viel Verwirrung statthaft.

Oft führt die Erfahrung des Opfers zu einem sehr bewussten Nachdenken und Nachfühlen über die notwendigen Qualitäten der Menschlichkeit. Lebensentschlüsse werden gefasst. Zum

Beispiel der, andere zu respektieren und zu achten und sich zu bemühen, auf Grenzen zu achten. Eine starke eigene Moral kann sich in der Verarbeitung der eigenen Opfergeschichte herauskristallisieren. Etwa der bewußte Entschluß: Ich will nicht zum Täter werden. Von solchen Menschen ist viel über die Möglichkeiten der Selbststeuerung und erfolgreichen Verantwortungsübernahme *für das Handeln* zu lernen.

Die übliche Täter-Entschuldigung, die in unserer Gesellschaft kursiert, geht nicht bis zur Tiefe der Verantwortungsübernahme. Leider bewegt sich so manche spirituelle Lehre hier im Gleichschritt. Christlich-feministische Theologie geht nicht mit. Sie macht vielmehr deutlich, dass eine Tat eine Tat ist. Denn wo Täter und Tat und Opfer und Verletzung so gut getrennt sind, sollte niemand versuchen, die Grenzen zu verwischen.

Gerade weil unsere menschliche Psyche so kompliziert ist, gelingt dies scheinbar. Das Opfer fühlt sich zusätzlich beschwert. Ist die Schuld so verteilt, ist der Schaden trotzdem nicht kleiner. Mit der Janusgesichtigkeit seiner Erfahrungen muss »ein Opfer« wohl eine Weile leben. Ist es auf dem spirituellen Pfad angelangt, wird die Verwirrung sich in der Forderung zum allumfassenden Mitgefühl wohl wieder präsentieren. Wie, das werde ich im nächsten Kapitel zeigen.

Um hier noch einmal zusammenzufassen: Viele RatgeberInnen hätten gerne, dass die Verletzung des Opfers schnellstmöglichst verschwindet. Aber wie nur soll die Verletzung der Psyche mit Hilfe eines Verzeihungs-Rituals verschwinden? Ist sie doch das Ergebnis einer tiefen und langen Verstörung über das, was Menschen von Menschen angetan wird. »Denk positiv und lass einen unheilsamen Gedanken gar nicht erst aufkommen«, hört frau oder man auf dem spirituellen Pfad. Und sieht vielleicht nicht sofort ein, dass damit auch empfohlen wird, Menschsein an der Oberfläche und nicht in der Tiefe der eigenen Psyche zu er/leben.

Ich behaupte: Den Täter und sich als Opfer im Verzeihen zu bergen, das wird leicht zu einer Nussschalenfahrt auf offenem und aufgewühltem Meer. Wenn da noch mehr Wind aufkommt, wenn der Sturm des Schicksals wirklich bläst, geht das eigene Boot unter. Und die schöne einfache Losung wird dann zu einem Versprechen jenseits des Horizonts.

BURNOUT: WENN ZUVIEL MITGEFÜHL SCHÄDLICH WIRD

Die Aufforderung zu mehr Mitgefühl ergeht im spirituellen Bereich gern. Was daran problematisch ist, habe ich im letzten Kapitel dargestellt. Oft heißt es, wir hätten zuviel Egoismus. Einer solchen Aussage wird hier in der westlichen Welt nahezu jede und jeder zustimmen. Einen Appell zur Entwicklung von mehr Mitgefühl erfährt frau jedoch vor allem, wenn sie sich in einen Vortrag eines gerade aus Asien eingeflogenen buddhistischen Lehrers begibt. Seine Kernaussage: Mehr Mitgefühl hilft gegen Leiden. Also auch gegen die eigenen Leiden? Es gibt ein spezifisches Störungsmuster, an dem sich leicht zeigen lässt, dass die Anwendung dieses Ratschlags nicht immer sinnvoll ist. Oder warum wir angesichts der Versuchung einer Eins-zu-eins-Übertragung mancher spiritueller »Slogans« vorsichtig bleiben sollten. Bei dieser Befindlichkeitsstörung handelt es sich um Burnout. An Burnout leiden Menschen, die sich in ihrem Beruf verausgabt haben und in der Folge erschöpft, krank und demotiviert sind. Sie haben das getan, was so mancher Lehrer empfiehlt: »Eine wirkungsvolle Übung besteht darin, Sorgen um uns selbst durch Sorgen für andere zu ersetzen.«[19]
Diesem hohen ethischen Ideal folgen (zum Glück für andere) in der Regel Menschen in sozialen und pflegerischen Berufen. Vor allem Frauen arbeiten in diesen Berufsgruppen, als Krankenschwestern, Lehrerinnen, Ärztinnen, Psychotherapeutinnen. Gerade sie sind von der Krankheit der sozialen und pflegerischen Berufe, dem Ausgebranntsein, am meisten be-

droht. Die soziale Anerkennung, die die Gesellschaft dafür
gibt, wenn frau so viel für andere da ist, sie hegt, pflegt, fördert,
ist ihr sicher. Doch sie selbst kommt vielleicht zu kurz. Selten
kommt sie frühzeitig zur Psychotherapie, um herauszufinden,
was sie ausbrennen lässt. Meist versucht sie es über lange Stre-
cken allein mit der Methode »Sich-selber-helfen«. Und wenn
Burnout-Geplagte überhaupt klagen, dann am ehesten über
körperliche Phänomene. Entschlüsselt würde ihre Symbol-
sprache sagen: »Ich kann nicht mehr – aber ich darf nicht (aus
freien Stücken) nicht mehr wollen«. Ein Mensch unterwegs zu
Burnout ist wie eine Kerze, die an beiden Enden brennt, weil
sie ein Maximum an Licht an die Dunkelheit abzugeben versucht. Dabei verliert sie aber zu viel eigene Substanz. Menschen,
die vom Burnout-Syndrom betroffen sind, kümmern sich zu
wenig um die eigene Bedürftigkeit, und das ist ihnen meist
nicht einmal bekannt. Oft steckt hinter diesem Verhalten ein
strenges, auf Bescheidenheit ausgerichtetes Über-Ich. Nicht selten wurde es mit religiösen Regeln aufgerüstet. »Liebe deinen
Nächsten« heißt die christliche Regel. »Allumfassendes Mitgefühl praktizieren« die buddhistische. »Im Helfen das weitergе-
ben, was erhalten wurde« ist Sufi-Lehre. Doch bei manchen
Menschen führt es nicht zum Erwünschten.

Nicht mehr Liebe und Freude ist um sie zu spüren. Irgendwann ist das Klima um sie herum zu kühl, und/oder sie wirken
irritiert, zerstreut, wenig engagiert. Vielleicht ruppig. Bald ist
ihr Leiden nicht mehr zu leugnen, auch wenn ein Schaden vielleicht noch nicht sichtbar ist. Nur Befindlichkeitsstörungen wie
Fahrigkeit, Abwesenheit und Genervtsein. Analysieren sie sich
selbst, finden sie oft keinen Grund, alles läuft wie immer. Und
doch ist das *nun* nicht mehr gut.

Die Burnout-Symptome widersprechen dem Selbst-Ideal –
deshalb werden sie solange als möglich geleugnet. Missbehagen
im Beruf wird nicht wahrgenommen – da der Beruf das Selbstwertgefühl so sehr stabilisiert. Geht alles so weiter, stellt sich
vielleicht Hass ein, auch auf die unersättlichen Betreuten. Gefühle, die das Über-Ich dem Bewusstsein nicht zu erleben

erlaubt. Sie können erst wahrgenommen werden, wenn sie schon überdeutlich sind. Dann aber kreisen die eigenen Gedanken, suchen herauszufinden: Was ist mit *mir* falsch?

Der Weg der Selbst-Erfüllung schien doch über den Dienst an den anderen zu gehen. Vielleicht ohne jemals einem Buddhisten zugehört zu haben, ermahnen sie sich, Sorgen für sich selbst durch Sorgen für andere zu ersetzen.

Vom Christentum hat das eigene Über-Ich zwar den Rat parat: Liebe deinen Nächsten wie dich selbst. Doch das Ich hat noch nie gefragt, wie es dazu kommt, dass in unserer Kultur der zweite Teil der Aussage fast durchweg als vernachlässigbar gilt. Besonders bei Frauen. Ist das so, könnte es fragen, weil wir Frauen davon ausgehen sollten, dass wir uns schon viel zu sehr lieben? Oder dass wir die sein müssen, die die anderen genügend lieben? Und weil das nie genug sein wird, noch mehr Abbitte über den Dienst an anderen leisten?

Das Über-Ich verspricht dem üblichen weiblichen Ich für Aufopferung sehr viel: Frau werde endlich akzeptabel sein, von den anderen angenommen, beweise ihren Wert als Mensch, sei nicht mehr mit irgendeiner ansprechbaren Schuld beladen, beweise, dass sie nicht wie die Narzissten nur um sich selbst kreise. Sie erbringe so tagtäglich den Beleg für ein akzeptables Frausein. Und so forciert sich der Burnout.

Die westliche Psychologie hat zum Burnout inzwischen eine Menge zu sagen. Schwierigkeiten mit der Selbstliebe drückten sich so aus. Man geht nicht davon aus, ein »guter Mensch« zu sein, sondern muss es beweisen. Mangelnde Selbstliebe wird hier meist rationalisiert, sonst helfe ja niemand gegen das Unglück in der Welt. Der Selbstheilungsversuch, der hinter einem so forcierten Bemühen steckt, wird vergessen. Nimmt das Wunder in einer Kultur, in der die vorherrschende Religion jahrhundertelang predigte, alle Menschen kämen mit einer Ursünde ins Leben? Weshalb es auch in Kirchen so oft wie möglich zu beten gilt: »Durch meine Schuld, durch meine übergroße Schuld«. Was die besondere Schuld der Frauen angeht – die begann ja mit der Vertreibung aus dem Paradies. Als Eva Adam zu sinnlichem

Tun verführte, statt sich mit den göttlichen Vorgaben zu bescheiden. An einem uns bereits gut vermittelten Basis-Schuldgefühl lassen wir nun die Karma-Lehre des Buddhismus und Hinduismus ganz einfach andocken. Von ganz traditionellen Buddhisten wird streng gesagt: All unsere Taten haben Karma ansammeln lassen (wenn nicht gar uns schuldig werden lassen), und dieses Konto müssen wir erst einmal abarbeiten. Wie? Am besten mit einer Vielzahl von guten Taten.

Dabei halte gerade das allumfassende Mitgefühl den guten Kurs.

Wer sich allerdings auf diesen Glauben einlässt, hat viel zu beachten. Muss viel Gutes tun. Muss von bösen Taten Abstand halten. Und wir Frauen, die wir uns von Eva herleiten, sollen wohl glauben, wir hätten unser Karma-Konto per se gefüllt? Zu Mädchen wurden wir auch mit Schuldzuweisungen erzogen, selbst wenn wir nichts erwägenswert Schlechtes getan hatten. So fühlen wir uns später an allem möglichen, was zwischen Menschen schief geht, »schuld«. Wenn wir mit Evas Karma zur Welt kamen, müssen wir das Verringern unseres Karmas über gute Taten also ernster nehmen als die Männer. Müssen wir andere überzeugen, dass wir gute Menschen sind? Rücken wir, wenn wir so aufopfernd weitermachen wie begonnen, in den Rang akzeptabler Menschen auf? Kann dies den Makel des Frauseins auslöschen? Im weiblichen Unbewussten mag es solche Ver/rechnungen geben.

Doch da der Maßstab für unser Ziel unbekannt ist, haben wir nie genug Gutes getan.

Mag es auch ein wenig sarkastisch klingen – bringt es doch auf den Punkt, wo Christentum und Sufismus oder Buddhismus sich zu treibenden Energien verbinden lassen. Für die wir Frauen auf dem Pfad besonders anfällig sind. Für zu viele und zu große Ansprüche an unser Mitgefühl. Wo wir dann dazu neigen zu vergessen, dass es gesünder wäre, sich hier und da abzugrenzen. Trotz des vielen Unglücks und Elends in der Welt. Wie wichtig Grenzen für die Selbsthilfe manchmal sind, zeigt das Burnout–Syndrom. Bricht diese Störung plötzlich mit einer

Frustrationswut wie aus einem Vulkan aus, sind alle perplex. Die zuvor so aufopferungsvoll handelnde Mutter wird jetzt als »hysterisch« charakterisiert. Und sieht sich so erst recht nicht gewürdigt. Warum funktioniert für sie nicht, was Tubten Yeshe uns vorschlägt: »Wir hegen und pflegen andere statt uns selbst«?[20]

Es funktioniert nicht, weil frau *zu wenig* egoistisch ist. Und weil sie sensibel ist. Und vor allem wohl, weil sie ein viel zu schwaches Ich ausgebildet hat, dass dem Über-Ich kaum Paroli bietet.

Dieses Über-Ich ist wahrscheinlich aufgeblasen. Fürsorglich dürfte es auch nicht sein. Jedenfalls nicht dem eigenen Sein gegenüber. Anderen gegenüber orientiert es sich wahrscheinlich sehr fürsorglich. Diese Struktur ist im Westen unter Menschen, vor allem unter Frauen, die ihre Berufung in helfenden Tätigkeiten finden, weit verbreitet. Sie ist Burnout fördernd.

Vor Jahren habe ich bei Thich Nhat Hanh einige Tage lang einen Kurs zur Hilfe bei Burnout besucht. Er riet, die Samen des Positiven auch in der therapeutischen Arbeit mehr zu nähren. So wachse in der Welt gleichzeitig auch das Positive. Diese Samen würden mit guten Gedanken, positiven Bildern und Assoziationen gewässert. Auch im Privatleben gelte für uns, nicht zuviel die »Samen des Bösen« zu nähren. Der vietnamesische Meister empfahl uns, unsere Aufmerksamkeit mehr auf das zu lenken, was den KlientInnen gelingt, als auf das, was ihnen missglückt. Mit dem Nebeneffekt, dass wir TherapeutInnen es auch leichter hätten, würden wir doch nicht soviel von Negativem bestürmt und so selbst auch genährt statt ausgebeutet.

Sicher lassen sich eine Menge Therapiestunden auf diese Weise »umlenken«. Doch gelingt so die Arbeit in der Tiefe? In jenem Umfang, wie es für manche Heilungsprozesse nötig ist? Und gelingt ein therapeutischer Heilungsprozess mittels einer vorwiegenden Umleitung ins »Gute«?

Sogar in der schwierigen Behandlung von Traumatisierten gibt es Ansätze, die dieser Linie folgen. Es wird nicht mehr so viel in den Raum des dunklen Geschehens eingedrungen. Dieser

Raum wird nach einer Phase des Erkennens zu einem zwar an-
wesenden, aber nur bei Bedarf zu öffnenden Tresor. Zur
Heilung werden innere HelferInnen und HeilerInnen hinzu-
gerufen. Mittels der Anerkennung des Schrecklichen und der
Erfahrung heilender innerer Kräfte wird auch das Unbewusste
versorgt. Bei diesem neuen Heilungsansatz für missbrauchte
Kinder, Frauen, Männer, für Geschlagene und Vergewaltigte
wird ganz wesentlich auf jene Heilkräfte gesetzt, die mit Beru-
higung, Entspannung und auch Meditation zum Tragen kommen. In manchen Kliniken wird jetzt offenbar erfolgreich nach
diesem Konzept gearbeitet. Doch wir sind ja beim Thema
Burnout. Wo es wieder gut zu differenzieren gilt.

WESTLICHE PSYCHOLOGIE VERSUS ÖSTLICHE SPIRITUALITÄT

In Supervisionen raten TherapeutInnen gefährdeten professio-
nellen HelferInnen, besonders gut auf die eigenen Grenzen zu
achten und gut für sich selbst zu sorgen. Sie raten oft, möglichst
keine belastenden Beziehungen im privaten Umfeld zu pflegen.
Die Nähe zum Grauen erschöpft auch hier schon stark genug.
Auch bei Selbstschutz-Maßnahmen konfrontiert diese Arbeit
unausweichlich immer wieder mit eigentlich zu viel Leid. Für
die Helfende mag es unter Umständen wirklich so erscheinen:
»Alles Leben ist Leiden«. Denn wer nicht gut auf seine Grenzen achtet, beginnt selbst zu leiden.
    Missachten wir anderen PsychotherapeutInnen die »einfa-
cheren und helleren Wege« aus Naivität oder Berufsblindheit?
Eher zeigt sich wieder jene Diskrepanz, um die es mir in diesem
Buch geht. Die östliche Leidens- bzw. Glücks-Lehre und die
Heilungsorientierung der etablierten westlichen Psychotherapie
sind nicht so leicht in Übereinstimmung zu bringen, wie es
scheinen kann. Und es zeigt sich immer wieder auch der Vor-
sprung an Wissen, den die westliche Psychologie in der Erfahrung mit unserer Psyche gewonnen hat. Das ist doch ganz verständlich.
    Wieso sollte eine so lange Tradition des Wissen-Wollens und

Nachfragens und Überprüfens nicht zu angemessenen Aussagen bezüglich ihres Forschungsgegenstands gekommen sein? Westliche Psychologie stellt andere Fragen – aber ihre Antworten sind oft ziemlich verlässlich. Das ist nicht eurozentrisch, das ist einfach realistisch.

Genauso realistisch ist es zu sehen, dass Buddha vor 2500 Jahren gelebt hat – und *den Menschen* vor Augen hatte. Und der Mensch war für ihn ein Mann. Buddhas Mensch war weder von Ethnie, Schicht, Geschlecht noch Kultur seiner Zeit geprägt. Und das erscheint heute, wie unser Unverständnis für die 200 Regeln mehr für Nonnen zeigt, zumindest fragwürdig. Ähnliches wäre anzumerken zu unserem Unverständnis (als Tatmenschen) bezüglich der östlichen Lehre des Karma.

Unter aufgeklärten MitteleuropäerInnen nimmt Psychologie nicht selten die Rolle einer Ersatzreligion ein. Doch sie gibt wenige Regeln vor, auf die ein Gewissen sich verlassen könnte. Woher also Moral und ethische Normen nehmen? Viele suchen sie heute bei den östlichen Religionen. Doch wir haben keine Relativierungsmöglichkeit – wir setzen uns zu wenig mit diesen Normen auseinander. Sie sind in einem anderen Kulturkreis entstanden. So glauben viele: Mitgefühl praktizieren erlöse Probleme. Wer dies ausgiebig praktiziert, endet unter Umständen beim Burnout.

Das Homöostase-Prinzip der Psyche ist oft wirksam bei uns erstmal unerklärlichen Prozessen. Mit diesem Prinzip ist gemeint, dass sich in unserer Psyche Bewusstes mit Unbewusstem austariert. Unsere Psyche ist ein ziemlich kluges Regulierungsinstrument. Wird das Zusammenspiel begriffen, kann häufig sogar eine physische Krankheit kuriert werden. Dann wird der Körper mehr geachtet und gepflegt. Körper und Psyche wirken eng zusammen. Allerdings oft in einem Zusammenspiel, das unserer Vernunft ziemlich ver/rückt anmutet. Für PsychologInnen hat es oft eine nachvollziehbare Logik. Sie ist allerdings nicht die der Karma-Buchhalterin. Sie erstellt nicht Bilanz anhand von Soll- und Habenspalten und ermittelt keinen Saldo aus guten und bösen Taten. Oft ist sie sehr viel kreativer. Das

Ziel ist eine Art prozesshafter Ganzwerdung.

Eingeleitet wird sie in einer manchmal bizarren Sprache. So kann ein Burnout-Problem als ein Selbstheilungsversuch auf großem Umweg angesehen werden.

Wie die Psyche sich selbst steuert, will ich in wenigen Zitaten aufleuchten lassen. Es kommt mir vor allem darauf an zu zeigen, wie gewandt unsere Psyche bei der Verkraftung unserer dualen Erfahrungen auf unserem Planeten vorgeht.

C.G. Jung sagt zu unserem üblichen Dilemma zwischen bewußtem und unbewusstem Lenken unseres Verhaltens: »Man will gut sein und muss darum das Böse verdrängen«[21],

»Die menschliche Psyche nicht nur ganz aus Licht besteht, sondern auch aus reichlich viel Schatten ...«[22],

»Das Unbewusste nicht bloß reaktive Spiegelung, sondern selbstständige, produktive Tätigkeit ist ...«[23],

»Verwandlung der Persönlichkeit durch die Mischung und Bindung edler und unedler Bestandteile ...«[24],

»Fortlaufendes Bewusstmachen der sonst unbewussten Phantasien mit aktiver Anteilnahme am Phantasiegeschehen hat (...) die Folge, dass erstens das Bewusstsein erweitert wird, indem zahllose unbewusste Inhalte bewusst werden, dass zweitens der dominierende Einfluss des Unbewussten allmählich abgebaut wird und dass drittens eine Persönlichkeitsveränderung stattfindet.«[25]

Da wir dies voraussetzen und in diesem Wissen TherapeutInnen sind, sehen wir uns als Beteiligte in einem kunstvollen alchemistischen Prozess, bei dem wir nicht »alles in der Hand haben«. Es geht darum, eine neue Wirkweise zwischen Bewusstem und Unbewusstem aufzubauen, das Früher mit dem Heute so zu verbinden, dass weniger Unglücklichsein oder Kranksein entsteht. Die ungünstige vorherige Interaktion ergab sich durch Erlebnisse in den früheren Jahren. Das Duo lässt sich nicht per Mahnung zu einer neuen Schwergewichtsverlagerung und schon gar nicht auf das »Gute und Positive« grundsätzlich bewegen.

Und zudem sollte es in so manchen Fällen nun in eine andere

als die von den neuen Religionen vorgeschlagene Richtung gehen! Denn gerade Menschen mit Burnout-Symptomen haben ihr Schwergewicht ja bereits auf gutes Handeln und viel zu viel Mitgefühl gelegt. Für Narzissten sind sie ein besonders gutes Opfer. Sie lassen sich ausnutzen. Oder auch einspannen. Und das gelingt denen auch deshalb, weil das Handeln von Burnout-Betroffenen Maximen des Über-Ich folgt, die viel zu unflexibel sind.

Sie lassen sich in der Haltung zusammenfassen: Nimm dich selbst nicht so wichtig, sieh nur die anderen, die unglücklich sind, das lindert dein Leiden. Ein so gesteuertes Verhalten lässt sich natürlich gut ausbeuten. Da sich zu verausgaben auch für selbstlose Menschen nicht unendlich möglich ist, sind sie irgendwann erschöpft, wie ein Brunnen, aus dem zuviel geschöpft wurde.

Dass sie diesen ungünstigen Kreislauf zulassen, hat mit ihrem zu schwachen Ich zu tun. Das schwache Ich hat einem fordernden Über-Ich zu sehr nachgegeben. Wahrscheinlich ist es gegenüber den Es-Foderungen der anderen viel zu großzügig gewesen. Und gegenüber den eigenen Es-Forderungen nach mehr Lebenslust-Erlebnissen wahrscheinlich zu geizig. Es hat sich den versteckten Über-Ich-Appellen der Hilfe Benötigenden auch viel zu weit geöffnet. Und dies nicht nur aus Naivität.

Seltsamerweise liegt der Grund dieses zuviel Gebens in der eigenen Verletztheit. Im Wegdrehen von der eigenen Bedürftigkeit soll die »stellvertretend« geheilt werden. Das ist ein unbewußter geheimer »Plan«. Traumatisierte z.B. hegen solche Pläne. Außerdem haben sie meist, verursacht durch die Misshandlung oder den Missbrauch, poröse Grenzen – hier kann das Wollen der anderen leicht eindringen. Diese vielleicht seltsam anmutende Abkehr von sich selbst hat einen wichtigen Gewinn: Der Schmerz im eigenen Inneren wird *nicht direkt* berührt. Doch er bleibt »in der Nähe«. In der Nähe wendet frau sich anderen Verletzten zu. Entfernt sich somit nicht allzu weit vom eigenen Leiden. Allerdings hört sie die eigene »Ich-will-selbst-ganz-viel-haben«-Stimme nun nicht mehr. Die Stimmen der anderen Bedürftigen sind viel lauter. So hält sie sich vom eigenen inneren Kind entfernt auf. Das jedoch bleibt in einer Welt, die seiner alten nahe kommt. Allerdings ungehört. Und ungetröstet.

»Die Wahl eines Helferberufs bedeutet, das eigene Arbeitsleben in der Nähe von Erfahrungen mit Trauer, Wut, Schmerz, Zerwürfnis und Ohnmacht anzusiedeln. (...) Denn das Leiden des Klienten lässt uns nicht unberührt. Es mag in uns vergleichbare Erfahrungen und ähnliche Gefühle wach werden lassen. Dem steht das Erlebnis des Klienten-Fortschritts und des eigenen Helfen Könnens gegenüber. Beide Vorgänge gehören zusammen: Wir müssen mit dem Klienten Blockierungen, Kummer, Aussichtslosigkeit und Durststrecke bestehen.«[26]

Helfen macht müde, denn es weckt das Unbewusste auf und hält es unerlöst. Und auch deshalb geht Helfen so sehr an die eigene Substanz: Helfer, die sich ihrem eigenen Mit-Angerührten nicht in einer eigenen Therapie annehmen, merken: Da pocht etwas in der Arbeit an die Wand, mehr und mehr. Sagt: Nicht immer die anderen – auch ich. Ein Ich mit kleinem Anfangsbuchstaben.

Was tut das kurz vor der Erschöpfung stehende Ich? Vielleicht lässt es sich von den neuen Religionen seine Selbstaufopferungspflicht bestätigen. Bei Burnout gibt das nämliche Über-Ich nicht so leicht nach. In seiner üblichen Tendenz zur Einseitigkeit tendiert es nicht zur Entlastung des Ichs, sondern rät: reiß dich noch mehr zusammen! Solange vielleicht, bis der Körper einen Ausweg zeigt – er wird krank. Dann ist Schonung möglich. Schlafstörungen, nervöse Zusammenbrüche. Wechseljahres-Hysterien. Vegetative Dystonie. All das gehört bei Frauen zum Burnout. »Befindlichkeitsstörungen«, die zum Anlass werden, sich nun endlich um den eigenen Körper kümmern zu dürfen.

Dabei gibt es weiterhin so viel Unglück in der Welt. Um das sich doch jemand kümmern muss.

Das ist Konsens bei allen etablierten Religionen. Doch seltsamerweise reden ihre Würdenträger nur versteckt davon, dass wir uns auch um uns selbst kümmern müssen. Dass das bei vielen Menschen den allerersten Rang haben sollte, sagen Religionslehrer selten, noch seltener mit *jener* Betonung, mit der sie die Hilfe für andere bei uns anmahnen.

Zum Glück hilft etwas auf dem spirituellen Weg: Meditation. Meditation nährt. Nährt sie genug? Meditation nährt.

Doch auch das Ich muss kräftiger werden. Die neuen Regeln stützen erklärtermaßen nicht das Ich. Und schon gar nicht das Ego. Sie wollen es ja abschaffen. Statt dem Ich also seine Kräftigung anzuempfehlen, es vielleicht noch über »gesunden Egoismus« zu belehren, hört es wohl eher ein Lob, da es nicht so egoistisch sei wie die anderen, die das viele Unglück da draußen verursachten.

Zu simpel? Frau höre nur einmal dem Vortrag eines Lama oder Rinpoche zum Mitgefühl aufmerksam zu. Sehr wahrscheinlich sagt er: »Mitgefühl praktizieren, und alles wird gut!«. So funktioniert unsere Psyche nicht. Bei empfindsamen Menschen schon gar nicht. Droht Burnout, sieht der Heilversuch erst einmal so aus, dass noch mehr gegeben wird. Und »wer den Klienten als lästig empfindet, wird das gesteigerte Bedürfnis spüren, ihm zu helfen, wer ihn wütend anraunzen möchte, ihn besonders zuvorkommend und aufmerksam behandeln. Das mag sich zu einem Teufelskreis der Forderungen und Folgsamkeiten aufschaukeln.«[27]
Doch ewig kann sich so eine Maskierung des Problems nicht halten. Aber trotzdem bleibt die Umkehr schwierig, weil ja nun nur noch das Gegenteil des Vorigen hilft: sich der eigenen Person zuzuwenden und vielleicht sogar sich selbst professionell helfen zu lassen. Und im Alltag? Auch hier hilft es, egoistischer zu werden. Damit riskiert frau allerdings ihr Ich-Ideal. Sie setzt auch jene guten Gefühle aufs Spiel, die mit den bisher gelungenen Versuchen zur Erlangung des Ich-Ideals verbunden waren.

»Zu unseren kollektiven Normvorstellungen gehört es, jene Menschen, die auf andere eingehen, ihnen helfen und sich aufopfern, automatisch positiv zu bewerten. Die Hilfsbereitschaft, Aufopferung, das Engagement eines solchen Menschen wird hochgejubelt, und es wird nicht darüber reflektiert, welche negativen Auswirkungen seine Einstellungen und Lebensart haben könnten. Es wird also nicht geprüft, wie gut er sie verkraftet, wie er mit seinen eigenen Bedürfnissen umgeht und wie er seine Persönlichkeit entfaltet. Bei diesen Punkten spielt nämlich die Funktion des Ego eine wesentliche Rolle.«[28]

Es leuchtet auf: Hier wird mehr Ego gebraucht. Ein Satz, der in Konflikt zu so einigen neureligiösen Sicherheiten steht. Wer die Überzeugung hegt, dass »Mitgefühl mit anderen« nur von einem hellem Bedeutungsschimmer umgeben ist, dem ist schwer beizubringen, dass zuviel Mitgefühl mit anderen für ihn persönlich schädlich ist. Zum Mitgefühl gibt es im buddhistischen Mythos viele Geschichten. Es geht der verstorbene, erleuchtete Bodhisattva* zurück auf diesen Planeten, wo alle Erfahrungen sich in Freuden- und Schmerzzonen mischen – um den unerleuchteten Wesen den Weg zur klaren und reinen Freude zu weisen. Er verzichtet auf das Auskosten seines eigenen Glücks. Und er will und wird es erreichen, dass alle Wesen glücklich werden, durch Mitgefühl, Loslassen, Klarheit und Nichtanhaftung an die materielle Wirklichkeit. Ein großes Beispiel. Nur so können auch wir »unseren Planeten heilen«. Dies Beispiel ist in einem buddhistischen Dharma-Vortrag sehr häufig präsent. Oft kommt anschließend, in der Fragesequenz, eine Psychotherapeutin mit einem Burnout-Problem und bittet um Rat. Als Antwort bekommt sie in der Regel zu hören, sie praktiziere wohl noch nicht das richtige Mitgefühl. Sonst hätte das Ganze gar nicht so schief gehen können. Oft erhält diese Person auch den Rat, das Herz doch noch etwas mehr zu öffnen. Das sei wohl bisher noch nicht so recht gelungen. Und wieder wird das Vorbild des Bodhisattva ausgemalt: Er kann das gesamte Leiden der Welt in sein Herz aufnehmen, mit seinem Mitgefühl transformieren und es als allumfassende Liebe wieder ausatmen. Er hilft den anderen und er verliert sich dabei nicht.

Meist sitzt die Fragestellerin dann schon wieder und sagt

sich vielleicht: Gut. Schlecht. Versucht wohlmeinend zu bleiben (auch angesichts der Gefahr, sich sonst auszugrenzen). Vielleicht sagt sie sich, der östliche Lehrer kenne das Problem des
Burnout wahrscheinlich nicht.

Vielleicht beruhigt sie ihren Ärger damit, dass dies ein ausschließlich westliches Problem sei. Der »erleuchtete Osten«
kenne es nicht. Und alle haben es mal wieder zu hören bekommen: Ihr Westler mit euren vielen Problemen. Macht es doch
nicht so kompliziert.

Ein Mensch mit einem kräftigen Ich hätte sich vermutlich
nicht so abservieren lassen. Vielleicht wäre er allerdings in Gefahr geraten, in diesem Zusammenhang bei seinen frühkindlichen Erfahrungen zu landen. Sie sind in diesem Rahmen
nun aber wirklich nicht gefragt. Auch unsere spezielle psychische Formung als Frauen wird in diesem Rahmen eher nicht
befragt. Unsere zu starke Konditionierung zum Mitgefühl mit
anderen ebenfalls nicht. Selbstlosigkeit als Haltung wird auch
nicht befragt. Eigentlich ist nur das gefragt, was Männer im Patriarchat zu selten praktiziert haben: Mitgefühl mit den anderen statt Kampf und Krieg.

Sollten wir Frauen an solchen Orten lieber schweigen?

Vielleicht muss die Frage besser so lauten: Würde ein Insi-
stieren in diesem Rahmen Klarheit bringen? Oder einfach nur
noch mehr Irritation? Ich habe mich das in solchem Rahmen
oftmals gefragt.

Notwendig wäre ein tiefes berührendes Gespräch mit einem
anschließenden Suchen nach vielleicht gemeinsamen und pas-
senderen Antworten. Westliche Adepten des Wegs, die mit den
Widersprüchen zwischen östlicher und westlicher Seelenarbeit
schon länger vertraut sind, räumen hinterher, im kleinen Kreis
dann, eigene Widersprüche gerne ein. Im ganz privaten Gespräch.
Und wenn dann weiter erzählt wird, wird deutlich, was ja fast
jeder schon erlebt hat: auf dem Pfad brechen manchmal Psycho-
sen aus, während Retreats kommt es gelegentlich zu psychischen
Zusammenbrüchen.

Man hat im Grunde gesehen, dass eine Verstärkung der Einseitigkeit die Spaltungstendenzen forciert. Man weiß, dass ein Voranschreiten auf dem Pfad bei entsprechender Disposition den Zusammenbruch bringen kann. Kann. Nicht: wird.

Weil das aber so ist, ist eben mehr Wissen um die Wirkweise der Psyche auf dem Pfad der Erleuchtung immens wichtig. Das alles hat mit der Feststellung zu tun, dass ein gut vorbereiteter Boden dem Fliegen vorausgehen sollte. Landen zu können gehört zum Fliegen. Aber zum Leben gehört auch, dass diejenigen, die sich keine gute Erdung geschaffen haben oder finden, gerne fliegen. Und oft genau deshalb das Wegfliegen so mögen. Manche kommen dann leider verstört zurück. Und finden sich hier noch weniger zurecht.

Westliche LehrerInnen des Buddhismus sagen in ihren Vorträgen: Psychotherapie hilft, wenn es Schwierigkeiten gibt. Geht hin. Doch Psychotherapie wird Widersprüche zur Lehre aufbringen. Zum Beispiel wird sie die meist vernachlässigte Gefühlswahrnehmung verstärken. Und wird wohl lehren, es gehe nun wirklich nicht vorwiegend darum, unheilsame Gedanken durch heilsame zu ersetzen. Es gehe darum, sich mit mehr Gefühl sich selbst zuzuwenden. Das heißt, auch dem eigenen Ärger und der Wut. Diesen so sehr guten Grenzwächtern. Die oft als wichtige Brücken über den Spalt zwischen Verstand und Körper hinweg helfen könn(t)en.

Besonders um Burnout zu verhindern, müssten sie das tun. »Das ist mir zuviel«, »Ich will das so nicht«, »Ich will nicht dauernd beansprucht und ausgenutzt werden!«, »Dass du mich immerzu einspannen willst für deine Probleme, das ärgert mich.« – sagt vielleicht (leise) die Wut. Leise, aber sie meint es trotzdem so. Diese Wut dann zu Friedfertigkeit zu transformieren, wie es östliche Gefühlskultivierer gerne empfehlen, ist bei Burnout kontraindiziert. Die eigenen Ärgergefühle über das zuviel (gegenüber anderen) praktizierte Mitgefühl nicht zu erleben – das wirkt für das Bewusstsein vielleicht vollkommen überzeugend. Doch das Unbewusste ist vielleicht vollkommen gegenteiliger Meinung. Und wer die Psyche kennt, kann dann sagen: nicht großer Gleichmut, sondern Abspaltung. Die Verdrängung unerwünschter Gefühle ist gelungen. Womit frau nicht von einer neuen Gefühlskunst sprechen sollte, sondern von einer leider unheilsamem Zersplitterung des Erlebens. Denn da haust nun statt dem schönen Mitgefühl (mit den anderen) und einer weiten Liebe auf der diesseitigen Fläche des Planeten – auf seiner lichtabgewandten Seite leider ganz anderes: Verachtung und Hass. Enttäuschungswut. Heimzahlenwollen. Enttäuschung über hilflose Hilfe. Und all die Gefühle aus eigenen frühkindlichen Versagungserlebnissen. Auf der Lichtseite des Planeten wird dies alles mit der Haltung des allumfassenden Mitgefühls dementiert. Hinter so mancher aufopferungsvollen Helferhaltung verbirgt sich ein großer Mangel an Gesehen– und Erspürtwerden. Und auch eine riesige Gier. Bei frühen Störungen fast immer auch eine geradezu archaische Zerstörungswut. Soviel Wut und Hass, weil das, was man so sehr braucht, noch immer nicht »kommt«. Da ist allerhand dabei, was bei Buddhisten zu den Grundübeln zählt: Gier, Verblendung, Hass, Anhaftung.

Es würde im Buddhismus wohl dem Ego zugerechnet, käme das alles ans Licht. Und wäre schnell identifiziert: als »abzuschaffende« Eigenschaften. Wir TherapeutInnen sagen: Möglicherweise sind diese Gefühle Zeichen einer frühen Störung. Aus solcher Diagnose ergäbe sich einiges: Es ist wichtig, die Grenze zwischen dem Ich und dem Du besser auszubauen. Zu lernen, die Subjekt/Objekttrennung im Erleben zu behalten. Das ist bekanntermaßen eine schwierige und auch langwierige Lernarbeit.

Da wird es wieder ganz gefährlich, mit dem Satz zu kommen: »Wir sind ja ohnehin alle eins.«

Dass frau getrennt ist, muss jetzt erkannt und gesehen werden. Klar ist, dass es einfacher ist, den ungetrennten alten Weg zu nehmen. Auf dem frau sich nicht abgrenzt, sondern zustimmt. Und für den alten Weg hat sie den neureligiösen Rat: All diese Grenzen, all dieser Ärger, dieses gierhafte Verlangen nach Aufmerksamkeit, das muss alles weg. Das alles gehört zum

Ego. Und auf das gibt es nur noch eine Sicht: Es muss zertrümmert werden. An solchem Scheideweg kommt auch die Empfehlung gut an, die schwierigen Gefühle ließen sich auflösen, indem man dem Nonplusultra-Rat zur Abschaffung von Leiden folgt: »Das Ich muss aufgegeben werden – und der Geist positiver denken.«

Und diese Gefühle, die da sind? Verdrängen? Verdrängt wurden die Ambivalenz- und Ambiguitätskonflikte schaffenden Gefühle schon recht lange. Wie nun? Von noch mehr Mitgefühl überwältigt!

EGOISTIN WERDEN

Im spirituellen Bereich scheint es oft nur eine Richtung zu geben. Burnout-Symptome legen allerdings einen Richtungswechsel nahe.

Der westliche Heilungsplan sieht vor, dass frau sich (erst einmal) in die Rolle der Egoistin begibt. Ja, das muss in Kauf genommen werden. Auch hilft eine neue Sicht: *andere* in der Rolle der Egoisten sehen. Deren Egoismus anerkennen, kann ein wichtiges Stück des Weges weiterhelfen. Die anderen sind in mancher esoterischen Literatur »nur gut«. Seltsamerweise befindet sich »das Böse« dort nur im eigenen Inneren. Von dort gelangt es nach außen per reiner Projektion. Ändere dich selbst, so änderst du die Welt. Dies ist ein Rat, der für einen nach innen, in Selbsthemmung und Resignation zurückgezogenen Menschen überaus verlockend klingt. Scheint es doch so, als liesse sich dann jede schwierige Auseinandersetzung mit anderen Menschen umgehen. Scheint es doch so, als könnte der vierte Schritt vor dem ersten getan werden.

Leider: Nein. Zuerst einmal heißt es, Gefühle erkennen, hilft Grenzen erkennen. Dann hilft es, Grenzen zu vertreten mit klarem Ja und Nein. Dies hilft der Abwehr, die nun mit bewussten Aktionen entlastet wird. Als nächstes gilt es, den eigenen Willen zu finden. Sich zu befragen: Was will ich haben und was will ich nicht haben? Dies zu unterscheiden wird ab jetzt sehr wichtig. In all dem ist die Trennung zwischen mir und dem anderen bedacht. Ich versuche »Gutes« und »Böses« in mir und in anderen zu unterscheiden. Menschen mit sogenannten frühen Störungen glauben gerne, dass es das »Nur-Gute« unter Menschen tatsächlich gibt. Es muss nur gefunden werden, und man wird es (trotz aller bisherigen Enttäuschungen) auch noch finden. Andernfalls müsste die Trauer, die aus früheren Erfahrungen stammt, als das gute zugewendete Einfühlen so sehr gebraucht wurde, aber nicht da war, zugelassen werden. Im Suchen und Kämpfen wird der Trauer aus dem Weg gegangen. Denn sie ist oft riesig. Auch deshalb wird sich hier gegen eine bessere Differenzierung gesträubt. Dass die anderen sowohl Freunde und Geliebte und Nachbarn sind, aber auch z.B. Konkurrenten, manchmal auch gefährliche Grenzüberschreiter – das ganz bewusst zu realisieren –, das ist für Menschen mit frühen Störungen schwer. Oft irrsinnig schwer. Schwer ist auch zu erkennen, dass manche Menschen vor allem der Wille zur Macht treibt. Mit Macht über andere wollen sie ihre alte Kindheitsohnmacht eines besseren belehren.

DIE ANTWORT DER PSYCHOTHERAPIE

Therapie macht Menschen manchmal zum ersten Mal klar, dass so gut wie jeder ab und an von eigenen destruktiven Energien bewegt und getrieben wird. Es gilt also vorsichtig zu bleiben. Eine gute, bewusste Abwehr ist nützlich – im Leben und auf dem spirituellen Pfad. Allzu viel Vertrauen ist unangebracht. Und nicht immer lassen sich mitmenschliche Probleme allein mit Mitgefühl regeln. Ein offenes Herz hilft nicht per se bei Konflikten. Das ist eine Binsenweisheit? So etwas wird auf dem spirituellen Pfad gerne über mitmenschliches Geschehen geäußert. Naiv-schön-malerisch auch öfter mal geschrieben: »Jeder gibt immer sein Bestes.« Alles wäre ganz einfach, sähe mensch doch ganz schnell ein, dass wir alle eins sind und alles in Liebe verbunden ist. Man nehme nur das ganz große Teleskop und

schaue von den Plejaden zum Blauen Planeten. Wer kein Teleskop hat, sieht aber auch: Da schieben manche dem »bösen«
Blick die Auskarte zu. Auf »dieser irdisch-alltäglichen« Ebene
sind wir nicht alle eins. Manche haben ein machtlüsternes, manche ein gewalttätiges Ego, manche haben fast gar keins. Die
können den anderen damit ziemlich ausgeliefert sein.

Das Ego muss bei Menschen, die depressiv wurden, die an
Burnout leiden, oft keineswegs abgeschafft, sondern im Gegenteil dringend belehrt und vielleicht erst »angeschafft« werden.
Und das Ich muss nicht abgelegt, sondern ebenso dringend gekräftigt werden. Damit das Ich realistisch hinsehen, hinhören,
hinfühlen kann. Damit es mithalten kann. Erfahrene PsychotherapeutInnen lassen sich von den »Wir sind alle eins«-Harm-
onieklängen ohnehin nicht einlullen. Die meisten, die zu uns
kommen, sollten besser ein starkes Ich haben, sollten gegenüber
anderen Menschen gute Grenzwächter haben. Auch, um mit
den Grenzen der anderen besser zurecht zu kommen. Um sich
innerhalb der eigenen Grenzen besser zu erkennen und besser
zu verstehen. Da aber nun häufiger als früher diese Wir-sind-
alle-eins-Ansichten in Therapien »hinzukommen«, stelle ich
KlientInnen aus dem spirituellen Bereich manchmal ganz einfach nur Fragen: Wenn das Ich abgeschafft worden ist, wer
übernimmt denn dann seine Aufgaben? Was passiert nach der
Abschaffung des Ichs? Wird die Fähigkeit, sich selbst und die
materielle Wirklichkeit zu erfassen, um Pläne zu machen und
»wirklich in der Welt zu sein«, nun nicht mehr gebraucht? Wie
kann frau ohne ein Ich anderen deutlich werden? Erkennbar
und greifbar im Kontakt, z.B. in Freundschaften und Beziehungen? Soweit zur Außenwelt. Und in der Binnen-Bezie-
hung: Wer kommt nach der Abschaffung des Ich den Ich-Auf-
gaben nach? Vor allem der schwierigsten Aufgabe des Ich, nämlich zwischen den Forderungen des Über-Ich und des Es zu vermitteln? Wer soll nun zwischen den eigenen Wünschen und
denen der Moral und Ethik trennen können? Wer wird nun vermitteln zwischen all den Soll und Muss und den lust-
orientierten, impulskräftigen Wünschen, denen Muss und Soll

vollkommen gleichgültig sind? Macht das nun alles das »höhere Selbst«?

Besonders auf die letzte Frage gibt es noch keine Antworten. Wir sind in *der* Kultur, die dazu Antworten hat, nicht zu Hause. Zielsetzung einer Psychotherapie ist es auch, das Über-Ich des Erwachsenen unterstützend und fürsorglich zu formen. Leider hört sich vieles aus den neuen Religionen bezüglich der Nachformung des psychischen Apparats recht drakonisch an. Aufgeklärte Westler auf dem spirituellen Pfad neigen dazu, sich einige Formeln und Regelsätze aus Büchern und Vorträgen mitzunehmen und sie dann im eigenen Leben als Stützen zu nutzen. Ohne zu überprüfen, ob sie wirklich konstruktiv sind. Auf diese Art wird ja auch die Aufforderung mitgenommen, das eigene Ich abzuschaffen: »Das Ich muss schlecht behandelt und verkleinert werden!« Ich sehe die Gefahr, dass solche Sätze, *die an ihrem Platz die richtige Bedeutung bekommen könnten*, an Orten angewendet werden, wo sie vollkommen deplaziert sind. Zum Beispiel dort, wo sie dazu beitragen, eine Neurose zu verstärken. Oder sogar eine Psychose herbeirufen können. Wo niemand sich fragt: Warum sollen die es ablegen, die es noch gar nicht angezogen haben? Wieso sollen die kein Ego besitzen, die mittels Unterwerfung unter Menschen zurecht zu kommen suchen? Die ihr Heil in der Selbstaufopferung finden? Die eine zu dünne Haut haben, um sich den Wettern des Lebens auszusetzen? Die lieber auf den Sternen wären als hier? Oder die sich dem Leben verweigern, weil sie sich zu schwach fühlen, zu wenig widerstandsfähig auch – im Wind allen Wechsels?

Zu Religionen gehören Glaubenssätze. Das ist uns durchaus bekannt. Auch ist uns bekannt, dass diese Glaubenssätze sich immer kraftvoll anhören müssen, etwa: Das Ich abschaffen! Das Ego zertrümmern! Und wenn eine fragile Psyche ihre schwache Realitätsanpassung dann möglicherweise verliert? Vielleicht in der Psychose zersplittert? Da es ja immer der leichte Weg ist, der lockt, dürfte dieser Rat den Gefährdetsten oft genau der richtige sein. Denn die, die sich nicht gut behaupten können, möchten das Sich-behaupten-Müssen gerne aufgeben. Das hört sich doch eingängig an: »Wir empfinden Schmerz zum Beispiel darüber, dass uns jemand nicht anerkennt, nicht recht gibt, nicht lobt, nicht tut, was wir wollen – alles schmerzliche Ego-Verkleinerungen, je größer das Ego ist, desto öfter passiert es, denn eine größere Fläche wird leichter angerührt. Ein riesengroßes Ego stößt dauernd irgendwo an und wird schmerzlich berührt. Würden wir aber, statt uns verletzt zu fühlen, genau hinsehen, würde sich herausstellen, dass in den meisten Fällen der andere gar nicht das gemeint und getan hat, was wir ihm unterstellen. Wir haben die Eigenart, von uns auf andere zu schließen und uns für Ego-Verkleinerung instinktiv zu rächen. Dass das nicht funktioniert, ist klar. Wir können unseren Schmerz nicht loswerden, indem wir einem anderen Schmerz zufügen, sondern nur, indem wir Ego-Verkleinerung nicht als Schmerz empfinden, sondern als wohltuend.«[29]

Doch solchen Schmerz werden viele erleben, die in ihrer Kindheit zu früh Versagungen erfahren haben und deren Wunden noch nicht heilen konnten. Ihr Ego-Schmerz kann deshalb ein wichtiger Hinweis sein – auf noch zu Heilendes. Er ist nicht per se Hinweis auf ein viel zu großes Ego. Oft ist er einfach nur ein wichtiger Hinweis auf Verdrängtes, das durch ein heutiges Nicht-beachtet-Werden berührt wird. Solcher Schmerz ist bei narzisstischen Störungen besonders groß. Da schlägt er oft sogar in rasende Wut um. *Die* Wut aber lässt sich schon gar nicht mit »Einsicht« auflösen.

Wer spirituellen Lehren zuhört, kommt mitunter zu einem klaren, schönen Schwarz-Weiß-Bild: Die anderen sind gut. Ich bin schlecht. So ändere ich mein Schlechtes in Gutes. Und die Welt wird gut.

Das passt zwar gut zur Subjekt/Objekt-Wahrnehmungs-Verzerrung einer frühen Störung, die auch ganz einfach von Dunkel nach Hell und wiederum ins Dunkle kippen kann. Es löst Burnout-Probleme aber nicht auf.

Am Burnout Leidende tun, als ob sie versprochen hätten: »Und ich nehme auf mich die Last aller Leiden, ich bin dazu entschlossen, ich ertrage sie. Ich kehre nicht um, ich fliehe nicht, ich weiche nicht zurück, ich verzage nicht. Und warum das? Weil ich unbedingt die Last aller Wesen auf mich nehmen muss. Das ist nicht mein freier Wille. Die Rettung aller Wesen ist mein Gelöbnis; von mir müssen alle Wesen befreit werden. Von mir muss die ganze Welt der Lebenden gerettet werden.«[30]

Wer schließlich unter Burnout leidet, mag Anleitungen zum Boddhisattva-Sein über viele Jahre von seinem Über–Ich gehört haben. Und ist ihnen bis zum Nicht-mehr-Können gefolgt. Auch wenn es ganz und gar vonnöten ist, dass mehr Mitgefühl auf diesem Planeten das Miteinander regiert - Burnout fordert eine Kehrtwendung der Richtung: Mehr Mitgefühl für sich!

Mehr gesunden Egoismus – mehr Gedanken und Überlegungen für ein eigenes Wollen und Wünschen! Dies zu praktizieren ist nun das einzige, was hilft. Das sagen westliche PsychotherapeutInnen. Wir wissen es aus eigener, alltäglicher Erfahrung.

Hier jedenfalls hilft nicht weniger, sondern mehr Selbstliebe, auch wenn frau damit in den Verdacht des Narzissmus gerät.

Gegen diesen Verdacht braucht frau ein Ich, eins, das sich wirklich in der Realität umsieht.

NARZISSMUS: KEINE WAHREN GEFÜHLE, KEIN WAHRES SELBST UND KEIN TOD

Wie es scheint, wird von den neuen Religionen oft gegen den Narzissmus geredet. Zum Beispiel bei der Empfehlung, mehr Mitgefühl mit anderen zu entwickeln. Oder in diesem kurzen Text hier: »Wie können wir den Geist erkennen, der sich selbst mehr liebt als andere? Wenn wir selbst unsicher sind, werden wir dieses negative Gefühl der Eigen–Liebe in andere hineinprojizieren.«[31]

Um es gleich zu sagen: NarzisstInnen lieben das Bild, das sie den anderen von sich geben. Das wahre Selbst, von dem die östlichen Meister so viel reden, das lieben sie nicht.

Lieben sie denn ihr wirkliches Ich? Das scheint zwar so –
doch warum bauen sie ihm ein Etwas vor? Und dies auch noch
mit viel Bemühen und oft so überzeugend, dass sie ihr »anderes
Ich« gar nicht kennen lernen. Und auch einiges, was zum Ich
zu zählen ist, nicht. Denn ein Vorgabe-Ich zu haben, hat Konsequenzen: Mensch kennt seine wahren Gefühle und Emotionen nicht. Er erlebt Gefühle, die in »das Bild« hineinpassen.
Von den tieferen, momentanen Gefühlen weiß er nicht viel.
Zwischen der Vorgabe und dem wahren Ich existiert ein Vakuum. Eine Leere, die NarzisstInnen durchqueren müssten, wollten sie zu sich gelangen. Die zu erleben, das schätzen sie nicht.
Der Leere suchen sie mit allen Mitteln zu entkommen. Mega-
Fun – ein probates Mittel, um dem Erleben des wahren Ichs zu
entkommen.

Alexander Lowen, der anhand seiner körpertherapeutischen
Erfahrungen das Buch *Narzissmus – die Verleugnung des wahren Selbst* geschrieben hat, sagt, dass Narzissmus zwar zum psychischen Zustand von vielen wurde, aber auch deshalb, weil es
ein allgemeiner kultureller Zustand im Industriezeitalter in jenen Ländern geworden ist, in denen der Markt Angebot und
Nachfrage reguliert. Für Produkte, aber auch Menschen, ist es
zunehmend wichtig, ein Image zu haben. Das Ziel ist, im Ge-
schäft zu bleiben, gut verkäuflich zu sein. Begehrt zu werden –
und einen maximalen Preis zu erzielen. Mithalten im großen
Wettbewerb – Güter und Personen sind austauschbar. Weil der
Narzissmus mit der Überlegenheit der Marktwirtschaft über
andere Systeme verbunden ist, scheint er den Beteiligten ge-
rechtfertigt. Viele Meister einer östlichen Lehre sagen über das
Leben im Westen, es sei hier weiter verbreitet, ein Image zu
haben als ein Sein. Dieser Blick aus der Distanz der östlichen
Meister vermag das Täuschungssystem, in das wir WestlerInnen
eingeflochten sind, zu erkennen. Und sie sehen mit ihren wachen Augen: Das falsche Spiel des falschen Selbst umkreist im
Innern eine tiefe Verzweiflung. In dem Raum zwischen dem
wahren und dem falschen Selbst regiert nicht selten Depression
und Resignation. Und um nicht dort anzulangen, wird diese

enorme Betriebsamkeit produziert. Denn wo der wahre Grund
des inneren Leidens liegt, das wollen NarzisstInnen meistens
nicht herausfinden.

»Neurotischer Narzissmus lässt keine Zeit zum Anhalten und
Reflektieren und Anschauen der vielen Gefühle, Erinnerungen,
Wünsche, Phantasien, Begierden und Ängste, die nichts anderes sind als die Substanz, aus der die Seele gemacht ist. Folglich
fixiert sich die narzisstische Person auf eine einzige Idee – wer
sie ist ...«[32]

Diese Idee der NarzisstIn von sich selbst zielt darauf ab, eine
»besondere« Person zu sein. Vor allem durchschnittlich oder
gewöhnlich will sie auf keinen Fall sein. Sie will unbedingt Erfolg und Anerkennung erreichen. Gut, das wollen in westlichen Gesellschaften ja die meisten, doch bei NarzisstInnen ist
die Basis all dessen ein vorgespieltes Selbst. Und so wird auch
der Erfolg der Person leider nicht fassbar. Wer hat den Erfolg
erreicht, das wahre oder das vorgespielte Selbst? Trotz allem
Erfolg bleibt die Frage unbeantwortet: Wer bin ich?

Bin ich der besondere Name? Das besondere Gesicht? Dieser besondere »Erfolg«? Wenn die anderen wüßten, wer ich
»wirklich« bin ...

Dieses Bemühen, ein Jemand zu werden, der in der Erscheinung des besonderen Namens auch eine einzigartige Person ist,
gelingt der Psyche in der Regel nur um den Preis der Spaltung.
»Es wirkt wie ein Paradox, dass gerade unser Suchen, unsere
›Strategie des Überlebens‹, uns tiefer in die Spaltung und näher
an die Selbstzerstörung heranführen«.[33] Dies schreibt die Psy-
choanalytikerin Shirley Sugerman in ihrem Buch mit dem aus-
sagekräftigen Titel *Narzissmus als Selbstzerstörung*. Narzissmus
bedeutet für sie »Selbst-Zerstörung als Prozess«. Also ein pro-
gressives, langsam die gesunden Selbstanteile zerstörendes Geschehen. Das von jedem Akt der Selbstverleugnung vorange-
trieben wird, und weiter bis zur Selbstzerstörung vorwärts
strebt. Kein Zustand.

Dagegen bezeichnet Alexander Lowen wiederholt »Narzissmus als psychischen Zustand«. »Narzisstische Menschen sind mehr daran interessiert, wie sie anderen erscheinen, als an dem, was sie fühlen. Tatsächlich leugnen sie Gefühle, die dem von ihnen angestrebten Image widersprechen«.[34]

TiefenpsychologInnen sagen, dass narzisstische Menschen eine strukturelle Störung aufweisen. In ihrer Psyche ist das Zusammenwirken von Es und Über-Ich und Ich gestört. Im Reifungsprozess des Kindes gab es Einwirkungen, die dazu führten, dass nun die selbstzerstörerischen Elemente überwiegen. Jene Selbstzerstörung, von der auch Shirley Sugerman schreibt.

Diese Zerstörung betrifft vor allem das Ich. Damit ist allerdings nicht gesagt, dass NarzisstInnen ihre Aggressionen hauptsächlich gegen sich selbst wenden. Vielmehr agieren NarzisstInnen viele Aggressionen im Umfeld aus. Erkennbar ist meist: Entfernter bleibende Menschen werden verschont, ihnen wird die »nette« Fassade dargeboten. Wer von NarzisstInnen wirkliche Nähe will, bekommt auch ihre besondere Kälte und Härte zu spüren. Den destruktiven Egoismus.

Die in der Nähe geäußerten Aggressionen »kommen« meist undifferenziert. Denn sie haben immer wieder mit einer enormen im Moment angesprochenen (alten) Wut zu tun. Diese Wut ist z.B. durch einen großen Mangel an Zuwendung und Spiegelung entstanden, an dem das kleine Kind früher litt. Es wurde zu wenig einfühlsam umfasst. Jedenfalls nicht als der oder die, die sie wirklich war. Nun lässt es die anderen ähnliches fühlen.

Das Vermissen der Bestätigung der wahren Gefühle hat die Reifung des Selbst-Wert-Empfindens massiv gestört. Auch deshalb werden im Umfeld andere zu Bestätigung und Aufmerksamkeit genötigt. Oft in dramatischen Inszenierungen. Denn das falsche Selbst hat vor allem ein Ziel: Wer-in-der-Welt zu sein. Und alles Bemühen gilt dem Bedürfnis, die Gier nach Gesehenwerden zu befriedigen und die Wunde des Selbstwerts zu schließen. Dem falschen Selbst geht es nicht um Beziehungen, die aus Mitgefühl und Einfühlung entstehen und erhalten bleiben. Ausnutzen und Ausbeutung erscheinen »normal«.

Da dies alles, würde es offen praktiziert, auf viel Widerstand träfe, geschieht es meist versteckt. Mittels Verwickeln und Manipulation. Und da narzisstische Menschen oft sehr erfolgreich arbeiten, einfach Erfolg haben, und die Mechanismen der Manipulation gut beherrschen, sind sie häufig recht beliebt und wenig durchschaut. Es gelingt ihnen gut, die Menschen in ihrem Umfeld für ihre Bedürfnisse zu instrumentalisieren. Viele fühlen sich von ihnen geschätzt und »gemeint«. Bis sie das »Nicht-gemeint-Sein« an sich wiederholenden Vorfällen dann endlich durchschauen. Soweit zur Psycho/logie.

Zurück zu dem Bild von Alexander Lowen, Narzissmus sei ein »kultureller Zustand« – jedenfalls in unserer westlich orientierten Gesellschaft. Lowen leitet seine These von der psychologischen Erkenntnis ab, dass Narzissten so wenig mitfühlend – und so sehr ausbeuterisch sich verhalten. »Eine Gesellschaft, die ihre natürliche Umwelt dem Profit und der Macht opfert, verrät, dass sie für menschliche Bedürfnisse unempfindlich ist. Die Verbreitung materieller Güter wird zum Maßstab des Fortschritts im Leben, und Männer werden gegen Frauen, Arbeitnehmer gegen Arbeitgeber, Einzelne gegen die Gemeinschaft« ausgespielt.[35]

Hinzufügen möchte ich, dass auch ethnische Gruppen gegeneinander »ausgespielt« werden, dass sogenannte »Drittweltländer« sich mit entwürdigenden Konditionen auf den Weltmärkten arrangieren müssen. Über das Preisniveau wird ihnen Status und Wert zugeschrieben, der degradierend wirken muss. Gleichzeitig ist in jenen Ländern dann »normal«, dass Kinder arbeiten, dass Menschen unter krankmachenden Bedingungen zu Stundenlöhnen arbeiten, was die produzierende Industrie »konkurrenzlos« preisgünstig macht. Fatalerweise wird der Ausbeuter zum Ideal: Attraktiv scheint nur noch ein Leben wie das der Menschen mit dem aufgeblähten Erste-Welt-Ego. Von dem kommt an: »Wir sind wer. Werdet mal so wie wir – dann habt auch ihr ein leichteres Leben«. Überheblichkeit gemischt mit Ausbeutung gab es vom Westen her ja schon viel früher. Die Geschichte der Kolonisierung hat diese Sprache über Jahrhunderte gesprochen.

Warum ist unsere Kultur aber nun »plötzlich« narzisstisch zu nennen?

»Wenn Reichtum einen höheren Rang einnimmt als Weisheit, wenn Bekanntheit mehr bewundert wird als Würde, wenn Erfolg wichtiger ist als Selbstachtung, überbewertet die Kultur selber das ›Image‹ und man muss sie als narzisstisch ansehen. Der Narzissmus des Individuums läuft dem der Kultur parallel. Wir formen unsere Kultur nach unserem Bild und werden andererseits wieder von dieser Kultur geformt.«[36]

Wie hoch der Preis dieses verbreiteten Falschspiels ist, wird bekannter, seit die Meister des Ostens den Westen im Hier und Jetzt betrachten.

So starke Verzerrungen im Menschsein rufen nach Korrektur und Kur. Offenbar bis in andere Zonen des Planeten hinein. Gerade in buddhistischen Ländern wurde der Ruf des unterdrückten wahren Selbst gehört. Unserer narzisstischen Selbstüberhöhung wird nun das Gegenteil verschrieben. Viele, die sich heute bei den östlichen Meistern sammeln, üben sich in den Tugenden der Bescheidenheit und der Demut. Sitzen auf dem Boden, auf Kissen und auf harten, kleinen, selbstgezimmerten Holzschemeln. Hingabe ist gefragter als Behauptung. Auch die Aufgabe des Eigenwillens statt Durchsetzung des freien Willens. Zurücknahme des Dominanzstrebens wird verlangt. Mehr Liebe für die anderen! Mitgefühl mit allen!

Bei all dem wird offenbar vorausgesetzt, dass wir uns zu sehr lieben. Selten wird gefragt, wen lieben wir denn, wenn wir uns lieben? Es könnte auch gefragt werden, ob jemand sich lieben kann, wenn er sein wahres Ich zu kennen abgelehnt hat. Bei solchen Überlegungen wäre manche Äußerung nicht mehr so leicht annehmbar. Es ist den Zuhörenden meist annehmbar: Weniger Egoismus und mehr Mitgefühl mit den anderen, das ergibt mehr Wärme und Liebe. Und wir wissen, dass NarzisstInnen das nachzulernen haben. Fast immer.

Doch müssen wir nicht auch über den Preis reden, der zu zahlen ist, wenn der Narzissmus aufgegeben wird? Und über die Gewinne der NarzisstInnen? Andernfalls scheint der Wechsel in ein anderes Verhalten zu einfach.

Eine Kultur formt die Über-Ich-Ideale ihrer Individuen. Und in unserer narzisstischen Kultur lautet eine Verhaltensmaxime: die eigenen Interessen an allererste Stelle setzen! Andere sind: Erfolg! Er rechtfertigt fast alles. Notfalls ohne Gefühl handeln, wenn das Gefühl den Erfolg sabotiert! Verführen! Manipulieren! Wenn es dem Erfolg dient. Und damit ergibt sich der Preis: Auf solches Verhalten muss nun verzichtet werden.

Dass das schwer ist, ist wohl leicht einzusehen.

Auch Frauentherapie hat mit der narzisstischen Prägung vielfach zu tun. In der Therapie werden Werte vorgetragen, die mit den feministischen Werten so gut wie nichts mehr gemeinsam haben: Erfolg um jeden Preis. Nicht Integrität und persönliche Würde sind gefragt, wie es in der neuen Frauenbewegung nun mal war. Die narzisstische Kultur hat sich die Slogans der Frauenbewegung einverleibt und neue Frauenideale verbreitet: Die neue Frau hat alles im Griff: Karriere, Küche, Kinder. Alles schafft sie, ohne eine Falte zu werfen. Superweib: Kinder, Karriere, Bodystyling. Und für ihre Perfektion wird sie auch noch geliebt. Dass es so kommen könnte, darüber haben Feministinnen sicher nicht ein einziges Mal nachgedacht. Ihr resoluter Aufruf: Wir auch – endlich! hat sich schließlich mit dem Narzissmus im allgemeinen gut verbunden. Und nun gibt es überall Superfrauen – in den neuen Filmen, in der Literatur, in den Erfolgsratgebern. Bis in die populär-feministischen Bestseller hinein. Frauenzeitschriften haben sich des Mix besonders angenommen. Sie ist überall zu sehen: Die neue junge Frau. So gut wie keine »weichen Gefühle« mehr – supercool. Kann sie nicht auch alles, was Männer können? Und ist das nicht supertoll?

Warum sollte sie denn nicht auch all das wollen, was die Männer wollen? Auch am Gipfel angekommen, zeigt frau nun, dass sie sich nicht von ihrer Gefühlsnatur unterbuttern lässt. Erfolg um den Preis von Selbstverlust? Wozu darüber nachdenken?

Dass damit letztlich etwas Verrücktes vermittelt wird, wer erlebt das schon? Wer spricht von der Unwirklichkeit, die so gelebt und erzeugt wird? Designer-Persönlichkeiten überall. Im Film fragen sie sich in ihren Dachetagen allabendlich: »Wie geht es Ihnen?«, und geben sich immer die gleiche Antwort: »Gut. Sehr gut!«

Wenn Unwirklichkeit dominant wird, scheint sie wirklich zu sein. Unwirklich nenne ich hier einen Menschen, der sein eigenes inneres Empfinden, seine Gefühle nicht kennt. Sich somit auch nur sehr notdürftig, nur mit Schablonen, erklären kann. Auch Alexander Lowen spricht hier von Unwirklichkeit. Seine These hat wieder Kollektives im Blick, wenn er meint, »dass Narzissmus im Einzelmenschen und in der Kultur einen gewissen Grad von Unwirklichkeit anzeigt. Unwirklichkeit ist nicht einfach nur neurotisch. Sie grenzt ans Psychotische. An ein Verhaltensmuster, welches das Erringen von Erfolgen über das Bedürfnis stellt, zu lieben und geliebt zu werden, ist etwas Verrücktes. Ein Mensch, der keinen Kontakt zur Realität seines Wesens hat – zum Körper und seinen Gefühlen nicht, ist etwas verrückt. Und eine Kultur, die Luft, Wasser und Erde im Namen eines ›höheren‹ Lebensstandards verschmutzt und verseucht, hat etwas Verrücktes an sich.«[37]

Die Tiefenpsychologie sieht Narzissmus als eine Störung an, die vor allem auch deshalb so machtvoll ist, weil sie in der psychischen Entwicklung dermaßen früh entstand. So wurden starke, noch ungeformte Energien »gebunden«. Heute werden die aktiviert. Leider geschieht dies vom Ich ungebremst. Leider vom Bewußtsein weitgehend nicht identifiziert. Und gerade deshalb sind diese Energien auch so mächtig.

Ohnehin ist der Hang der NarzisstInnen zur Identifikation mit dem Selbst-Ideal eine ziemlich »starke Sache«. NarzisstInnen leben ein grandioses Ideal – oft mit ausgesprochen exhibitionistischen Zügen. So großartig, wie es sich sieht, möchte das

Ich sich auch den anderen zeigen. Die idealisierten Eltern wurden in der Entwicklung des Kindes als vom eigenen Sein nicht getrennt erlebt. Damit erfolgte auch zu wenig Abgrenzung. So stehen sie wie selbstverständlich allen kindlichen Bedürfnis-befriedigungs-Wünschen zur Verfügung. Die Trennung zwischen Subjekt und Objekt wurde nicht genügend vollzogen. So sehen es PsychologInnen.

Lowen spricht ja mehr von einem Narzissmus, der eine ganze Kultur krank macht. In der klassischen Psychiatrie sah man bisher allerdings nur Individuen als (geistes)krank an. Dort erhielt vor allem ein Individuum, das den Kontakt zu seiner Kultur verloren hatte, dieses Etikett. Wenn nun selbst die Kultur krank ist, wer in dieser Kultur ist dann »normal«? Als normal gilt dann in dieser Kultur jede und jeder, der ihre Werte vertritt. Sich ihnen anpasst. Dafür dann Ansehen erwirbt. Meist gut bezahlt wird. Also gut bezahlt wird für den Verkauf seines wahren Selbst? Nein – solches sah die westliche Psychiatrie bisher nicht als »normal« an.

NEUE STRÖMUNGEN GEGEN DEN NARZISSMUS

Klar ist, dass ein »normal narzisstischer Mensch« seiner narzisstischen Kultur bestens angepasst ist. Niemand in dieser Kultur wird ihn »geisteskrank« nennen. Nur jemand, der eine andere Kultur gut kennt. Nur jemand von außerhalb. Einer von außerhalb könnte dies allerdings als verrückt erkennen: Sich und anderen tagtäglich vorzuspielen, jemand zu sein. Sich dabei aber als einen Niemand zu meinen. Also als ein Jemand, der verborgen werden muss. Der ganz viel tut, um sich nicht mehr zu fühlen, sich nicht mehr im Innern wirklich zu erleben, weil nur dies in der Kultur Gewähr bietet, erfolgreich zurecht zu kommen. Die Kultur selbst fordert von den Mitwirkenden ein falsches Selbst. Wer sich nicht verleugnen kann, bekommt Charme- und Rhetorik-Kurse verpasst.

Seit kurzem aber geschieht in dieser Kultur Bemerkenswertes:

Die Rückwendung zum wahren Selbst wird populär. Weil Hollywood-Stars es damit erfolgreich versucht haben.

Nun sickert es sogar bis in die Etagen der Erfolgsmacher: Da sei was dran, es mit dem wahren Selbst zu probieren. Wer der Erfolgreichen sich bereits alles buddhistisch gibt, das wird in den Zeitschriften nun häufiger abgebildet und angepriesen. Das könnte zu einer Revolutionierung führen, wenn die Mode sich nicht auch dies – wie vieles zuvor – greift und schluckt.

Und wenn andererseits die buddhistischen LehrerInnen es über sich bringen, sich den Gegebenheiten der westlichen Psyche mehr anzunähern. Dann sitzt vor dem Lama nicht mehr nur hier und da ein Persona-Styler und sucht nach seinem wahren Selbst. Vermutlich ohne zu ahnen, was nach dem baldigen Gewinn wohl alles zu verlieren ist. Denn gerade vom Buddhismus wird Gegenpoliges herausgefordert: Weniger Egoismus, mehr Empathie. Das Manipulieren der anderen wird da vielleicht als »Bannen und Anhaften« bezeichnet. Der Tendenz zur Ausnutzung gilt ein scharfer Blick. Das Einschmeicheln, um Terrain zu besetzen, um andere besser zu benutzen, diese Kunst des Verführens, diese ganze Artistik, um andere in das Gespinst der eigenen Manipulationen hineinzulocken, all das ist auf diesem Weg radikal nicht gefragt.

Gefragt ist eine Person, die auf ihren Atem mehr als auf ihr Outfit achtet. Sonderbarer Rat: Den Atem wahrnehmen mit Achtsamkeit – statt die eigene Wirkung im Raum zu erkunden. Gefragt ist eine Person, die hinsieht, die hinfühlt, die hinhört. Die wird sich allerdings bald fremd unter den anderen narzisstischen Menschen fühlen. Diese Hetze. Diese Raserei. Dieses permanente Angeben. Das in der Nähe mitzuerleben, kann zu anstrengend werden.

Wer sich in das »Preis-Leistungs-Verhältnis« hineindenkt, erkennt: Die Suche nach dem wahren Selbst kostet. Gefragt ist mehr Integrität und weniger Persona. Gewiesen wird der Weg der Liebe statt der Weg der Macht. Gefördert werden Bescheidenheit und Gelassenheit statt narzisstischer Glamour.

Da ist allerdings auch einiges an »feindlicher Übernahme«

möglich. Werte wie Gelassenheit, Integrität, Würde und Aufrichtigkeit sind als Imagefaktoren in der narzisstischen Kultur
heutzutage sehr gefragt. Man kann sie in ManagerInnen-Work-
shops auf Firmenkosten erwerben. Denn Marktforscher haben
herausgefunden, dass es in dieser narzisstischen Kultur ver-
kaufsfördernd ist, integer zu sein. Es ist die besondere Persön-
lichkeitsduftmarke.

Wenn alle unaufrichtig sind, ist das Rollenspiel einer inte-
gren Person »etwas wert«. Ich sage Rollenspiel, weil sie weiß,
dass sie spielt, und deshalb zeigt sie »integer« auch niemals eine
echte Mitgefühlsschwäche. Und es ist ja auch so: Wie kann der
narzisstische Mensch integer sein, er kennt ja sein wahres Selbst
nicht. Er fürchtet ja nichts mehr, als mit sich selbst wirklich in
Kontakt zu geraten. Da er in seiner Persönlichkeitsentwicklung
die notwendigen Frustrationen an seinem Ich-Ideal nicht erlebt
hat, auch nicht die Erfahrung der Entidealisierung seiner Eltern,
ist »vieles viel zu groß«. Das gilt für sein Selbstbild, aber auch
seine Ansprüche, seine Ansprüchlichkeit. Die Frustrations-
toleranz allerdings ist viel zu klein. Woher sollen da Geduld,
Bescheidenheit und Gleichmut kommen? Diese östlichen Tugenden sind ja praktisch Gegenpole zu narzisstischen »Tugenden«. Auf dem narzisstischen Pol gilt Charme, Glanz, Anerkennung und Faszination der Erscheinung. Wenig gilt der Glanz
des inneren Seins. Narzissmus ist eben falsches Spiel, in dem
die Lüge einen konstruierenden Platz einnimmt. Auch der
Schein der Echtheit bringt in der narzisstischen Kultur Erfolg.
Marktforscher haben bei Verkäufern »Echtheit« als umsatz-
förderndes Merkmal ausgemacht. Echtheit wird im Manager-
training geübt. Aufrichtigkeit und Ehrlichkeit gehören somit
zum Image des »ganz besonderen Verkäufers«. Arbeit ist zu
leisten – Tarnarbeit, um die »normale« Tendenz aller
Narzissten »zum Ausnutzen anderer« zu kaschieren.[38] Würde
das Ausnutzen offensichtlich, würde es ja nicht so gut glük-
ken. Was in der narzisstischen Kultur als normal angesehen ist,
wenn es auch schädlich ist, ist als Verzerrung prima getarnt.
Die modern-normale Entfremdung von der Wirklichkeit des

Menschseins wirkt also insgesamt normal und ganz gesund.
Und so ist sie auch für die Betroffenen schwer zu durchschauen.

Was den Meistern des Ostens noch bei uns auffällt, gehört
auch zur narzisstischen Kultur: das uns so vertraute Verdrängen
von Krankheit und Tod – unsere abschätzige Haltung gegenüber den Alten und dem Altern. Wie anders spricht der höchste
buddhistische Lehrer, der Dalai Lama, über Tod und Sterben:
Denn »schließlich gibt es nicht einen einzigen unter uns, der
nicht früher oder später sterben wird. Wie sich also auf den Tod
vorbereiten? Wie den Todesprozess mit einem möglichst geringen Trauma erleben? Was folgt auf den Tod? – Dies sind Fragen
von lebenswichtiger Bedeutung für jeden von uns. Diesen Fragen nicht mit der größten Sorgfalt nachzugehen und keine von
Geschicklichkeit, Mitgefühl und Menschlichkeit getragenen
Methoden zum Umgang mit Tod und Sterben zu entwickeln,
wäre höchst unpraktisch.«[39]

Hört sich das nicht wie ein Ruf aus der Wüste Gobi zum Eis-
meer hin an? Kommt dieser Ruf bei denen im Westen, die den
Tod in die Kältekammer verbannen, überhaupt an? Bei manchen schon.

Da das Falsche inmitten des Wahren nie gewinnen kann, da
Erkennen und Er/Lösung des Falschen treibende menschliche
Bedürfnisse sind, wird auch so eine herbe Wahrheit gehört. Und
wer anders, als die um ein einfaches, bedürfnis-reduziertes, aber
zufrieden gelebtes, glücklich stimmendes Menschsein augenfäl-
lig wissenden Buddhisten, können verkünstelten Westlern so
etwas mit kraftvollen Worten sagen? Wahre BuddhistInnen
können es uns glaubhaft zeigen: Um den Tod zu wissen, lässt
fröhlich sein.

Es kommt auch der Rezeption einer nüchternen und simplen Wahrheit zugute, dass sie von einer bei uns nicht diskreditierten Religion kommt. Und die Rezeption wird dadurch gefördert, dass im Showbusiness sehr Erfolgreiche dem Dalai
Lama folgen. Sei dies, wie es sei, auch das stumm gewordene
wahre Selbst hört zu. Und je mehr es hört, desto mehr drängt es

sich vor. Es will mehr Worte mit glaubwürdiger Kraft. Das wahre innere Selbst hat bei uns nicht mehr sehr viele Möglichkeiten, sich dem Alltagsbewusstsein über Intuition und Gefühle aufzudrängen. Auch seine Symbole und Bilder werden immer seltener verstanden. Gerade deshalb ist es so wichtig, dass die MeisterIn strikt und vernehmbar spricht. Denn sie spricht vom wahren Selbst zum Ich:

»Wenn wir die Grenzen fallenlassen zwischen uns und den anderen und uns als Teil eines Ganzen fühlen, können wir, wie des anderen Leid auch seine Freude als unsere eigene empfinden. Das verkleinert das Ego«. So spricht Ayya Khema in *Buddha ohne Geheimnis*.[40]

Was an anderer Stelle fragwürdig ist – hier ist es richtig und wichtig. Ego-Verkleinerung, das ist das, was NarzisstInnen zu mitfühlenden und weniger ausbeutenden Menschen machen könnte. Anzuempfehlen ist auch das Verringern des narzisstischen Um-sich-Kreisens. Zu empfehlen ist stattdessen mehr Mitfreude. Sie ist das beste Gegenmittel gegen Depressionen. Auch das ist hier punktgenau.

So richtig das hier ist, so schwer ist es hier zu ändern.

Denn da hinter der Fassade von Zufriedenheit, mit der narzisstische Menschen meist leben, eine oft bedrückende Last liegt, da die narzisstische Person sich sehr bemüht, »geliebt zu werden, (...) dies aber nicht [erreicht], weil sie noch nicht begreift, dass sie sich erst als eine andere lieben muss, bevor sie geliebt werden kann«, weil sie nicht weiß um die »Tiefe und Interessantheit ihrer Natur«, – ist der narzisstische Mensch tief innen unglücklich.[41] Und in diesem Unglück einfach nicht fähig zu einem Gefühl tiefer Selbstliebe. Und auch nicht zu wahrem Mitgefühl.

Einfache Appelle nutzen da nicht viel. Das narzisstische »Selbst will nicht sein, was es ist, sondern will sich selbst konstruieren«.[42]

Und weil das so ist, gibt es überall Konstruktionen in der narzisstischen Kultur: zum Beispiel den Jugendkult. Weitab vom Verfall des Körpers, von Krankheit und Tod, wird das eigene körperliche und seelische Sein angesiedelt. Auch Ältere wollen niemals alt »werden«. Sie konstruieren sich »forever young«. Dies bietet wenigstens eine emotionale Befriedigung: jung sein = schön sein = schillern und glänzen. Die Konstruktion produziert eine (nicht dauerhafte) Zufriedenheit.

Und jene Seins-Qualitäten, die sich durch Lernen und Reifen formen? Die in anderen Kulturen das Älterwerden attraktiv machen? In der narzisstischen Kultur gelten sie als nicht »besonders interessant«. Der Schein ist interessant. Das für Jugendliche so wichtige Show-Biz zeigt es: Girl-Groups, für die Singen-Können keine Voraussetzung ist; Boy-Groups, bei denen vor allem das Aussehen und das Outfit wichtig sind. Begeisterung wird geklont. Es gibt keine Bruchstellen mehr.

Es scheint keine Bruchstellen mehr zu geben. NarzisstInnen legen keinen Wert darauf herauszufinden, was Bild ist, was Sein. Sie wollen dem Bild folgen, nicht dem, was wirklich ist. Das Bild wird für Realität genommen. Und das genügt. Auch die MitspielerInnen im Grandiositätsspiel unterscheiden nicht. Das Spiel der Narzissten ist auch oft zu blendend. Fast gottgleich.

Und wer möchte nicht gerne so ideal sein?

»Der narzisstische Mensch identifiziert sich mit seinem idealisierten Selbstbild. Das wirkliche Selbstbild geht verloren. (...) NarzisstInnen leben nicht gemäß dem tatsächlichen Selbstbild, weil es für sie unannehmbar ist. Aber wie können sie es übersehen und seine Realität leugnen? Die Antwort lautet: indem sie das Selbst nicht anschauen.«[43]

Weil das alles so ist – und weil das von der Gefühlsebene her letztlich nicht aushaltbar ist, wird die Psyche irgendwann mit einer »Befindlichkeitsstörung« Alarm schlagen. Mit dem Empfinden von Leere zumindest. Denn die Psyche, die soviel Verleugnungsarbeit leisten muss, weiß, dass sie sich nicht auf sich verlassen kann. Sie weiß, dass sie sich auf nicht verlässliche Vorgaben stützt.

Das endet ja auch immer wieder mal in seltsamen Abstürzen.

Gerade östliche Buddhisten hören sich nachgerade eiskalt-

nüchtern an – angesichts der narzisstischen Selbstberauschungs-
tendenzen. In vielem wird da dem narzisstischen Bewusstsein
gesagt: »Erkenne dich selbst: Dein Körper ist der Krankheit,
dem Leiden, dem Sterben und dem Tod unterworfen. Kein
durch äußeren Erfolg gewonnenes Glück wird sich halten lassen. Nur dem Glück kannst du vertrauen, dass auf dem Weg
nach innen auf dich wartet. Du willst wer sein in der Welt? Besser du siehst die Welt, wie sie wirklich ist, alles befindet sich im
immerwährenden Wechsel. Nichts bleibt, wie es ist: Nicht dein
Körper, nicht deine Beziehungen, nicht dein Erfolg werden
bleiben. Niemand hat bisher einem Leichenwagen einen Möbelwagen folgen sehen.«

Harsche Attacken fährt dieses »in« gewordene Glaubens-
system gegen den heikelsten Punkt des narzisstischen Systems:
den Glauben, für immer jung zu bleiben. Und auch sonst überall dort, wo das narzisstische Ich an seine »von der Realität hart
bedrängte Unsterblichkeit« zu glauben bemüht ist.[44]

Buddhisten, die radikalen Umerzieher des falsch program-
mierten Geistes, sagen es heute im Westen knallhart: »Erkenne
dich als Falsch-SpielerIn. Die gute Nachricht: Weil es deine
Konditionierung ist, lässt sie sich wieder ändern«.

Im Westen wird dem Narzissmus als kulturelle Störung nun
öfter mal ein Spiegel vorgehalten – und hier und da lässt er sich
auch erschrecken. PsychotherapeutInnen sagen, dass narzis-
tische Störungen in den letzten Jahrzehnten in ihren Praxen
häufiger geworden sind. Doch da Narzissmus so falsch wie
weitverbreitet ist, bekommen PsychotherapeutInnen mit dieser
Störung meist erst dann zu tun, wenn etwas ganz gravierend
nicht »mehr stimmt«. Vorher meist deshalb nicht, weil es für
einen Narzissten in unserer Kultur zu viele Gratifikationen
gibt. Und kommt solch ein Mensch in Therapie, dann vielleicht
aufgrund von Alkoholismus, mit der die Leere überbrückt werden sollte, aufgrund von Beziehungsproblemen, weil per
Image-Demonstration Liebesbeziehungen nicht richtig »funktionieren«, oder aufgrund von Bulimie, weil das Schlankheits-
ideal ohne Kotzen nicht erreichbar war und ist, oder weil die

Erfolgskurve abstürzte und nun die übliche Bewunderung fehlt – dann ist komplexe Arbeit angesagt. Das falsche Selbst ist mächtig. Und es wird Zeit brauchen, bis es endlich dem wahren Selbst mehr Platz zu überlassen bereit ist. Davor wird die Therapie oft zur Bühne.

Das muss mitgemacht werden. Das wissen Psychotherapeut-Innen. Spirituelle LehrerInnen machen nicht »alles mit«. Sie reden oft streng und versuchen zu dirigieren: »Sieh von dir ab – sieh zu den anderen hin.«, »Das Ego muss abgebaut werden!«, »Mehr Mitgefühl!«, »Zuviel Ego = zuviel Probleme!«. Das hört sich so an, als ließe sich hier per Einsicht vieles lösen.

Die TherapeutIn weiß – es braucht seine Zeit. Das Erleben des wahren Selbst kann nur über allmähliches Erfahren der eigenen, tief verborgenen Gefühle geschehen. Genau die aber fürchten NarzisstInnen. Da der Weg der NarzisstInnen auch viel Unausgefülltes und Leere schafft, da das Selbst nicht gefühlt werden darf, nicht der große innere Mangel und der fast unstillbare Hunger nach Gesehenwerden, Geliebtwerden, da der Weg der Betriebsamkeit nur solange gelingen kann, wie der Körper dies mitmacht, kommen NarzisstInnen meist erst in akuter Not zur Therapie.

Besonders jene, die den Grandiositätstrip genommen haben. Wenn sich aufgrund von Scheidung, bedrohlicher Krankheit oder eines beruflichen Abstiegs Kontrollverluste ergeben, wenn Kränkungen das Selbstgefühl zum Zusammenbruch bringen, dann erst hat hier die Therapie eine wirkliche Chance. Erst dann haben vielleicht auch die o.g. spirituellen Sätze einen folgenreichen Erkennungswert.

Wenn der Körper zu einem nicht mehr verlässlichen Objekt geworden ist, erst dann wird jene »andere« Wahrheit, etwa das Loslassen des Stolzes auf die äußere Erscheinung bemerkenswert. Wenn der Tod im eigenen Sein auf der Schwelle stand, dann erscheint das Schminken eines Verstorbenen auf Jugendlichkeit zum ersten Mal seltsam bis absurd. Dann wird vielleicht langsam möglich zu glauben, dass Zufriedenheit über das eigene Leben auch ein Leben in Bescheidenheit ermöglichen könnte.

Westlichen NarzisstInnen kommt das Leben oft wie das Vorangehen in einem riesigen Supermarkt vor, wo es nur auf Beweglichkeit, eine Kreditkarte und einen großen Einkaufswagen ankommt.

Östliche Buddhisten sagen, die materielle Wirklichkeit kann dich mit allem, was sie zu bieten hat, nie wirklich erfüllen. Genau das aber haben NarzisstInnen geglaubt. Ihr Streben nach der Erfüllung durch äußere Dinge konnten nur Depression, Sucht, eine Phobie vielleicht, als »irgendwie ungeglückt« markieren. Oder eine psychosomatische Erkrankung, die Mediziner nicht heilen können.

»Wie können wir den Geist erkennen, der sich selbst mehr liebt als andere?« So fragt ein östlicher Buddhist in den narzisstischen Westen hinein. Um zu antworten, müsste der narzisstische Geist erst einmal erkennen können, was er an sich selbst liebt. Und was er an sich selbst nicht wirklich liebt. An dieser zentralen Stelle verstellt das permanente Produzieren des Scheins die Wahrheitserkenntnis.

Thomas Moore sagt es bestimmt, Narzissmus sei ein Zustand, in dem eine Person sich selbst nicht liebt. Gerade der Mangel an Selbstliebe zeige sich in ihren auffälligen Anstrengungen beliebt zu sein. Meist wird es auch der Umwelt irgendwann klar, dass narzisstische Liebe oberflächlich ist. »Instinktiv wissen wir, dass eine Person, die ständig über sich redet, kein sehr starkes Selbstwertgefühl haben kann.«[45]

Das ist kein Wunder. Das Selbstwertgefühl wird auch mittels Wertschätzung für Gefühle »gebaut«. Gefühle zu erleben und wahrzunehmen, wird in der Psychotherapie gelehrt und gelernt. Dort ist die Maxime: All das, was hinter dem Spiegel war, soll und darf nun »heraus«. Wahrgenommen werden soll, was in der Sucht vor dem Erscheinen gebannt werden sollte. Was sich dann in der psychosomatischen Störung vielleicht trotzig und hartnäckig meldet. Oft geht es darum, sich als einen »simplen Menschen« zu erkennen – mit einem großen Mangel an wirklicher Liebe.

Hinter dem Spiel der Größe steckt oft Kleinheit im Schmerz. NarzisstInnen wurden nicht für ihre emotionale Wirklichkeit geliebt und sie wurden durch einen Mangel an wirklicher Liebe verletzt. Aus diesem Mangel heraus zwingen sie »die Welt«, sie zu lieben.

»Das Geheimnis, den Narzissmus zu kurieren, besteht nicht in seiner Heilung, sondern im Hineinhorchen auf ihn. Denn er ist nichts anderes als ein Zeichen der Seele, dass sie nicht genügend geliebt wird, das heißt, je größer er ist, um so weniger bekommt sie Liebe«.[46]

In diesem Ansatz zur Kurierung des Narzissmus verbinden Psychologie und Spiritualität sich – so dass es auch einen Ausweg gibt. Ziel ist, sich selbst wirklich lieben zu lernen. Mit allem, was da ist.

Erst so wird der Geist erkannt, der sich selbst mehr liebt als andere, und er wird dann verstehen, was damit gemeint sein kann. Erst, wenn das geliebt wird, was wirklich ist, ist es ganzherzige Liebe. Und erst dann ist jenes Mitgefühl möglich und auch glaubhaft, von dem östliche spirituelle Lehrer soviel reden, und das zu mehren sie oft predigen. Ohne zu sagen, dass Mitgefühl *mit sich* das Allerwichtigste ist.

Und wenn das so nicht versucht wird, oder wenn es nicht gelingt, wird oft der Versuch des Heilig-Seins auf dem spirituellen Pfad praktiziert.

Anmerkungen:

[1] Khema, Ayya: *Buddha ohne Geheimnis. Die Lehre für den Alltag*. Zürich 1987, S.79.

[2] Seligman, R.E.P.: *Hoplessness*. San Francisco 1975, S.99.

[3] Streit, Monica: *Faktoren des weiblichen Lebenszusammenhangs im Hinblick auf depressive Reaktionen*. Diplomarbeit (Studiengang Psychologie) an der Freien Universität Berlin. Berlin 1978, S.27.

[4] *Kurs in Wundern*. Textbuch. Gutach 1994, S.261.

[5] aaO.

[6] aaO.

[7] aaO.

[8] *Die Lehren des Buddha.* Erläutert von Peter Gerlitz. Gütersloh 1996, S.56.

[9] Hay, Louise L.: *Gesundheit für Körper und Seele.* München 1989, S.54.

[10] aaO., S.55.

[11] Griscom Chris: *Zeit ist eine Illusion.* München 1986, S.96.

[12] aaO., S.99.

[13] aaO.

[14] Garbe, Elke: *Martha. Psychotherapie eines Mädchens nach sexuellem Missbrauch.* Münster 1993, S.102.

[15] Hay, Louise L.: *Umkehr zur Liebe, Rückkehr zum Leben.* München 1992, S.74.

[16] Garbe, Elke, aaO, S.103.

[17] aaO.

[18] aaO.

[19] Yeshe, Thubten: *Diamantwasser II. Der Weg des Buddha.* Rheinberg 1983, S.29.

[20] aaO., S.29f.

[21] C.G. Jung: *Die Beziehungen zwischen dem Ich und dem Unbewußten.* Zürich 1963, S.38.

[22] aaO., S.29.

[23] aaO., S.78.

[24] aaO., S.116.

[25] aaO., S.114f.

[26] Fengler, Jörg: *Helfen macht müde. Zur Analyse und Bewältigung von Burnout und beruflicher Deformation.* München 1991, S.31.

[27] aaO., S.155.

[28] Procharzka, Pavel: *Sensibilität und Abgrenzung bei Neurodermitis.* Wiesen 1994, S.93.

[29] Khema, Ayya, aaO., S.133.

[30] *Die Lehren des Buddha.* aaO., S.77.

[31] Yeshe, Thubten, aaO., S.60.

[32] Moore, Thomas: *Die Seele lieben.* München 1995, S.95.

[33] Sugerman, Shirley: *Narzißmus als Selbstzerstörung.* Olten 1978, S.11.

[34] Lowen, Alexander: *Narzißmus. Die Verleugnung des wahren Selbst.* München 1986, S.7.

[35] aaO.

[36] aaO.

[37] aaO., S.9.

[38] aaO., S.16.

[39] Thurmann, Robert F. (Hg.): *Das Tibetische Totenbuch* (mit einem Vorwort des Dalai Lama). Frankfurt am Main 1998, S.11.

[40] Khema, Ayya, aaO., S.39.

[41] Moore, Thomas, aaO., S.96f.

[42] Sugerman, Shirley, aaO., S.103.

[43] Lowen, Alexander, aaO., S.17.

[44] Freud, Sigmund: *Das Ich und das Es*. Frankfurt am Main 1992, S.67.

[45] Moore, Thomas, aaO., S.100.

[46] aaO., S.103.

KAPITEL 5

Die Kräftigung des Ich
oder der Preis der Heiligkeit

Dass Depression mit mangelndem Selbstwertgefühl zu tun hat und sich häufig in Selbstaufgabe und zuviel Hinwendung zu anderen äußert, dass die Verstärkung des Mitgefühls mit anderen deshalb nicht unbedingt zur Genesung verhilft, sondern nur radikales Mitgefühl mit sich selbst, das lehrt spirituelle Lehre meist nicht, das lehrt aber unsere Psychotherapie. Dass bestimmte Abwehrformen in unserer Kultur sich gerade mit Selbstaufgabe tarnen, weshalb Burnout entsteht, auch das lehrt sie. Dass NarzisstInnen sich selbst nicht wirklich lieben, obwohl sie ständig vorgeben, nichts außer sich selbst zu lieben, auch das gehört zum Wissen unserer Psychotherapie. In Vorträgen östlicher buddhistischer Meister werden solche Erkenntnisse leider meist ausgespart. Sicher auch, weil »die Botschaft rüberkommen« und nicht alles mögliche sie komplizieren darf. Zudem ist das Klima bei solchen Veranstaltungen meist so, dass niemand sich traut, mit krassem Widerspruch laut zu werden. Wer wollte dort auch schon laut protestieren?

Unser religiöses Selbstbewusstsein ist meist schwach ausgeprägt. Wer von uns traut sich schon, einem aus einem weit entfernten Kulturkreis kommenden und dort tiefverwurzelten, respektablen Meister mit Überzeugung zu widersprechen?

Da sitzen dann ganz viele ZuhörerInnen ganz gelassen. Ganz aufnehmend. Und viele sehen auch schon ziemlich »heilig« aus. Die wenigen RenegatInnen verbergen ihr wahres Erleben. Ein jeder hat herausgefunden: Widersprüche werden in diesem Klima nicht eben geschätzt. Und Zweifel meist auch nicht miteinander geteilt. Sieht solches doch nach unerwünschtem negativen

Denken aus. Zu dem meist angenehmen Klima verhilft zudem,
dass wir ja nicht gelernt haben, wie es in einer »heiligen Atmosphäre« zuzugehen hat. So versuchen wir uns hingebungsvoll
zu verhalten und das zu praktizieren, wozu wir permanent aufgefordert werden.

Das Ich macht sich klein und unscheinbar und damit wenigstens ein bisschen beliebt. Ist es sonst draußen »in der Welt«
auch ganz anders gefragt, hier versucht es heilig zu erscheinen.
Es dürfte recht schnell herausgefunden haben, dass Ich-los-Spie-
len in diesem Rahmen Anerkennung bringt. Und es zeigt sich
dabei ein weiterer Lerneffekt: Heilsame Gefühle werden vom
Geist bereits produziert, unheilsame unterdrückt.

Denn der oft beeindruckende Lehrer lehrt ja auch, dass für
uns vor allem gilt, unsere Gefühle besser zu kultivieren. Jedem
auf dem Pfad, besonders auf dem östlichen, ist bald klar: Selbst-
verbesserung ist angesagt. Weniger die von TherapeutInnen
empfohlene tiefe Selbsterkenntnis, die ja soviel Unerfreuliches
und Unheilsames ans Licht brächte. Richtig scheint zu sein, zumindest ein wenig heilig zu sein.

Wer heilig ist, das wissen wir nicht, wir können es allerdings
ahnen. Wer häufiger Dharma-Vorträgen zuhört, findet auf jeden Fall heraus: Wer heilig ist, hat von seinem Ich »abgesehen«.
Und hat die Ich-Grenzen weitgehend aufgelöst. Nimmt das
Leid der anderen in sich auf. Nimmt es zu sich. Ist auch für Ver-
brecher und Mörder »offen«. Und liebt alle und wird von allen
geliebt. Frauen wissen: wie Mutter Theresa. *Das* Bild der zeit-
genössischen heiligen Frau. Einer europäischen Frau, die in den
fernen Osten ging.

DIE NICHT-ICH-LEHRE*

Manche Frauen schaudert das. Zu dieser Verehrung weiblicher
Ich-Losigkeit sagen sie: Wir haben genug davon. Wir wollen ein
kräftiges Ich haben. In die Richtung der Ich-Losigkeit mussten
Frauen wirklich lange genug – viele Hunderte von Jahren. In
jene Richtung wollte Ayya Khema. In *Ferien vom Ich* schreibt

sie, dass Ich und Nicht-Ich zentrale Begriffe im Buddhismus sind, und dass dies im Vergleich zu den anderen Religionen wohl auch einzigartig ist. Buddha habe, wie kein anderer Weisheitslehrer, das Nicht-Ich herausgehoben. Seine Lehre wolle zur Erfahrung des Nicht-Ich führen.

Nicht-Ich ist für uns ein ziemlich gewöhnungsbedürftiger Begriff. Was macht das Nicht-Ich? Es haftet sich nirgends mehr an, es führt keine Identifikationen mehr durch, es wird nicht mehr beunruhigt durch die Tatsachen der Vergänglichkeit, es hat kein Interesse daran, ein Jemand zu sein. Es ist Leere. Das ist viel. Wenn das Ich weg ist, »sind alle Ängste um es, alle Verbarrikadierungen von Türen und Fenstern, von Herz und Geist nicht länger notwendig. Man kann einfach leben und sich freuen, solange man noch in diesem Körper ist. Nach genauer Prüfung verwandelt sich der erschreckende Ausblick, dies so wertvoll scheinende Ding zu verlieren, zu der einzig möglichen Befreiung und Erleichterung von jeder irgend vorhandenen Qual.«[1]

Also ist Nicht-Ich laut Ayya Khema ein Mittel, das gegen vieles hilft. In *Buddha ohne Geheimnis* schreibt sie, Ich-Losigkeit verhelfe zum Gefühl der Mitfreude, diese sei das Gegenmittel gegen Depressionen: »Wer oft depressiv oder missgestimmt ist, leidet in Wahrheit nur an der Unfähigkeit zur Mitfreude. Wenn wir die Grenzen fallen lassen zwischen uns und anderen und uns als Teil eines Ganzen fühlen, können wir, wie des anderen Leid, auch seine Freude als unsere eigene empfinden. Das verkleinert unser Ego.«[2]

DIE GLEICHE BENENNUNG UNTERSCHIEDLICHER PROZESSE

Es bringt die Auflösung des Ichs die Freude. Und die Kräftigung des Ichs das Leiden. Wer mag in dieser Frage denn nun recht haben? Der Verstand wird diese Frage nicht lösen. Auf der Ebene der Rechthabersysteme löst sich das Rätsel dieser Unverträglichkeit nicht auf. Wohl aber im Wechseln der Ebenen. Und im Verbinden von Linien. Und dann gilt es in die Höhe zu steigen – und mit besserer Sicht auf die verschiedenen Ebenen zu blicken.

Zu sehen ist: Spirituelles Wachstum und psychologisches Wachstum verlaufen nicht gleich. Eine gesunde Ich–Identität zu entwickeln ist ein anderer Prozess als die Ich-Illusion auszubauen. Psychotherapie befasst sich mit Schaden und Schäden. Das ist ihr Fachgebiet. Spiritualität mit Lösung und Auflösung. Beide benutzen die gleichen Begriffe.

Für westliche PsychotherapeutInnen ist klar: So einfach, wie Ayya Khema den Weg aus dem Leiden zur Freude beschreibt, ist er für die Menschen, die zu ihnen kommen, nicht. Daniel Goleman, der die Verbindung zwischen Spiritualität und Psychotherapie befürwortet, sagt: »Asiatische Psychologien (...) haben psychologisch belastete Bewusstseinsinhalte weitgehend ignoriert, einschließlich der Psychodynamik«, und vor allem, sie beachten »sozial konditionierte Muster nicht, sondern zielen auf die Kontrolle und Selbstregulation der zugrunde liegenden Mechanismen selbst ab«.[3]

Wer meint, sozial konditionierte Muster nicht beachten zu müssen, beachtet auch nicht, was in Westeuropa anders, d.h., was das Besondere der Logik unserer Psyche ist. Und wird damit unserer Psyche nicht gerecht. Redet zwar viel von der Veränderung des Bewusstseins, vergisst dabei aber vielleicht die Macht des Unbewussten. Und berücksichtigt die Entfremdung zu wenig, die wir von unserem Körper vollzogen haben. Weshalb wir, wie es scheint, nur noch in unserem Verstand existieren. Der mittels seiner Gedanken sehen und hören will, statt »mit jenen Kräften in ihm, die sehen, hören, fühlen und schmecken können«. Das ist Ergebnis unseres Glaubens, »dass sich eine endgültige Antwort auf das Problem der Existenz gedanklich geben lässt.«[4] Das sagt Erich Fromm, jener in Europa gut bekannte Psychotherapeut, der sich mit Engagement der Verbindung von Spiritualität und Psychotherapie gewidmet hat. Als Psychoanalytiker kannte er sich aus mit unserem speziellen westlichen Bewusstsein. Vor allem auch mit der Macht des Unbewussten.

DIE ROLLE DES VERSTANDES

Wie wenig ein sich nach gesellschaftlichen Vorgaben konstruie-
rendes Ich wirklich kennt, dürfte im Kapitel über Narzissmus
deutlich geworden sein. Hier wird es noch einmal gesagt und in
etwas anderem Licht betrachtet. Unser Verstand meint, er müsse sich dem Erleben aufdrängen und Empfindungen interpre-
tieren (womit wir PsychotherapeutInnen ständig konfrontiert
sind), »während die Empfindung selbst keinen Platz für irgendeine Aufteilung lässt«. So lässt der Verstand das Erlebnis
der Empfindung nicht zu oder zerbricht es sogar, »damit sie
verstandesmäßiger Verarbeitung zugänglich ist«. So ist es eben
für viele im Abendland völlig normal, dass der Verstand »auf
seine charakteristische Weise die Wirklichkeit in Stücke« bricht
oder spaltet.[5] Also kann der Verstand nicht alles verstehen und
schon gar nicht alles einsehen.

Und vor allem: Er allein wird die Spaltung nie aufheben. Oft
kann dies nur eine langwährende Psychotherapie leisten. Das
ver/rückte Selbst soll dort wieder zurechtgerückt werden. Psychotherapie weiß, wie das geht. Nicht immer gelingt es – aber
recht oft. Manche versuchen es allein durch Meditation.
Manchmal gelingt das auf dem spirituellen Pfad. Manchmal
aber offenbart sich Zersplitterung. Das Ich verliert seine Ab-
wehrmauern und damit einen gewissen Halt. Denen, die nicht
so gefährdet sind, helfen aber Zen-Übungen, die Annäherung
an das Körpererleben wieder zu finden. Dieses einfache Geschehen von hören, sehen, schmecken, fühlen – mit Wachheit wieder Wirklichkeit zu erleben – wird dann zum Glück.

Auch in einer Gestalttherapie ist das Wiedererlernen unserer
sinnlichen Hier-und-Jetzt-Erfahrungen ein ganz wesentlicher
Bestandteil der Heilungsarbeit. Andere fahren nach Indien.
Wieder andere wandern mit Thich Nhat Hanh um einen See –
(gehen, wie ich es tat, an einem Samstagnachmittag am Tegern-
see an erstaunten Spaziergängern vorbei). Einfach nur gehen.
Diese Freude und diese Glückserfahrung kann der Verstand nicht
herbeidenken. So etwas überzeugt ihn dann. Wenn die Erfahrung

überzeugt, wird dem Lehrer geglaubt. Und der Verstand räumt
ein, nicht in allem »der Meister« zu sein. Vielleicht sieht er es
nicht gleich ein. Schließlich hat er etwas zu verlieren. Schließlich wurde er schon früh inthronisiert. Hier bei uns. Auch bei
uns Frauen. Würde er abgesetzt, müsste er einräumen, dass
manche seiner Vorgaben unsinnig sind. Dies einzusehen, wird
er so lange verhindern, wie es geht. In unserer Gesellschaft läuft
so manches Leben fast nur »über den Verstand«. Denn nur der
Verstand wird bei uns bestätigt, immerzu. Da er außerdem in
der Welt des Scheins eine Wirklichkeit mitkonstruiert hat, die
dem Realitätsglauben anderer gut adaptiert ist, ist er natürlich
oft nützlich und hilfreich. Doch bei Krankheiten, beim Nahen
des Todes, bei Todesgeschehen wird dem Menschen dann auf
einmal deutlicher: Irgendetwas an dem, was ich für sicher halte,
ist ganz einfach unsinnig. Ist einfach nicht wahr. Und ab diesem Zeitpunkt ist der Verstand häufig nicht mehr fähig, die versprochene Zufriedenheit (wie früher glaubhaft) herbeizu-
denken. Seine so ausgerichteten Bemühungen scheitern – seine
Versprechen zielen am Gewollten immer wieder knapp vorbei.
Ohne Religiosität kommt es dann oft zur Depressivität. Die der
Verstand dann auf seine bewährte Weise, z.B. mit noch mehr
Kontrolle von Gefühlen zu vertreiben sucht. Doch bleibt der
Bedrohliche, »der Tod« etwa, nun anwesend. Und mit seiner
Anwesenheit viele Fragen, die unsere Gesellschaft nicht beantwortet. Einsam machende Fragen. Denn die anderen sind anhaltend nur mit ihrem Lieblingsspiel beschäftigt. Dem Spiel des
Kaisers mit den neuen Kleidern. In welchem sich ein jeder »für
die anderen anzieht, um anders zu erscheinen, als er ist. Das ist
interessant. Wenn es aber zu weit geht, verliert man seine Origi-
nalität, macht sich lächerlich und wird zu einem Affen. Wenn
diese Seite des Ichs sich so stark entwickelt, dass sie zu sehr her-
vortritt und überwiegt, wird das wahre Ich zurückgedrängt und
häufig auf ein Nichts reduziert, was bedeutet, dass es verdrängt
wird. Wir alle wissen, was diese Verdrängung bedeutet. Denn das
schöpferische Unbewusste kann niemals unterdrückt werden; es
wird sich auf die eine oder die andere Weise behaupten. Wenn

es sich nicht auf die ihm natürliche Weise behaupten kann, wird es alle Schranken zerbrechen, und zwar in manchen Fällen mit Gewalt und in anderen pathologisch. In jedem Fall ist das wahre Ich hoffnungslos ruiniert.«[6] Auch dieser Psychotherapeut, der Japaner D.T. Suzuki, aufgewachsen im fernen Osten und hier im Westen sprechend, widmet sich der Verbindung von Spiritualität und Psychologie. Er hat sich über die westliche Psyche kundig gemacht.

DAS VORGEHEN DER PSYCHOTHERAPIE

In Psychotherapien berühren sich die Realitäts- und die Sinnebene oft nur ganz zart. Menschen kommen in der Regel zur Therapie, weil etwas zerbrochen ist. Wenn etwas zerbricht, stellen wir uns plötzlich andere Sinnfragen. Zum Beispiel über den Sinn allen Bemühens, wenn doch nichts »wirklich hält«. Oder die Frage, ob es etwas gibt, das »wirklich trägt«. Wenn etwas ruiniert ist, geht frau oder man den Dingen oft auf den Grund. Für diesen Fall haben wir in unserer Gesellschaft gut vorgesorgt: Nicht eine Religion, nein die aufgeklärte westliche Psychotherapie springt dann ein. Und sie weiß, was nun vor allem zu tun ist: Das Ich wird gekräftigt. Das gehört zum Plan der PsychotherapeutInnen.

Psychotherapien gehen dabei sehr unterschiedlich vor. In manchen geschieht etwas, das auch im Zen-Buddhismus wichtig ist, was auch der Taoismus lehrt: fühlen, schmecken, riechen, sehen wieder erlernen. Wieder mit den Sinnen in Gegenwärtigkeit leben. Die Welt erleben wie ein kleines Kind. Der Verstand verliert seinen Königssitz, der Körper bekommt ihn für eine Übergangszeit. Nicht nur das Ich, auch das Es wird beachtet. Das Über-Ich wird auch betrachtet, denn besser erkannt, wird es leichter renovierbar. Kennt ein Mensch sein Es und das Über-Ich besser, lernt er sich besser zu lenken und zu leiten. Lernt damit auch besser im Hier und im Jetzt zu bleiben. In der Gegenwärtigkeit zu leben – das eigene Innenerleben einzubeziehen. Und auch »der Welt« genügend Beachtung zu geben, um in ihr zurecht zu kommen.

Das Ich wird durch eine Psychotherapie fast immer befähigt, mehr zu wissen und zu antworten. Zu wissen und zu schweigen. Das Ich lernt einfach flexibel zu sein. Das Ich lernt in der Psychotherapie hinzusehen, hinzuhören und hinzufühlen. Es lernt, Realität auch wirklich wahrzunehmen. Es lernt, seine Realitätswahrnehmungen zu überprüfen. So dass es möglicher wird, in Gegenwärtigkeit, d.h. in diesem Hier-und-jetzt-Moment zu leben. Mittels solcher Therapie wird die Spaltung zwischen Verstand und Körper nicht selten endlich »überbrückt«. Manchmal wirkt solche Psychotherapie wie eine Zen-Arbeit. Und manchmal – am Ende der Therapie – wirkt die Erfahrung des Ichs auch auf mich ziemlich beeindruckend. Denn es ist viel erreicht, wenn Verstand und Körper, wenn Emotionen und Gefühle und Verstand und Körper kooperieren. Erst jetzt wird der Mensch für sich verstehbar, und seine Existenz wird in vielen Situationen jetzt lenkbar sein. Dann ist Meisterschaft erreicht. Es gibt auch im Buddhismus Verteidiger des Ichs: »Vom Standpunkt des ZEN zeichnet sich die Erfahrung des Ich, psychologisch gesehen, in einzigartiger Weise dadurch aus, dass es so von dem Gefühl der Autonomie, der Freiheit, der Selbstbestimmung und endlich der Schöpferkraft durchdrungen ist.«[7]

Ich ist hier eben nicht jenes Ich, das so manche buddhistischen Vertreter in ihren meist abwertenden Äußerungen meinen. Von der Ebene des Erleuchteten aus ist die Welt des Ich beschränkt und klein. Doch in dieser unserer Welt wird das Ich nun einmal gebraucht. Wer sich mit Psychotherapie *und* Spiritualität beschäftigt, spricht deshalb nicht so einfach und empfehlend von der Abschaffung des Ichs. Sondern häufiger von den Gewinnen seiner Kräftigung: die eine bessere Orientierung in der inneren und äußeren Welt bedeutet. Und wenn solche Gewinne wie die obigen über eine Psychotherapie erreicht werden, dann ist es eine wirklich gelungene Therapie.

Meist ist das Ergebnis jedoch bescheidener. Zur Psychotherapie kommen die meisten Menschen ja, weil sie an ihrem Leben leiden. Und sie wollen dieses Leiden mindern. Sie gehen wieder, wenn sie sich zufriedener und wohler mit ihrem Leben fühlen. Selbst dann lässt sich fast immer sagen, das Ich wurde kräftiger, besser in seine Aufgaben »eingewiesen«. Es hat einiges an Rüstzeug erworben, um das eigene Es besser zu kennen und ihm zukünftig mehr Erlaubnis und mehr Grenzen zu geben. Das Über-Ich wird sich vermutlich nun etwas fürsorglicher zeigen und gegenüber destruktiven Impulsen mehr Achtsamkeit beweisen. Vielleicht hat der Mensch sogar so etwas wie eine neue Ethik für sich entwickelt.

Wenn Therapie glückt, hat das Ich gelernt, besser zwischen seinen inneren Instanzen zu verhandeln. Und mit der Außenwelt besser zu koexistieren und zu kooperieren. Dann dürfte wohl das Resultat der gemeinsamen Therapiebemühungen eine Verminderung des Leidens sein. Und es dürfte nun der Verstand wohl nicht mehr der absolute Herrscher sein. Körper und Intuition, Gefühl und Emotion, sie alle haben nun gegenüber dem Verstand an Bedeutung gewonnen. Der Verstand darf helfen, das Leben zu verstehen, es mitzuregulieren, aber er darf die Lebenserfahrung nun nicht mehr versklaven. Wenn er das Leben zufriedenstellend einzurichten sucht, erkennt er auch die Grenzen des Menschenmöglichen an. Er macht sich über seine Möglichkeiten nicht mehr allzu viel vor. Wie so oft im narzisstischen Größenwahn.

Oft finden sich in der spirituellen Szene Menschen, die meinen, Psychologie und Psychotherapie befassen sich mit »zu kleinen Dingen« und hätten so gut wie nichts mit »Erleuchtung« zu tun. Gilt jenen Menschen das Wissen der Psychologie wohl deshalb als vernachlässigbar? Ist »Erleuchtung« nicht auch »Schattenerhellung«?

Kommt nicht bei jenen Stolzen, dem Himmel Zustrebenden, recht häufig »etwas« aus dem Hinterhalt und schlägt sie auf der Straße, die himmelwärts führen soll, einfach mal nieder? Etwas aus dem eigenen Schattenreich sorgt wieder für Erdhaftung.

DER HOLPRIGE WEG ZUR ERLEUCHTUNG

Spiritualität braucht Psychologie und Psychotherapie.
Erleuchtung vollzieht sich eben nicht allein über eine Neu-Programmierung des Geists, auch nicht mittels des Bemühens, heilsame Gefühle zu erzeugen und unheilsame zu ignorieren. Etwa so: Meditation plus Renovierung des Verstands und das Ende des Leidens ist erreicht. So etwas wird in der spririturellen Szene mitunter implizit behauptet. Und wir wollen das so gerne glauben. Denn es entspricht einer uns gut vertrauten Rangordnung. Das Bewusstsein, womit vorwiegend der Verstand gemeint ist, ist überlegen. Vernünftiges rangiert weit vor Unvernünftigem. Oder in der Sprache des Berufslebens: Der Verstand ist der Chef, der Willen ist sein Assistent. Beide setzen sich Ziele. Bei ausreichendem Wissen und Bemühen sind auch fast alle Ziele erreichbar. In der Folge solcher Kooperation kommt es zu Winnern und Losern. Vor den Winnern erscheint irgendwann, was sie wollten. Weil sie dafür »gegangen sind« und erfolgreich kooperierten. Und die Loser? Sie wollten nur, sie gingen nicht. Oder sie gingen, aber wussten nicht, wie das geht. So haben sie nicht bekommen, was sie wollten und sind nun selber schuld. Denn die Welt ist schließlich dazu da, unsere Wünsche zu erfüllen. Wir aber müssen nur ausreichend die Gesetze der Wunscherfüllung studieren – dann wird »alles möglich sein«. Es sind dies die Reste der christlichen Botschaft der Vertreibung aus dem Paradies: Macht euch die Erde untertan.

»Wir erreichen, was wir wollen« – so macht es der Westen seit Jahrhunderten. Sehr erfolgreich.

Nun kommen von weither die neuen Sinngeber und sagen, der Sinn liegt darin, unseren Weg »nach Hause« wiederzufinden. Und dabei stört alles, was lastet, was bindet. Nicht materieller Wohlstand sei das wichtigste hiesige Lebensziel. Wir müssen unsere »zweite Geburt« vollziehen. Das heißt die Menschwerdung. Wir müssen endlich erwachen aus dem hiesigen Wachtraum. Erkenne dich als Mensch, der sagen kann: »Ich bin«. Und damit ist gesagt: Ich bin unvergänglich. Ich verlasse die Dunkelheit des Ausgeliefertseins an meine körperliche Existenz und kehre ins Licht meines wahren Wesens zurück. Kurz gesagt: Erleuchtung ist mein wahres Ziel. Wobei das Ego stört.

Gut, sagt manch erfolgsverwöhnter Europäer, wenn das mein Ziel ist, dann muss ich eben viel meditieren; an heilsamen Gedanken und Gefühlen arbeiten. Und vor allem aus dem Schattenreich der Psyche mich heraushalten. Von dort steigt soviel Unheilsames hoch, wenn ich mich nicht vorsehe. Die buddhistischen Meister haben es hier mit Menschen zu tun, die solches von sich glauben. Die Meister haben meist keine Zeit, sich um die Irrtümer ihrer SchülerInnen zu sorgen. Sie sagen: Das Ich muss abgeschafft werden! Das Ego muss zertrümmert werden!

So wie es in buddhistischen Schulen, z.B. in Sri Lanka, eben zu den Schülern gesagt wird.

Hier sagen sie es zu Menschen, die häufig ein zu schwaches Ich haben. Das auch deshalb schwach ist, weil es sich nicht kennt. Jedenfalls nicht in seiner möglichen Tiefe. Es liebt sich nicht, in dem was ist. Es liebt mehr die Oberfläche und den Schein. Es nimmt seine wahren Gefühle lieber nicht wahr. Deshalb kann der Mensch sich nicht wirklich lieben. Deshalb hegen wir (bestenfalls) nur eine halbherzige Liebe für uns selbst. Deshalb geben wir die Aufgabe des Liebens (auf dem spirituellen Pfad besonders) an unser Über-Ich ab. Gerade an das Über-Ich. Das wird gerne dafür sorgen, dass unheilsame Gedanken durch heilsame ersetzt werden. Nun darf der Verstand endlich wieder ran, um die Gefühle zu beherrschen. Wird er doch vom Über-Ich im Glauben bestärkt, nichts sei wichtiger, als den gefährlichen unheilsamen Gefühlen zu entkommen.

Denk positiv! Denk gut! So sagt es der tibetische oder koreanische oder japanische Meister. Meist mit Autorität. So, als ginge es für uns alle darum, heiliger zu werden.

Viele versuchen das auf dem spirituellen Pfad. Das ist angenehm. Wirkt sich auch für andere angenehm aus. Fürs erste.

Denn da wird dann leider projiziert, da wird übertragen, da

wird verdrängt, es wird abgespalten – und damit verwirrt. Denn es gibt in uns allen einiges, was endlich aus der dunklen Welt des Kellers, aus dem Schattenbereich heraus will. Dafür die günstigen Gelegenheiten abwartet. Es hat ganz klar das Ziel: Sich zu zeigen. Und die Abwehr zu überlisten. Es will dazugehören. Und es gehört auch dazu. Es zeigt sich immerzu in unseren Taten. Die Frage ist nur, ob wir es an/erkennen. Oder als »Ego« verdammen.

Genau genommen hat der spirituelle Pfad doch auch das Ziel, dass der Mensch endlich »ganz werde«. Und seine Liebe damit auch ganzherzig. Dem Verstand wird auf diesem Pfad öfter mal klar gemacht, dass frau nicht »heimkehren« kann, ohne alles mitzubringen, was sie unterwegs angehäuft hat. Das sieht der Verstand auch ein. Doch möchte er es ganz gerne bei dieser Einsicht belassen. Denn für die Ganzwerdung müssen das Nichterwünschte, das Abgespaltene und Verdrängte auch *vertraut* werden.

Dazu muss der Schatten »erhellt« werden. Doch der Schatten ist ja nicht umsonst »nur der Schatten«. Meist wird er »dunkler Schatten« genannt. Seine Unerkennbarkeit ist postuliert. Graf Dürckheim, ein in Deutschland sehr bekannter Lehrer des spirituellen Pfads, erklärt: »Unter dem Schatten verstehen wir das Insgesamt der zum Ganzsein des Menschen gehörenden, aber nicht zugelassenen Lebensimpulse. Das Verdrängte, das ans Licht will, bedroht die meist mehr oder weniger glattgezogene Oberfläche, das heißt die der Welt gezeigte Fassade, und wird daher als ›dunkel‹ empfunden. (...) Der Schatten besteht einerseits aus unentfaltet gebliebenen Seiten des angeborenen Charakters, aus schon in der Kindheit verdrängten Urimpulsen und natürlichen Urwünschen des Menschen (...) aus nicht zugelassenen Vergeltungsreaktionen auf Zumutungen, Kränkungen, Angriffe (...) So ist der Schatten ein ganzes Bündel nicht zugelassener Expressionen, Aggressionen, Explosionen.«[8]

Auch hier wird wieder erkennbar, wie nahe es liegt, vieles aus dem Schatten als »unheilsam« zu bezeichnen. Oder als »Ego«

zu bekämpfen. Aber wer nur ein wenig von den Wirkmechanismen der Psyche begriffen hat, weiß, wie gefährlich das Abdrängen dieser Elemente ist – wie zerstörerisch es werden kann.

Doch leider docken manche spirituelle Lehrer ganz einfach an unserer Verdrängungsabsicht an. Sie reden gegen Aggressionen, gegen Wut und Zorn, gegen Eifersucht. Wir sollen das alles doch besser lassen. Wie »unheilsam« das ist, ist doch ganz und gar einsichtig.

Doch, wie es PsychotherapeutInnen besser wissen: Das, was nicht angenommen, was vielleicht »einfach« transzendiert wird, das wird leicht projiziert. Vielleicht wird es auch auto–aggressiv nach innen gewendet. Es ist verdrängte Energie – und die versickert nicht so einfach unter dem Befehl »löschen«. Sie bleibt existent und kann unerkannt ziemlich gefährlich werden.

Inzwischen wissen wir auch ziemlich genau, was mit solch unbewusster Energie kollektiv geschehen kann: »Da unsere moderne westliche Kultur keine bewusste Art der Reinigung anbietet – außer indem man andere zum Sündenbock erklärt, besonders rassische und ethnische Minderheiten, sind wir im Umgang mit Schattenmaterial auf uns selbst gestellt. Dadurch fällt das Problem ins Unbewusste. Der Schatten wird projiziert.«[9]

C.G. Jung erzählt in seinem Buch *Die Beziehung zwischen dem Ich und dem Unbewußten* eine amüsante Geschichte – und deutet die Wege der destruktiven Übertragung dieser Energie dabei nur vornehm an: »Ich habe einmal die Bekanntschaft eines verehrungswürdigen Mannes gemacht – man könnte ihn ohne Schwierigkeiten einen Heiligen nennen –, ich ging drei Tage lang um ihn herum und konnte nirgends eine Unzulänglichkeit des Sterblichen an ihm entdecken. Mein Minderwertigkeitsgefühl wurde bedrohlich, und ich begann bereits ernstlich daran zu denken, mich zu bessern. Am vierten Tag konsultierte mich seine Frau ...

Seitdem ist mir nichts Ähnliches mehr passiert. Aber ich lernte daraus, dass jemand, der mit seiner Persona eins wird, alles Störende durch seine Frau darstellen lassen kann, ohne dass letztere es merkt, aber sie bezahlt ihre Selbstaufopferung mit einer schweren Neurose.«[10]

Einer zumindest zahlt den Preis des Bemühens, kein ganzer Mensch zu sein.

DER PREIS DER HEILIGKEIT

Auf dem spirituellen Pfad befinden sich sicher mehr Menschen als anderswo, die das Bedürfnis haben, kein ganzer Mensch zu sein, da sie gerne ihre »dunkle Hälfte« los wären. Die, um der Erfahrung der Dualität zu entkommen, sich bemühen »heilig zu sein«. Und viele auf dem Pfad haben auch den Wunsch, einen Heiligen zu ehren. Manche machen aus ihrem Meister einen Heiligen. Wenigstens einem scheint es gelungen zu sein, nichts von der unerfreulichen, der »bösen Seite« der Dualität in sich zu bergen. Endlich einer, der kein Ego mehr hat. Dem mensch sich also rückhaltlos hingeben könnte.

Gerda Boyesen erzählt über ihre Erfahrung mit einem Meister und mit manchen Jüngern: »Immer wieder erlebte ich aber, dass das niedrige Selbst bei betont spirituellen Menschen ein abgespaltenes Eigendasein führt. In meiner Zeit in London kam ich mit einem indischen Guru in Kontakt. Viele Inder sehen in ihm einen wirklichen Heiligen. Er wollte, dass ich Yoga mache und seine Nachfolgerin würde. Ich sprach von einem ›Guru-Play‹. Denn als klassischer Guru darf man keine Schwachstellen zeigen. Man muss unablässig heilig sein. Ich wurde in dieser Zeit ernsthaft krank.«[11]

Irgend jemand zahlt immer den Preis für die Heiligkeit. Eigentlich wissen wir das ja längst. Wir wissen es ja vom mittelalterlichen Christentum her, was die heiligen Kirchenmänner und Kreuzritter so alles verbrachen, um die Heiligkeit zu bewahren: »Im Namen Gottes wurden die abscheulichsten Verbrechen begangen. Intoleranz, Hass und Grausamkeit blühten auf, weil diese Kirchenmänner sich selbst derart disziplinierten, dass kein Platz für Gefühle blieb.«[12]

Über-Ich-Menschen: Sie verdrängen ihre Gefühle. Sie schätzen den Wert des Körpers nicht. Sie sind willens, ihn zu martern. Zu verbrennen. Und was ihrem Verstand nicht greifbar ist, das gilt es zu bekämpfen, wie die Intuition.

Die Intuition z.B. zählt auch noch nach dem Mittelalter zum hexischen Tun. Heiligtümlerei kann für andere sehr gefährlich sein. Frauen wissen das noch ein bisschen genauer, weil sie in ihrem archetypischen Bewusstsein das Wissen um Hunderttausende auf Scheiterhaufen verbrannte »Hexen« haben, die meist freie Frauen waren. Sie wurden verbrannt, weil sie ein Wissen besaßen, das nicht allein dem Verstand entsprang. Sie galten nicht als heilig.

Keiner wird sie je heilig sprechen. Dazu waren sie wohl zu sehr mit dem Körper und dem Geist, mit der Intuition und dem Gefühl mit dem Leben in Kontakt und mit den anderen Menschen verbunden. Und sie waren vor allem: Frauen und frei. Wissend und eigen. Und das hat bisher noch keiner patriarchalen Religion gepasst.

Anmerkungen:

[1] Khema, Ayya: »Ferien vom Ich«, In: *Unsere Umwelt als Spiegel*.
   Mittelberg 1991, S.23.
[2] Khema, Ayya: *Buddha ohne Geheimnis. Die Lehre für den Alltag*.
   Zürich 1987, S.39.
[3] Goleman, Daniel: »Meditation und Bewußtsein«, in: *Transpersonale Psychotherapie*, hg. von Seymour Boorstein.
   Bern/München/Wien 1988, S.221.
[4] Fromm, Erich: *Zen-Buddhismus und Psychoanalyse*.
   Frankfurt am Main 1971, S.151f.
[5] aaO., S.153
[6] Suzuki, D.T., in: *Zen-Buddhismus und Psychoanalyse*, hg. von Erich Fromm, D.T. Suzuki u. Richard de Martino. Frankfurt am Main 1971, S.46.
[7] aaO., S.45.
[8] Dürckheim, Graf: *Vom doppelten Ursprung des Menschen*.
   Freiburg 1991, S.145.
[9] Perera, Sylvia Brinton: *Der Sündenbock-Komplex*. Interlaken 1987, S.41.

[10] Jung. C.G.: *Die Beziehungen zwischen dem Ich und dem Unbewußten.* Zürich 1963, S.87.

[11] Boyesen, Gerda: *Von der Lust am Heilen.* München 1995, S.136.

[12] aaO.

KAPITEL 6

Die Ebenen, der Gewinn und der Preis

Hexen – in der Frauenbewegung wurden sie endlich geachtet. Manchmal werden sie dort auch geehrt. Auch wenn sie nie heilig gesprochen werden: Für manche Frauen wurden sie zu Ich-Idealen. Frei – wissend – eigen. Wie die wilde Frau. Der Gegenpol zur angepassten braven Frau in unserm Innern. Diesem Ich-Ideal, das das Patriarchat seinen Frauen verpasst hat.

Diese wilde Frau – sie lebt mit der Kraft ihrer Urinstinkte, sagt Clarissa Pinkola Estés. Ich sage: Sie lebt mit einem kraftvollen Ich und einem gesunden Egoismus. Manches Frauenleben lebt sich einfach nicht anders.

»Wenn du dir wie eine unpassende Randfigur in deinem Kulturkreis vorkommst, dann deshalb, weil du dich am Rande des Herdenbewusstseins bewegst, was praktisch eine Garantie dafür ist, dass du einen originellen Beitrag zu deiner Kultur leistet. Als Randfigur in diesem Sinne kann man die Engherzigen nicht um ihre Meinung bitten, geschweige denn auf ihren guten Rat hören. Man ist freundlich und lässt sie teilhaben am instinktiven Mitgefühl für ihre Lage, aber man folgt keinem ihrer Ratschläge. Frauen, die jemals in ihrem Leben als widerspenstig, aufmüpfig, unhöflich, unverschämt, unverbesserlich und rebellisch bezeichnet worden sind, sollten wissen, dass sie auf dem richtigen Weg sind.«[1]

Genau diese wilde Frau wieder zu verbannen, empfehlen so manche spirituellen Ratgeber. Auf solche Ratgeber stößt frau schon lange in allen religiösen Lagern. Nun sind sie auch auf den Pfaden der sogenannten »neuen« Religionen dabei.

Manchmal kann es lebenswichtig sein, den Ratschlägen nicht so einfach zu folgen und die Lebensbahn mit ihren Suggestionen zu beschreiten. Und das ist auch ohne jeden direkten Kontakt

mit diesen neuen Religionen richtig. Viele dieser Ratschläge
finden sich heute in esoterischen Büchern und Schriften. Allen
atmosphärischen Vorgaben zum Trotz finde ich es heute für mich
wichtig, mein eigenes Ich zu befragen: Ist das Gesagte für mich
passend oder nicht passend? So einfach. Und mit nunmehr
selbstverständlicher eigener Autorität. Das war nicht immer so.

Heute finde ich es wichtig, das Ich entscheiden zu lassen.
Und nicht mehr so viel das Über-Ich. Wie anfänglich. Mein
eigenes Über-Ich wurde von den neuen Religionen mit zuviel
Munition gegen das Ich versehen. Und wandte sich so manches
Mal unerbittlich gegen das Es. Und gegen so fast alles, was im
Schatten zu Hause ist. Das schafft dann psychische Probleme,
wo sie aufgelöst werden sollten. Und dort, wo sie schon beste-
hen, werden sie dann noch vermehrt.

Für einen differenzierteren Dialog zwischen Spiritualität
und Psychotherapie habe ich dieses Buch geschrieben. Zu dem
Dialog im eigenen inneren Raum der Leserin möchte ich noch
folgendes beitragen: Wir PsychotherapeutInnen sind ja oft in
Allianz mit dem Ich. Aber wir sind das nicht uneingeschränkt ...
Sigmund Freud schreibt über unsere Rolle: »Das Ich ist durch
den inneren Konflikt geschwächt, wir müssen ihm zu Hilfe
kommen. Es ist wie bei einem Bürgerkrieg, der durch den Beistand eines Bundesgenossen von außen entschieden werden
soll.«[2]

Beistand für das Ich wird nötiger, wird es durch die Übernahme von Ratschlägen aus dem esoterischen Bereich noch zusätzlich geschwächt:»Das geschwächte Ich des Kranken soll, an
die reale Außenwelt angelehnt, eine Partei bilden gegen die
Feinde, die Triebansprüche des Es und die Gewissensansprüche
des Über-Ichs.«[3]

Unsere inneren Konflikte werden noch verschärft, wird das
Über-Ich zu stark gemacht. Und das Ich zu schwach gepredigt.
Das Über-Ich mancher Frau hört wahrscheinlich gerne, dass das
Ich abzuschaffen ist. Dann wäre die von ihm erzieherisch ver-
waltete »Einheit« in noch besserer Übereinstimmung mit dem
Umfeld.

Im Patriarchat hat das Über-Ich in der Mädchenerziehung die
Regeln für »eine gute Frau« gespeichert. Nun spielt es die oft
ein. Das Über-Ich ist wie eine psychische Reflexbahn – die Regeln werden wie Befehle ausgeführt – stellt sich ihm das Ich
nicht entgegen und gibt acht.

Nur ein starkes Ich kann dem Über-Ich ein guter Gegner
sein, wenn es wieder einmal zu streng, unterwerfend, wenn es
sogar sadistisch wird. Nur ein starkes Ich mischt sich ein in seinen Unterdrückungs- oder in seinen Heiligwerdungs-Plan.

So es einen solchen Plan hat. Ein starkes Ich ist fähig, ein
neureligiös aufgeladenes Über-Ich in seine Schranken zu weisen.
Etwa darauf zu bestehen: Ich lebe nicht irgendwo anders, sondern hier. Dieses Ich meint mit der Lyrikerin Wislawa
Szymborska zur Frage der Erlösung aller Konflikte per Heiligkeit: »Himmel – Nirgendwo gibt es mehr von ihm als anderswo.«

Nur solch ein starkes Ich wird die Meinungen und Ratschläge von den zu uns kommenden buddhistischen Meistern kritisch befragen. Es wird sich nicht alles einverleiben. Nur weil es
der bedeutende Lama erzählt hat. Oder der oberste der Lamas.
Solch ein Rang trägt für ein kräftiges Ich keineswegs das Testat
»wahr«. Vielleicht lässt sich das Ich von einem Lama allerhand
sagen. Allerhand, was neu und logisch klingt. Doch es wird
immer wieder fragen: Welche Ebene meint der Meister?

Dann wird sich oft zeigen, dass auch dieser Meister vorwiegend von jener Ebene redet, zu dem die Ich-Auflösung wohl
die Eintrittskarte ist. Es ist die Ebene, die er für sich selbst mit
allem Wollen und Trachten anzielt. Mit deren Wegstationen er
sich auskennt. Sie hat er von Kindesbeinen an kennen gelernt.
Doch in der Arbeit an unseren psychischen Problemen kennt er
sich vielleicht nicht hinreichend aus. Schon gar nicht, um uns
Menschen aus dem Abendland dazu Vollgültiges zu sagen.

Käme es ihm in den Sinn, in einem Vortrag Freud anzufüh-
ren, wenn es um die Vermeidung von Aggressionen geht? Würde er diese Erkenntnisse zitieren und sich damit auseinander setzen? »Mit der Einsetzung des Über-Ichs werden ansehnliche

Beträge des Aggressionstriebs im Inneren fixiert und wirken dort selbstzerstörerisch. Es ist eine der hygienischen Gefahren, die der Mensch auf seinem Weg zur Kulturentwicklung auf sich nimmt. Zurückhaltung von Aggression ist überhaupt ungesund, wirkt krankmachend.«[4]

So etwas führt ein traditioneller buddhistischer Meister so gut wie niemals im Munde. Er befasst sich mit der Transformation unseres Bewusstseins. Das persönliche Unbewusste ist nicht sein Reich. Er leuchtet unseren Schattenbereich so gut wie nie mit psychoanalytischer Haltung aus. Das können wir von ihm auch wohl nicht erwarten. Er spricht von den Verstehensmustern. Er redet vom Frieden und davon, welchen Gewinn Friedfertigkeit bringt.

Freud aber beschreibt Vorfälle, wo der Übergang von verhinderter Aggression zu Selbstzerstörung erkennbar wird. Freud hat einfache Alltagsbeispiele zu erzählen, sie handeln aber alle vom diesseitigen Leben.

Um nicht missverstanden zu werden – keine Frage und auch kein Widerspruch: Frieden, Freundlichkeit, Liebe und Mitgefühl tun uns allen gut. Es gibt zu wenig davon auf unserem Planeten.

Doch zuviel davon und am falschen Ort kann schaden. Wo Unterdrücker und Unterdrückung herrschen, kann Friedfertigkeit nicht so einfach und immer die Antwort sein. Das sagen befreite Frauen. Wut und Zorn, auch sie geben dem Plan der Friedfertigkeit eine Kontur. Und die braucht er. Gerade ein über Jahrtausende unterdrücktes Geschlecht weiß das genau.

In diesem Gedankenzug wird verständlich, dass viele Frauen auch auf dem spirituellen Pfad auf Eigenschaften und mühsam erworbenen Charakterzügen bestehen, welche die »wilde Frau« in vielen Behauptungskämpfen erworben hat. In dieser Welt hier. Im Patriarchat.

Mag ja sein, dass sie auf der jenseitigen Ebene ganz unwichtig werden. Mag ja sein, dass wir sie bei unserer »Heimkehr« schon ausgiebig gekostet, erlebt und auch ganz ausgiebig gefeiert haben werden. Doch noch sind wir nirgendwo anders, sondern hier.

Wo es nirgendwo mehr Himmel gibt als anderswo. Wo der
Maulwurf genauso himmelfahrend ist wie die flügelschlagende
Eule. Wo gerade unser weibliches Ich eine große und auch eine
wichtige Aufgabe ausführen muss: Es muss kräftiger werden. Es
wurde durch einen subtilen Plan der Unterdrücker schwach
gemacht. Es braucht Zuspruch. Es kann auf Herabwürdigung
verzichten. Es benötigt Advokaten seiner Rechte.

»Nach unserer Voraussetzung hat das Ich die Aufgabe, den
Ansprüchen seiner drei Abhängigkeiten von der Realität, dem
Es und dem Über-Ich zu genügen und dabei doch seine Organi-
sation aufrechtzuerhalten, seine Selbständigkeit zu behaupten«.[5]

Sigmund Freud meint »das übliche Ich«. Das weibliche Ich
hat noch einiges mehr zu tun. So zum Beispiel muss es viele Einreden immer wieder überprüfen, ob die es dazu anhalten wollen,
mehr Anpassung und Selbstaufgabe zu leisten, als gut tut.

Das ist eine umfangreiche Vermittlungstat, zu der üblichen
des Ichs. Die ohnehin so vielfältig ist, etwa »den Einfluss der
Außenwelt auf das Es und seine Absichten zur Geltung zu bringen«. Außerdem muss das Ich sich darum bemühen, »das
Realitätsprinzip an die Stelle des Lustprinzips zu setzen, welches im Es uneingeschränkt regiert«.[6] Sigmund Freud, der Vater der Psychoanalyse, war in der Hochzeit des Feminismus
nicht gut angesehen, weil man uns mit seiner Hilfe einen für alle
Frauen geltenden Penisneid andichten wollte. Er hat Wichtiges
gesagt. Passenderes. Anna Freud, seine Tochter, hat auch über
die vielfältigen Aufgaben des Ich geschrieben. Einerseits übe es
gegenüber den eigenen Triebregungen Beschränkung aus, da es
Rücksichtnahme auf die Forderungen der Realität sich zur Leit-
linie mache, während die Triebregungen »mit der ihnen eigenen
Zähigkeit und Energie an ihren Triebzielen« festhalten und
»feindliche Einfälle ins Ich unternehmen«. Andererseits unter-
nimmt das »misstrauisch gewordene Ich Gegenaktionen, Vorstö-
ße nach dem Gebiet des Es hin. Seine Absicht ist die dauernde
Lahmlegung von Trieben durch geeignete Abwehrmaßnahmen,
die der Sicherung seiner Grenzen dienen sollen.«[7]

Das ist die Seite des Ich, mit der die PsychotherapeutInnen vorsichtig sind. Die sie auszutricksen versuchen – mit Traumdeutungen, mit Phantasiearbeit, mittels der Analyse von Übertragung und Gegenübertragung. Wir versuchen dem Ich angesichts seiner Abwehrmanöver kompetente Gegner zu sein. Versuchen es jedenfalls. Wir sehen das oft: Was seine Abwehrtätigkeit angeht, ist das Ich zu stark. Es hält damit zu stark an alten Verhältnissen fest. Bei diesem differenzierten Blick auf ein vielleicht in seinen Abwehrmanövern zu schwächendes Ich ergibt sich aber nochmals, dass das Ich sehr viel zu tun hat.

Ein starkes und realitätstüchtiges Ich lebt in der Gegenwärtigkeit, ist im Hier-und-Jetzt-Moment zu Hause, sieht und erkennt, »was es macht«. Es existiert nicht unbewusst. Was will ein Meister mehr?

Gerade deshalb ist es ja viel zu einfach, die Aufforderung »Das Ich muss abgeschafft werden« wie ein Allheilmittel zu benutzen. Gegen sich und andere ins Feld zu führen. Nicht, weil es irgendwo Probleme gibt, agiert ein zu starkes Ich. Oder es gibt Probleme, also liegen die an unserer Ich-Illusion, oder an zu großer Ego-Verhaftung. Und was da so alles über einen Kamm geschoren wird. In der nun zunehmenden Rede gegen das Ich soll dies offenbar an die Wand gestellt und ihm befohlen werden, sich für unfähig zu erklären und zu ergeben. Über-Ich-Menschen wollen das. Und solche, die nicht mehr unter uns Menschen wirklich zu Hause sind. Die bereits ihr Zuhause im Nirwana gefunden haben. Die das Ich »als Konfliktquelle« bezeichnen und von ihm sagen: »Obwohl das begrenzte Ich unablässig nach Einheit und Integration der Erfahrung strebt, vermag es dieses Ziel niemals zu erreichen. Es gelingt ihm zwar, eine Art Ausgleich zu schaffen, doch dieser Ausgleich ist immer nur provisorisch und zeitlich begrenzt. Die Unvollständigkeit seines Erfolgs zeigt sich am inneren Konflikt, der nie fehlt, solange die Erfahrung vom Gesichtspunkt des Ichs angegangen wird.«[8] So spricht Meher Baba.

Freud dagegen soll hier das Ich noch einmal loben dürfen. Dem Ich falle auch jene Aufgabe zu, die man »Besonnenheit

nennen kann, im Gegensatz zum Es, welches die Leidenschaften enthält«.[9] Besonnenheit, was kann sich ein Meister für eine
Schülerin, die noch in der Welt unterwegs ist, besseres wünschen?

Wieder ein Punkt für das Ich – auf einem hiesigen gemeinsamen Pfad.

Das Ich stellt sich doch auch dem Kampf mit der Kraft der
Leidenschaft. Dem Ich ist es also nicht gleich, wie viel Leiden
infolge einer Entscheidung für ein leidenschaftliches Empfinden entsteht. Leidenschaft will, was sie will und Hauptsache,
sie bekommt es jetzt. Da ist manchmal das Ich der Retter für
die Freiheit von Bindungen suchende Seele.

Ein westlicher Lehrer der Psyche – ein östlicher Lehrer der
Seele – zwei so unterschiedliche Wertungen. So verschiedene
Blicke. Der eine sieht das Ich im Alltagsgetümmel, der andere
sieht das Ich vor der Schwelle zum Jenseitigen.

Wenn die buddhistischen Meister der Meinung sind, das Ich
solle abgeschafft werden, können sie nicht das Ich meinen, das
Sigmund Freud meint. Das ist sicher. Meister wie Meher Baba
verurteilen ein Ich, das sich z.B. der Illusion hingibt, unsterb-
lich zu sein. Oder allmächtig. Oder allwissend. Oder gar gött-
lich. So, wie es NarzisstInnen von sich manchmal meinen. Es ist
ein Ich, das meint, es gäbe nur die diesseitige Ebene. Auf dieser
Ebene wird ein realitätskräftiges Ich gebraucht.

Die weibliche Ich-Instanz

Das Ich, von dem ich nun so oft gesprochen habe, ist eine psychische Instanz. Sie muss versuchen, klar zu trennen, was sie
will, was sie fühlt, was sie spürt. Und dies dann von dem zu
unterscheiden suchen, was die anderen wollen. Um angesichts
dessen, was die anderen wollen herauszufinden, was es selbst
will.

Das zu unterscheiden, ist für das weibliche Ich immens
wichtig.

Denn gerade das weibliche Ich wurde erzogen, das zu wollen,

was die anderen in seiner Nähe wollen. Das wurde von der
Großmutter über die Mutter zur Tochter tradiert. Der Feminismus hat es nicht zum Verschwinden gebracht.

Eine gute Unterscheidungskraft muss das weibliche Ich oft
lebenslang und in einem schwierigen Versuch-und-Irrtum-Vor-
gehen erwerben. Das gilt auch dann, wenn frau sich auf dem
spirituellen Pfad bewegt. Und froh ist, endlich wieder einer
sinnorientierten Gemeinschaft anzugehören. Nun scheint es
ganz erleichternd zu sein: zu glauben, zu folgen und zu befolgen. Doch irgendwann fällt ihr auf: Ich soll wieder all das tun,
was gute Frauen so tun. Ich soll nun wieder wollen, fühlen,
wünschen, was anderen dient. So dass ich oft gar nicht mehr
weiß, was ich will, wünsche und fühle. Und warum ich etwas
tue.

Solche Verwirrungen habe ich kennengelernt. Sie stellten
sich ein, lauschte ich einem der Vorträge zum allumfassenden
Mitgefühl von einem in Sri Lanka oder Indien aufgewachsenen
Meister. Oder wenn eine christliche LehrerIn von der Wunder-
kraft des Verzeihens sprach. Oder eine SufimeisterIn über die
Heilkraft des unaufhörlichen Dienens. Manchmal aber auch,
wenn ich die Meinungen der GefährtInnen auf dem Pfad hörte.
Was da so alles zur Lösung ihrer Probleme dienen sollte, die sie
mit irgendjemanden hatten – oder ich selbst mit meinem früher
so gewalttätigen Vater. Ich nahm auch Teil an der rigorosen
Sicht: Alles schmerzhafte Geschehen des heutigen Lebens sei
nur die Frucht des eigenen Karmas.

Meine eigenen Erfahrungen auf dem spirituellen Pfad brachten mich also zum Forschen. Und zum Wissen, dass das weibliche Ich auf dem spirituellen Pfad sich immer wieder selbst über
seinen Standort orientieren muss. Wo bin ich, wo will ich hin,
welche Strapazen nehme ich in Kauf? Sich angesichts von Ratschlägen über die gemeinte Ebene vergewissern sollte. Auf welcher Ebene gilt der Ratschlag? Und sich auch die RatgeberInnen
genau ansieht. Und ihnen nicht die Wahrheitsmacht abgibt,
sondern immer wieder sich selbst gut berät. Sich selbst eine
brauchbare Wegkarte anfertigt. In die muss das Wissen über das

Eigene und das Fremde hineinfließen. Manchmal hilft es schon, sich zu verdeutlichen: Theravada-Buddhismus ist eigentlich eine Mönchs- und Nonnenreligion in Asien. Dieser Ratschlag eignet sich gut für ein mönchisches Leben in einem Männerkloster. Dieser für den Alltag bei einem Abt, der seinem Schüler seine ganz besondere Aufmerksamkeit und sein ganz besonderes Wissen schenkt.

Doch diesen Meister gibt es hier nicht. Solch aufmerksame MeisterInnen-Betreuung habe ich nicht (und will ich vielleicht auch nicht). Allerdings besitze ich einen Instinkt. Und ich verfüge über einen realitätsgerechten Verstand. Ausserdem habe ich auch Zugang zu meiner Intuition. Und dann verfüge ich noch über dieses wache, kraftvolle, weibliche Ich, das sich mit Unterwerfungsmanövern aller Art inzwischen ganz gut auskennt. Und über ein Ego, das sich zu behaupten vermag. Ja, es ist in dieser Welt gut, wenn eine Frau ein wendiges Ich und ein gesundes Ego hat. Das zu wissen, gehört zum Schatz des heutigen aufgeklärten Westens. An diesem Schatz haben wir bewussten Frauen unseren Anteil.

ZUR BRÜCKENBAUERIN WERDEN

Esoterisches Wissen ist bei uns aus allen Windrichtungen angekommen. Noch glauben wir, wir hätten den moralischen Imperativ des Christentums aus uns hinausbefördert. Vieles bei den sogenannten neuen Religionen hört sich freiheitsliebend an. Scheint gefahrlos zu sein. Religiöse Äußerungen werden im Vakuum unseres Gewissens wieder zu Verhaltensregeln. Zu Gewohnheiten des Denkens. Werden scheinbar objektiviert. Vom Ich oder Ego zu sprechen, das hat, wie es scheint, empirische Universalität. Doch scheint es nur so.

Kritisch vorzugehen, ist dem aufgeklärten Westler vertraut. Doch geben wir die Aufklärung hin – geben wir auch unsere Kritikfähigkeit hin? Für viele ist es vielleicht ein unbewusster Deal. Endlich wieder Sinn in nichtmateriellen Zielen zu haben, ist ein großer Gewinn. Der Preis mag sein, dass statt aufgeklärter sich naive Religiosität ausbreitet. Das liegt auch daran, dass es viel zu selten einen Dialog zwischen Spiritualität und Psychologie gibt.

Es gibt auch noch zu wenig Wegweiser für die jeweiligen Ebenen. Die Frage ist: Auf welcher Ebene gilt der jeweilige Ratschlag? Auf der einen Ebene stimmt er, auf der anderen stimmt er aber nicht. Das dürfte ich für den Ratschlag, das Ich müsse abgeschafft werden, hinreichend gezeigt haben.

Auch sonst lohnt es sich zu fragen: Zielt der Ratschlag auf eine Ebene, auf der ich noch nicht bin, auf die ich aber kommen könnte? Die zu erreichen ich mich mehr und mehr bemühen möchte? Spirituelle Lehrer sagen oft: Zeit ist eine Illusion. Du hast die ganze Ewigkeit. Doch dann reden sie oft so, als sei »das Ziel« gleich nebenan. Mittels ein paar guter Ratschläge ganz einfach erreichbar. Einheit – das hört sich verlockend an. Scheint manchmal um die Ecke. Wartet dort schon allzu lange.

Der Sufi J.G. Bennet sagt, die Welten, zwischen denen wir uns mit unserer Aufmerksamkeit bewegen, wenn wir uns auf dem spirituellen Pfad voranbewegen, seien eins, »aber in uns sind sie getrennt, weil sie in uns wiedervereint werden müssen«.[10] Bennet sagt auch, dass der Mensch »eine Brücke sein soll, eine Verbindung zwischen den Welten«.[11]

An dieser Brücke wird mit diesseitiger und jenseitiger Hilfe gearbeitet. Um sie zu bauen, gilt es auch auf den hiesigen Kontinenten nach Tragfähigem zu suchen. In unseren ureigenen Räumen, in unserer Psyche. Denn dort, wo die vielen Probleme sind, die wir WestlerInnen erstaunlicherweise haben, gibt es oft nicht Tragfähiges, sondern Splitter. Erst müssen wir uns zusammensetzen, damit aus Zersplitterung Ganzheit wird. Das ist ein ziemlich großes Projekt. Das haben nicht nur Menschen vor sich, die psychotisch geworden sind. Die meisten WestlerInnen neigen dazu, ihre Erfahrungen zu spalten. Um ganz zu werden, brauchen wir die Bereitschaft zur Schattenbegehung. Vorher können wir uns und andere nicht ganzherzig lieben. Auf dem Weg zur ganzherzigen Liebe wird das Ich gekräftigt. Und das

Ich lernt, das Ego differenziert einzusetzen. Es lernt auch, seine Erfahrungen differenziert zu betrachten.

»Werde deine Geschichte«. Wisse, wer du bist. Deinem umfassenden Blick erscheint der Maulwurf genauso himmelfahrend wie die flügelschlagende Eule. In diesem Blick siehst du: Himmel und Abgrund sind in dir. Deine Möglichkeiten: untergehen oder fliegen. Vermutlich ist das eine der höchsten menschlichen Bewusstseinsebenen. Vielleicht jene, von der die Meister zu uns reden. Etwa der Sufi H.J. Kahn: »Die eigenen Fehlinterpretationen des wahren Bewusstseins verursachen Missverständnisse, wenn im gleichen Herzen das falsche Selbst (oder Ego) dem wirklichen Selbst (die Göttliche Gegenwart) den Platz streitig macht.«[12] Wem der Konflikt zwischen dem Ego und dem göttlichen Selbst bereits als nichtexistent erkennbar ist, für den ist es wohl Unsinn geworden, immerzu Ich zu sagen. Und sich immerzu als Ich behaupten zu wollen. Dann mag wohl gelten, dass Irrtümer aufkommen, »wenn man ›Ich‹ sagt«[13].

Doch wer ist dort schon?

Hier und jetzt und heute in diesem Teil der Welt sagt das weibliche Ich öfter etwas, was dem männlichen Meister-Ich einfach nicht angenehm in den Ohren klingt. Nicht nur, weil es dem östlichen Meister unvertraut ist.

Das weibliche Ich hier bei uns sagt nun oft »Ich« und noch immer grenzt es sich so ab von einem Ich, das lange Zeit nicht sein eigenes gewesen ist. Sondern eine vielfach kolonisierte Instanz.

Und ich glaube, dass das eigene Selbst trotz aller Probleme genau dies möchte: zu dieser Zeit, eine Frau, in unserer Kultur, in diesem Körper zu sein. Mit so vielen Möglichkeiten, innerlich und äußerlich frei zu sein. Und wissend und eigen. Die für diese Möglichkeiten auch darauf verzichtet, heilig zu erscheinen.

Sie gewinnt die Möglichkeit zu einer ganzherzigen Liebe.

Ihr Gewinn ist höher als der Preis.

Anmerkungen:

[1] Estés, Clarissa Pinkola: *Die Wolfsfrau. Die Kraft der weiblichen Urinstinkte.* München 1993, S.207.

[2] Freud, Sigmund: *Das Ich und das Es.* Frankfurt am Main 1992, S.32.

[3] aaO.

[4] Freud, Sigmund: *Abriß der Psychoanalyse.* Frankfurt am Main 1965, S.13.

[5] Freud, Sigmund: *Das Ich und das Es*, S.31

[6] Freud, Sigmund, aaO., S.31.

[7] Freud, Anna: »Das Ich und die Abwehrmechanismen«, in: *Die Schriften der Anna Freud.* Frankfurt am Main 1987, S.200f.

[8] Baba, Meher: *Darlegungen über das Leben in Liebe und Wahrheit.* Frankfurt am Main 1996, S.189.

[9] Freud, Sigmund: *Das Ich und das Es,* S.264f.

[10] Bennet, J.G.: *Der Sufi-Weg heute. Interviews und Informationen.* Südergellersen 1983, S.127.

[11] aaO., S.124.

[12] Kahn, H.J.: *Eine Fackel in der Dunkelheit.* Heilbronn 1997, S.37.

[13] aaO.

Bibliographie

Ali-Shah, Sayed O.: *Die Sufi-Tradition im Westen*. Berlin 1999

Baba, Meher: *Darlegungen über das Leben in Liebe und Wahrheit*. Frankfurt am Main 1996

Bennet, J.G.: *Der Sufi-Weg heute. Interviews und Informationen*. Südergellersen 1983

Berry, Carmen R.: *Die Erlöser–Falle*. Düsseldorf/Wien 1993

Boorstein, Seymour (Hg.): *Transpersonale Psychotherapie*. Bern/München/Wien 1988

Boyesen, Gerda: *Von der Lust am Heilen*. München 1995

Brown, Gabrielle: *Liebe ohne Sex*. Frankfurt am Main/Berlin 1983

Capra, Fritjof, Stanislav Grof, Abraham Maslow u.a.: *Psychologie in der Wende*. Bern/München/Wien 1985

Clunis, Merilee D. und Dorsey G. Green: *Geliebte Freundin Partnerin. Eine Ratgeberin für Lesben*. Berlin 1995

Deikman, A.: in: Seymour Boorstein (Hg.): *Transpersonale Psychotherapie*. Bern/München/Wien 1988

Die Lehren des Buddha. Erläutert von Peter Gerlitz. Gütersloh 1996.

Die Lehrreden des Buddha aus der angereihten Sammlung. Neue Gesamtausgabe in fünf Bänden, Band II.4. Freiburg 1984

Dürckheim, Graf: *Vom doppelten Ursprung des Menschen*. Freiburg 1991

Ein Kurs in Wundern. Textbuch. Gutach 1994

Erhardt, Siegfried: *Tiefenpsychologie*. Stuttgart 1990

Estés, Clarissa Pinkola: *Die Wolfsfrau. Die Kraft der weiblichen Urinstinkte*. München 1993

Faruqi, Azad I.H.: *Sufismus und Bhakti – Maulana Rumi und Sri Ramakrishna*. Gladenbach 1990

Feild, Reishad: *Das Siegel des Derwisch*. Köln 1986

Fengler, Jörg: *Helfen macht müde. Zur Analyse und Bewältigung von Burnout und beruflicher Deformation*. München 1991

Freud, Anna: *Die Schriften der Anna Freud* (u.a. »Das Ich und die Abwehrmechanismen«). Frankfurt am Main 1987

Freud, Sigmund: *Abriß der Psychoanalyse*. Frankfurt am Main 1965
ds.: *Das Ich und das Es*. Frankfurt am Main 1992

Fromm, Erich, Daisetz Teitaro Suzuki, Richard de Martino: *Zen-Buddhismus und Psychoanalyse*. Frankfurt am Main 1971

Garbe, Elke: *Martha – Psychotherapie eines Mädchens nach sexuellem Mißbrauch*. Münster 1993

Ghazzali, Ahmad: *Gedanken über die Liebe*. Amsterdam/Bonn 1989

Goleman, Daniel: »Meditation und Bewußtsein«, in: Seymour Boorstein (Hg.): *Transpersonale Psychotherapie*. Bern/München/Wien 1988

Griscom, Chris: *Zeit ist eine Illusion*. München 1986

Grof, Christina und Stanislav: *Die stürmische Suche nach dem Selbst*. München 1991

Hanh, Thich Nhat: *Die fünf Pfeiler der Weisheit. Der buddhistische Weg zu einem mitfühlenden und erfüllten Leben des westlichen Menschen*. München 1995

Harrison, Beverly W.: *Die neue Ethik der Frauen*. Stuttgart 1991

Hay, Louise L.: *Umkehr zur Liebe, Rückkehr zum Leben*. München 1992
ds.: *Gesundheit für Körper und Seele*. München 1989

Hähfeld, Kurt, Anne-Marie Schlösser (Hg.): *Psychoanalyse der Liebe*. Gießen 1997

Heyward, Carter: *Und sie rührte sein Kleid an. Eine feministische Theologie der Beziehung*. Stuttgart 1986

Hunt, Mary E.: *Fierce Tenderness. A Feminist Theology of Friendship*. New York 1991

Jung, C.G.: *Die Beziehungen zwischen dem Ich und dem Unbewußten*. Zürich 1963

Kahn, H.J.: *Eine Fackel in der Dunkelheit*. Heilbronn 1997

Khema, Ayya: *Buddha ohne Geheimnis. Die Lehre für den Alltag*. Zürich 1987
ds.: *Unsere Umwelt als Spiegel*. Mittelberg 1991
ds.: »Ferien vom Ich«, in: *Unsere Umwelt als Spiegel*. Mittelberg 1991

Lings, Martin: *Was ist Sufitum?* Freiburg 1990

Lockhardt, Douglas: *Wer den Wind reitet. Ein westlicher Weg zum Selbst*. Köln 1984

Loulan, JoAnn, Margaret Nichols und Monica Streit u.a. (Hg.): *Lesben Liebe Leidenschaft. Texte zur feministischen Psychologie*. Berlin 1992

Lowen, Alexander: *Narzißmus. Die Verleugnung des wahren Selbst*. München 1986

Moore, Thomas: *Die Seele lieben*. München 1995

Natale, Frank: *Lebendige Beziehungen.* Berlin 1991

Nichols, Margaret: »Lesbische Sexualität. Themen und Theoriebildung«, in: *Lesben Liebe Leidenschaft,* hg. von JoAnn Loulan, Margaret Nichols und Monica Streit. Berlin 1992

Perera, Sylvia Brinton: *Der Sündenbock-Komplex.* Interlaken 1987

Prochazka, Pavel: *Sensibilität und Abgrenzung bei Neurodermitis.* Wiesen 1994

Reichle, Verena: *Die Grundgedanken des Buddhismus.* Frankfurt am Main 1995

Rinpoche, Kalu: *Den Pfad des Buddha gehen.* Bern 1991

Ruehter, Rosemarie: *Frauenbilder Gottes – Feministische Erfahrungen in religionsgeschichtlichen Texten.* Gütersloh 1985

Schaumberger, Christine, Luise Schrottroff: *Schuld und Macht. Studien zu einer feministischen Befreiungstheologie.* München 1988

Sies, Claudia: »Liebe im freien Fall«, in: Kurt Hähfeld und Anne-Marie Schlösser (Hg.): *Psychoanalyse der Liebe.* Gießen 1997

Sorge, Elga, in: *Religion und Frau. Weibliche Spiritualität im Christentum.* Stuttgart 1987

Streit, Monica: »Auf der Suche nach dem Mysterium«, in: *Lesben Liebe Leidenschaft,* hg. von JoAnn Loulan, Margaret Nichols und Monica Streit. Berlin 1992

ds.: *Faktoren des weiblichen Lebenszusammenhangs im Hinblick auf depressive Reaktionen.* Diplomarbeit (Studiengang Psychologie) an der Freien Universität Berlin. Berlin 1978

Struck, Elmar: »Die Liebe in den Zeiten der Beliebigkeit«, in: *Psychoanalyse der Liebe,* hg. von Kurt Hähfeld und Anne-Marie Schlösser. Gießen 1997

Sugerman, Shirley: *Narzißmus als Selbstzerstörung.* Olten 1978

Suzuki, Daisetz Teitaro: *Die große Befreiung. Einführung in den Zen-Buddhismus.* München 1999

Szymborska, Wislawa: *Auf Wiedersehen. Bis morgen. Gedichte.* Frankfurt am Main 1995

Thurmann, Robert F. (Hg.): *Das Tibetische Totenbuch* (mit einem Vorwort des Dalai Lama). Frankft am Main 1998

Tsomo, Karma Lekshe: *Töchter des Buddha. Leben und Alltag spiritueller Frauen im Buddhismus heute.* München 1991

Tweedie, Irina: *Der Weg durchs Feuer.* Interlaken 1988

Yeshe, Thubten: *Diamantwasser II. Der Weg des Buddha.* Rheinberg 1983

Glossar

Ashram: Zentrum zur Übung geistiger Konzentration in Indien.

Bodhisattva: 1. ein Wesen, das sich dem Pfad des Erwachens verpflichtet hat; 2. ein zukünftiger Buddha; 3. ein erleuchtetes Buddha-Wesen, das allen Wesen dient.

Dhamma: Lehre, Wahrheit, Rad.

Dharma: 1. die höchste Wahrheit, Wirklichkeit und universelles Gesetz; 2. die Lehren des Buddha, die diese Wahrheit darlegen; 3. alle physischen und mentalen Elemente, d.h. Daseinsfaktoren.

Dukkha: leidhaft, Leiden.

Großes-Fahrzeug-Buddhismus: siehe Mahayana

Karma: das Gesetz von Ursache und Wirkung, nach dem wir die Welt entsprechend der im Geist gespeicherten Eindrücke erleben, die wir mit körperlichen, verbalen und geistigen Handlungen schaffen. Das bedeutet, dass wir mit unseren Handlungen hier und jetzt unsere eigene Zukunft bestimmen können.

Kleines-Fahrzeug-Buddhismus: auch Hinayana, das »kleine Fahrzeug« (zum Heil). Bei dieser buddhistischen Tradition steht die eigene Befreiung im Mittelpunkt. Der Hinayana-Buddhismus ist vor allem in Sri Lanka, Birma, Thailand, Laos und Kampuchea verbreitet.

Kundalini: bedeutet wörtlich, »wie eine Schlange zusammengerollt« und beschreibt die Energiereserven, die am unteren Ende der Wirbelsäule sitzen. Aus psychologischer Perspektive kann Kundalini als die Quelle psychischer oder sexueller Energie im Unterbewussten beschrieben werden.

Maya: Die Welt der Illusionen.

Mahayana: »Großes Fahrzeug« (zum Heil). Traditionen des nördlichen Buddhismus, in denen das Bodhisattva-Ideal, zum Wohl aller Wesen Erleuchtung zu erlangen, stark betont wird. Grundlage ist die Entwicklung von Mitgefühl und überpersönlicher Weisheit. Die Mahayana-Tradition bildete sich in den Jahrhunderten um die Zeitwende. Sie bereicherte den einfachen, nüchternen Buddhismus der älteren Schulen (Hinayana, »das kleine Fahrzeug«) durch viele Neuerungen, die ihn schließlich für viele Völker, Länder und Kulturen annehmbar machte. Erst durch das Mahayana ist der Buddhismus zu einer Weltreligion geworden. Vor allem verbreitet in Nepal, Vietnam, China, Korea, Japan.

Nicht-Ich-Lehre: Der Buddhismus sieht die Erlösung in der endgültigen Auflösung der leidvollen Individualität und im Abbruch der Wiedergeburtenkette: im Verlöschen der empirischen Person. Den Vorwurf, er sei ein Nihilist, denn er lehre die Vernichtung des seienden Wesens, wies der historische Buddha von sich. Er vernichte nur eins: das Leiden. Da die sogenannte Person nur ein Bündel von Phänomenen ist und es in ihr keine Seele gibt, da sich zudem mit ihrem Dasein notwendig Leiden verbindet, ist es um ihr Ende nicht schade. Im Gegenteil: Ihr Zerfall, wenn ihm keine Wiedergeburt mehr folgt, ist als Erlösung vom Leiden zu begrüßen.

Rinpoche: »kostbarer Meister«. Ehrentitel für hochgestellte Lamas oder Gelehrte.

Samskaras: Eindrücke, die Menschen im gegenwärtigen Leben ansammeln, aber auch schon aus früheren Leben mitbringen und gespeichert haben. Jedes Samskara birgt in sich die Fähigkeit, die ursprüngliche Erfahrung, die es zustande kommen ließ, erneut hervorzurufen. Im Buddhismus geht es auch darum, zu vermeiden, neue Samskaras anzusammeln, da sie binden.

Sangha: Orden, Mönchsorden.

Sufismus: islamische Mystik, Verinnerlichung des religiösen Lebens. Gemeinschaft von mehrheitlich asketisch lebenden Männern, die man im Arabischen Fakir, im Persischen Derwisch, d.h. Arme nannte. Wegen ihres Kleides aus Wolle (suf) auch als Sufis bezeichnet. Sufis wurden anfangs von den orthodoxen sunnitischen Theologen sowie den Schiiten lebhaft bekämpft, da sie trotz äußerer Befolgung in inneren Widerspruch zu den Gesetzen des Islam gerieten. Im Gegensatz zum Gehorsam gegenüber Gott predigen sie die Liebe zwischen Gott und den Menschen.

Theravada-Buddhismus: die buddhistische Tradition der »Alten«, eine Richtung des Buddhismus, die heute noch in Indien und Südostasien praktiziert wird. Für Buddhisten soll die Schule der Theravadins, d.h. der Anhänger der Lehre der ältesten Mönche, die Buddha zugeschriebenen Lehrreden (sutra) immer wieder überprüft haben, bis sie schließlich im 1. Jh. v.u.Z. in der Pali-Sprache niedergeschrieben wurden.

Zen: Methode der Versenkung durch Meditation. Durch strenge Übung soll das große, in Worten nicht auszudrückende Erlebnis der übergegensätzlichen Leerheit ausgelöst werden, das von allem Leid der vergänglichen Wandelwelt befreit. Dadurch tritt eine völlige Umwandlung der ich-bestimmten Persönlichkeit ein, so dass sie jetzt Meisterschaft über sich selbst und die vollkommene Harmonie mit dem Weltengrunde erreicht. Das Zen wurde mit Vorliebe von den japanischen Rittern betrieben.